# Modernisieren und Energie sparen

# Modernisieren und Energie sparen

Peter Burk

Die Deutsche Nationalbibliothek verzeichnet diese Publikation in der Deutschen Nationalbibliografie; detaillierte bibliografische Daten sind im Internet über http://dnb.d-nb.de abrufbar.


1. Auflage



ISBN 978-3-937880-79-2

# Zu diesem Buch

Der Klimawandel ist in aller Munde. Die Temperaturen steigen, das Pol- und Gletschereis schmilzt rasant, der Meeresspiegel steigt. Die Dinge sind seit Langem bekannt und wissenschaftlich erforscht, werden aber erst seit Kurzem von Politik und Gesellschaft wirklich ernst genommen. Vor allem der $CO_2$-Ausstoß von Industrie, Verkehr und Privathaushalten soll nun drastisch gesenkt werden. Dies trifft auch den Gebäudebereich privater Haus- und Wohnungsbesitzer. Hier wurden vor allem mit der Einführung des Erneuerbare-Energien-Gesetzes (EEG), der Energieeinsparverordnung (EnEV) und des Erneuerbare-Wärme-Gesetzes (EWärmeG) in Baden-Württemberg erste Regelungen zur Verbesserung der Energiebilanzen von Gebäuden geschaffen.

Neben diesen Regelungen, die im Laufe des Buches noch genauer vorgestellt werden, stellt sich für jeden Haus- oder Wohnungsbesitzer vor allem aber natürlich die Frage, inwiefern im Rahmen einer Modernisierung Ökologie und Ökonomie unter einen Hut gebracht werden können, das heißt, wie kann eine Modernisierung angegangen werden, damit sie sich einerseits möglichst bald finanziell amortisiert, andererseits aber auch wichtige ökologische Aspekte nicht außer Acht lässt? Denn natürlich kann man einen alten Ölbrenner ganz einfach durch einen neuen Ölbrenner ersetzen, aber ob das der richtige Schritt in die Zukunft ist, sei dahingestellt.

In diesem Buch soll beiden Aspekten, dem ökonomischen und dem ökologischen Modernisierungsansatz die gleiche Aufmerksamkeit geschenkt werden, um bei einer Haus- oder Wohnungsmodernisierung den optimalen Weg in die Zukunft zu finden. Was spricht also für eine Haussanierung nach modernen Standards?

- Energiekosten senken bedeutet, dass man nicht mehr so stark unter den Preissprüngen für Gas, Öl und Strom leidet.
- Investitionen lohnen sich durch in der Zukunft eingesparte Energiekosten.
- Anstehende Modernisierungsmaßnahmen lassen sich mit wenig Mehrkosten zu Energiesparmaßnahmen erweitern
- Sowieso anstehende Modernisierungsmaßnahmen werden staatlich gefördert.
- Die Wohnqualität verbessert sich spürbar.
- Hinzu kommen sekundäre Vorteile wie Lärmschutz, Frischluftfilter, Schimmelbekämpfung, Schutz der Bausubstanz.
- Und nicht zuletzt steigert ein geringer Energieverbrauch den Verkaufswert oder den Mietwert des Hauses.

# Kleine Zeitreise durch die energetische Baugeschichte

*Von den ersten Höhlenbewohnern bis in die siebziger Jahre des zwanzigsten Jahrhunderts war die Baugeschichte auf dem Gebiet der Bundesrepublik Deutschland vor allem dadurch geprägt, dass für die energetischen Anforderungen an die Unterkünfte der Menschen hauptsächlich ein Prinzip galt: Es wurde soviel Feuer gemacht beziehungsweise soviel eingeheizt, wie nötig und möglich war, um es den Menschen warm genug zum Überleben zu machen. Das Dämmen der Häuser als Schutz vor Wärmeverlusten spielte bis dahin aber kaum eine Rolle.*

# Energie ist ein knappes Gut

Ob man es glauben mag oder nicht: Bis 1977 gab es in Europa und Deutschland keinerlei Anforderung an den Wärmeschutz von Gebäuden. Erst 1977 wurde in der damaligen Bundesrepublik, also auf dem heutigen Gebiet der alten Bundesländer, die **Wärmeschutzverordnung (WSchV)** eingeführt und brachte erstmals – noch sehr bescheidene – gesetzliche Anforderungen an den Wärmeschutz von Gebäuden.

## Gesetzlicher Regelungsbedarf für Wohnbauten

Das Bewusstsein um die Energieprobleme – auch bei der Gebäudebeheizung – resultierte vor allem aus der weltweiten Ölpreiskrise 1973, von der wir heute noch das Bild der leergefegten Autobahnen in der Bundesrepublik kennen. Diese Krise und die hohe Zahl von Ölheizungen führten zu einem langsamen Umdenken, das Stufe um Stufe neue Regelungen für das Bauen von Gebäuden mit sich brachte.

Erst im Jahr 1978 folgten mit der **Heizungsanlagenverordnung** auch energetische Regelungen für die Hausheiztechnik.

So ist bis heute das Baujahr eines Hauses ein wichtiger Indikator dafür, welche Wärmeschutz- oder Gebäudetechnikmängel vorliegen können. Das Baujahr eines zwischenzeitlich nicht modernisierten Hauses gibt wichtige Hinweise darauf, welche Modernisierungseingriffe in welcher Weise geplant werden sollten, wo Prioritäten gesetzt werden müssen und was umgehend angegangen werden kann.

Bei einer umfassenden Modernisierung eines Gebäudes, die eine Verbesserung der Energiebilanz zum Ziel hat, geht es in aller Regel um folgende Dinge:

- Dämmung der Gebäudehülle
- Modernisierung bzw. Austausch der Heizungstechnik
- Modernisierung der Warmwasserbereitung
- Erneuerung der Stromgewinnung

Ob, und wenn wieweit diese Maßnahmen nötig sind, hängt natürlich vom gegenwärtigen Zustand des Gebäudes und der Gebäudetechnik ab.

Auch als bautechnischer Laie kann man sich durchaus relativ rasch einen gewissen Überblick über die Qualität von Gebäudehüllen und Gebäudetechnik verschaffen, wenn man sie nach Baujahren strukturiert.

Daher werden hier die verschiedenen Baujahre und ihre energetischen Schwächen vorgestellt. Wahrscheinlich findet sich dabei auch der Haustyp wieder, in dem Sie selbst gegenwärtig wohnen.

Gebäudehülle und Gebäudetechnik haben eine sehr langsame Entwicklung hinter sich. Noch immer machen wir letztlich weit überwiegend Feuer um zu heizen, wie bereits unsere Vorfahren vor mehreren tausend Jahren. War es früher das offene Lager- oder Kaminfeuer, ist es bei uns das geschlossene Feuer im Brenner der Heizungsanlage. Erst sehr langsam kommen neue Techniken auf, die eine Abkehr von diesem Prinzip sein könnten. Am Markt werden sie sich in der Breite aber wahrscheinlich erst durchsetzen, wenn eine weitere gesetzliche Flankierung erfolgt. Mit dem **Erneuerbare-Energien-Gesetz (EEG)** ist für den Strombereich ein solches Gesetz geschaffen worden, was erheblich zum Aufschwung der Photovoltaikindustrie beitrug. Mit dem **Erneuerbare-Wärme-Gesetz (EWärmeG)** in Baden-Württemberg, das im Gegensatz zu den Bundesregelungen Nachrüstverpflichtungen vorsieht, könnte dieser Verlauf für innovative Heizungstechnik möglicherweise wiederholt werden. Mehr zu den Gesetzen auch im Kapitel Gesetzliche Pflichten bei Modernisierungen ab Seite 34.

## 1900 bis 1919

Die Baujahre zu Beginn des 20. Jahrhunderts sind geprägt von häufig sehr massiven Steinbauten, teilweise mit erstaunlich dicken Wänden. Die Keller haben nicht immer einen massiven Boden, es gibt häufig auch Naturböden. Die Zwischendecken bestehen gewöhnlich noch aus Holzbalkendecken, die von oben und von unten verkleidet sind; von oben häufig mit einem Dielenboden, von unten nicht selten mit verputzten Schilfmatten oder ähnlichen Materialien. Manchmal sind die Deckenzwischenräume auch mit Schlacke ausgefüllt worden. Einige der Häuser verfügen über Mansarddächer, in denen auch Wohnräume untergebracht sind. Die alten Dachstühle sind dann von innen meist mit Holzverschalungen als Tapeten- oder Putzträger verkleidet und tapeziert oder verputzt worden. Dämmungen erfolgten meist nicht. Das Außendach bestand meistens aus einer Dachpappe, darauf montierten Dachlatten und der Dachdeckung. Die großen Fenster waren praktisch immer aus Holzrahmen mit Einfachverglasung gefertigt, zum Teil gab es schon Berliner Kastenfenster aus separat schließenden Außen- und Innenfenstern. Haus- und Zugangstüren bestanden meist aus massivem Holz.

Die Gebäudehülle dieser Baujahre ist energetisch eher ungünstig, wenngleich die massiven Außenmauern eine deutlich bessere „Dämmqualität" haben als das meiste, was noch ein halbes Jahrhundert lang danach gebaut wurde.

*Typisches Wohnhaus vom Anfang des 20. Jahrhunderts mit Mansarddach*

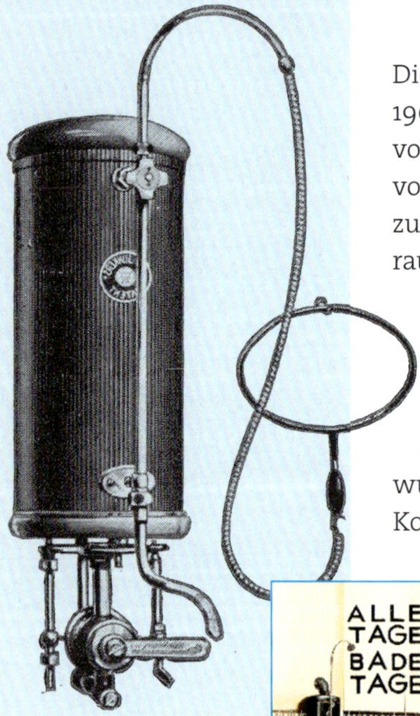

*Fand schnell Verbreitung: Der Gasbadeofen von Junkers.*

Die Gebäudetechnik in den Jahren von 1900 bis 1920 war sehr stark geprägt vom Einsatz heimischer Brennstoffe, vor allem Holz und Kohle. Die Beheizung erfolgte meist dezentral und raumweise. Es gab praktisch noch keine Zentralheizung für die Heizungs- und Brauchwassererwärmung, sondern ganz überwiegend Einzelraumöfen, wobei auch nicht jeder Raum damit ausgestattet war und beheizt wurde. In der Küche wurden mitunter Kombinationen aus Koch- und Heizöfen gewählt. Warmwasser gab es in den Bädern zumeist noch nicht, das Wasser musste zum Beispiel auf der Kochstelle aufgeheizt werden. Hugo Junkers entwickelte den ersten „Gasbadeofen", einen Vorläufer des heutigen Gasdurchlauferhitzers – eine kleine Sensation, die mit dem zunehmenden Ausbau der Gasinfrastruktur rasch Verbreitung fand. Für die Stromversorgung wurden die ersten Elektrizitätswerke gebaut, die flächendeckende Elektrifizierung setzte ein und erreichte auch einfache Haushalte.

## 1920 bis 1945

Mit den 1920er Jahren setzte in Deutschland der soziale Wohnungsbau ein. Viele größere Mietwohnungs-, aber auch Eigenheimanlagen entstanden. Das Bauhaus, zunächst in Weimar, dann in Dessau, begann in dieser Zeit mit völlig neuen Architekturideen zu experimentieren. So innovativ die architektonischen Ideen waren, so unterentwickelt war das bauphysikalische Wissen. Dem entsprechend entstanden in der Folge viele Bauten, die nicht im Ansatz energetischen Überlegungen folgten.

Viele der Häuser dieser Baujahre hatten noch Naturbodenkeller. Die Außenwände waren meist als recht dünne Massivbauwände gehalten. Die Zwischendecken waren zunehmend als Stahlträgerdecken mit darin eingehängten Deckensteinen gefertigt. Daneben gab es auch Betonträgerdecken mit ein-

*Typisches Haus aus den 1920–1930er Jahren*

*Typisches Nachkriegshaus: Sehr klein, einfach und billig erbaut*

gehängten Deckensteinen und mit einem Aufbeton versehen.

Die Dachstühle der Häuser waren meist als einfache Satteldachkonstruktion auf die oberste Geschossdecke gesetzt und wurden selten bewohnt. Häufig wurde nicht einmal eine Teerpappe unter den Ziegeln verlegt, die somit die einzige Außenhaut des Daches darstellten. Immer häufiger tauchte auch das Flachdach als Bauform auf, mit all seinen bauphysikalischen Problemen von der unzureichenden Abdichtung bis zur mangelnden Dämmung, denn auch die Flachdächer waren in ihrer Anfangzeit häufig nur einfache Holz- oder Betonkonstruktionen, auf denen einzig eine Lage Dachpappe gegen eindringendes Wasser verlegt wurde.

Die Fenster bestanden aus einfachen Holzrahmen mit Einfachverglasung, zum Teil auch kombiniert in den doppelverglasten Kastenfenstern. Haus- und Zugangstüren waren meist aus Brettern und Holzplatten gefertigt.

Balkone waren selten, und wenn sie vorhanden waren, dann meist integriert ins Gebäude oder sehr klein davor hängend.

In der Haustechnik zogen vor allem die Stromversorgung und das Warmwasser flächendeckend ein. Nachdem seit Beginn des 20. Jahrhunderts überall Elektrizitätswerke gebaut worden waren, wurde nach dem ersten Weltkrieg die flächendeckende Infrastruktur der Stromleitungen zu den Haushalten aufgebaut. Auch die Warmwasserversorgung hielt in immer mehr Haushalte Einzug. Vor allem bei Gebäuden, die über einen Gasanschluss verfügten, wurden immer häufiger Gasduchlauferhitzer direkt in Bädern und Küchen installiert. Die Raumwärme wurde überwiegend noch dezentral durch Gas- oder Kohleeinzelöfen, manchmal auch durch Ölöfen sichergestellt.

## 1946 bis 1949

Das Bauen in der unmittelbaren Nachkriegszeit entsprang der nackten Not. Wenn überhaupt, dann wurde aus Trümmergestein gebaut oder Splitterbeton verwendet. Dächer waren aus einfachsten Holz-Ziegel-Konstruktionen, Fenster einfachste Holzrahmenkonstruktionen. Im Vordergrund stand der zunächst zögerliche Wiederaufbau der Gebäude. Dieser setzte erst nach der Währungsreform 1948 intensiver ein. Die Stromversorgung war aufgrund der vielen zerstörten Elektrizitätskraftwerke und der zerstörten Infrastruktur nur selten vorhanden, gleiches galt für Gas. Auch die Gebäudetechnik selbst war nach dem Krieg größtenteils ebenfalls zerstört, ein funktionierender Ofen war sehr wertvoll. Zur Erzeugung von Licht und Wärme behalf man sich in der unmittelbaren Nachkriegszeit mit Kerzen und einfachsten Öfen, in denen verbrannt wurde, was man fand. Komfortfragen spielten überhaupt keine Rolle, es ging lange Zeit vorrangig ums nackte Überleben. In der mittelbaren Nachkriegszeit gelang es dann Schritt für Schritt, auch in stark von Zerstörung betroffenen Regionen die Stromversorgung wieder aufzubauen, einfache Strominstallationen zu legen, die Kanalisation und damit auch die Zu- und Abwassersysteme der Häuser wieder in Gang zu bringen sowie Heizsysteme, vor allem Einzelraumöfen, zu installieren. Die Rohrinstallationen bestanden allerdings aus einfachem Metall, was in der Folgezeit zu unzähligen Durchrostungsschäden der Wasserleitungen führte. Die Wände waren innen häufig nur einfach verputzt. Bodenbeläge bestanden oft aus einfachen Holzdielen.

## 1950 bis 1959

Geordnetes Bauen setzte in den Westzonen Deutschlands erst mit Aufbau der Bundesländer, der Währungsreform von 1948 und schließlich der Gründung der Bundesrepublik Deutschland 1949 ein. Der Bedarf an Wohnungen war riesig. Es herrschte eine flächendeckende Wohnungsnot, da einerseits große Teile der Bausubstanz durch den Krieg zerstört waren und zusätzlich mehrere Millionen Flüchtlinge und Vertriebene aus den besetzten Ostgebieten in den Westen strömten.

In der Folge setzte ein in Deutschland nie zuvor gekannter Bauboom ein. Dieser hielt bis weit in die 1970er Jahre an und ebbte erst in den 1980er Jahren in

*Gepflegtes Einfamilienhaus der 50er Jahre des 20. Jahrhunderts mit typischen Merkmalen wie z.B. der Bogentür des Hauseingangs*

Westdeutschland ab. Die in den 1950er Jahren des Wirtschaftswunders gebauten Häuser, neben kleinen Siedlungshäusern auch sehr viele Geschosswohnungsbauten, wurden mit einfachen Materialien, nicht selten unter Mitverwertung von Schuttmaterial gebaut. Erstmals erhielten die meisten Keller einen Betonboden. Auch die Balkone wurden etwas großzügiger bemessen und waren nicht selten ganz einfach durchlaufender Teil der Zwischendecken. Die Außenwände blieben dünn und völlig ungedämmt. Auch die Dächer waren meist einfache Holzdachstühle mit Dachziegelauflage. Bei den Fenstern blieb es ebenfalls bei Holzrahmen mit Einfachverglasung.

In der DDR setzte ein solcher Bauumfang erst sehr viel später und auch dann deutlich langsamer ein. Dies rettete einerseits eine ganze Reihe historischer Ensembles, weil man schon aus Geldmangel eher auf Instandsetzung bzw. Verfall denn auf Abriss und Neubau setzte, führte aber auch zu einem andauernden Wohnungsmangel.

Der Bauboom in Westdeutschland zog einen Boom der Gebäudetechnikwirtschaft nach sich. Die 1950er Jahre waren bei der Gebäudetechnik in mehrfacher Hinsicht ein Übergangsjahrzehnt. Mehr und mehr wurden Einzelraumheizungen mindestens von zentralen Heizsystemen für Wohnung oder das ganze Haus abgelöst, vor allem durch Gasetagenheizungen. Aber auch Zentralheizungen kamen in der zweiten Hälfte der 1950er Jahre zunehmend zum Einbau. Ein zentraler Brenner erhitzte Wasser, das dann zu Röhrenradiatoren in den einzelnen Zimmern geführt wurde. Obwohl solche Röhrenradiatoren schon seit den 1920er Jahren gefertigt wurden, fanden sie erst nach dem Zweiten Weltkrieg ihren wirklichen Markt. Komfort spielte eine immer größere Rolle. Warmwasserinstallation wurde zum Standard, entweder gekoppelt an das Heizungssystem oder separat betrieben durch Gas, teilweise auch elektrisch. Die Stromversorgung wurde wieder flächendeckend aufgebaut und in den Wohnungen Zug um Zug die Kabel unter Putz installiert.

*Typisches Haus der 1960er Jahre mit viel Beton, der hier durch Ziegelklinker und Putz verkleidet wurde.*

## 1960 bis 1969

Ab den 1960er Jahren entstanden in Westdeutschland neue Großbauformen, Großwohnblocks, Einkaufszentren, Schul- und Universitätszentren, Krankenhaus- und Klinikumszentren, Parkhäuser und ähnliches. Vieles davon wurde später als „Betonbrutalismus" charakterisiert. Immer häufiger kam der Baustoff Beton zur Verwendung, nicht mehr nur für den Keller und die Decken der Gebäude, sondern zunehmend auch für die Außenwände und die Dächer, jetzt sehr häufig als Flachdächer, sowohl bei Großbauten als auch bei kleinen Häusern wie dem Bungalow. Terrassen und Balkone wuchsen zu stattlichen Außenbauteilen, die Fenster blieben meist einfach verglast, es kamen jedoch erste Kunststoffrahmen auf den Markt und setzten sich über die Jahre mehr und mehr durch.

Die Ölzentralheizung begann ihren unaufhaltsamen Aufstieg zu einer der am meisten eingesetzten Heizungsanlagen in Westdeutschland. Auf dem Gebiet der DDR ging die Entwicklung deutlich langsamer voran. Nach wie vor waren sehr viele Kohleheizungen und auch Einzelraumheizungen in Betrieb. Die im Westen vorrangig von mittelständischen Unternehmen betriebene Heizungsanlagenentwicklung blieb im Osten aus. Vor allem bei Großwohnblöcken in der DDR kamen Zentralheizungssysteme zum Einsatz, die aber wenig nutzertauglich blieben. Sie waren häufig nicht einmal raumweise regelbar, so dass die Raumtemperatur nicht selten einfach durch das Öffnen der Fenster geregelt wurde.

Im Westen gab es erste Versuche mit Wärmepumpen. Auch Fernwärme, also die Nutzung der Abwärme von Kraftwerken, rückte in den Blickpunkt.

Die Stromversorgung blieb weitgehend noch der klassischen Produktion durch Kohlekraftwerke vorbehalten. Allerdings wurde 1969 in Obrigheim in Baden-Württemberg das erste kommerziell eingesetzte Atomkraftwerk Westdeutschlands in Betrieb genommen, nachdem schon 1966 in Rheinsberg in der DDR ein erstes Atomkraftwerk zur Stromproduktion ans Netz ging. In der Folge wurden allein in Westdeutschland weit über 20 kommerzielle Atommeiler gebaut.

## 1970 bis 1981

Im Jahr 1971 wird mit der **1. Bundesimmissionsschutzverordnung**, auch „Verordnung über kleine und mittlere Feuerungsanlagen" genannt, erstmals ein Emissionsrahmen für Feuerungsanlagen festgelegt. Die Abgasproblematik kleiner und mittlerer Feuerungsanlagen im Rahmen der Gebäudetechnik fand erstmals Beachtung.

Nach wie vor tat sich aber im Bauwesen energetisch fast nichts, bis der Ölpreisschock von 1973 ein sichtbares Zeichen hinterließ und sogar die Autobahnen leerfegte. Dieser Schock war die Geburtstunde des energetischen Bauens in Deutschland und führte 1977 zur Einführung der **Wärmeschutzverordnung (WSchV)**, der ersten Verordnung für Wärmeschutz in Deutschland überhaupt. Diese war ein Meilenstein, der die Planer erstmals zwang, sich mit dem Thema des energetischen Bauens auseinanderzusetzen. Der gesetzliche Stichtag war der 1. November 1977. Wer ab diesem Datum einen Bauantrag stellte, musste in gewissem Umfang auch einen Wärmeschutznachweis erbringen. Die Regelungen waren alle noch sehr weit weg von heutigen Standards oder gar Innovationen, aber es war ein allererster Schritt. Häuser wurden flächendeckend erstmals auch unter Berücksichtigung energetischer Aspekte gebaut.

*Typisches Gebäude der 1970er Jahre, das viele Siedlungsgebiete Westdeutschlands bis heute prägt.*

Die Wände wurden mitunter wieder leicht dicker, dämmende Steine mit Luftporen wurden häufig verwandt, erste Dämmversuche fanden statt. Auch die Isolierverglasung hielt flächendeckend Einzug. Doch vieles blieb noch unberücksichtigt, zum Beispiel die Dachdämmung oder die Dämmung von durchlaufenden Betonplatten.

In der DDR war dies nicht der Fall, da hier die politischen und wirtschaftlichen Verhältnisse völlig andere waren. Großangelegte staatliche Wohnungsbauprogramme wurden ohne weitere energetische Berücksichtigungen geplant und umgesetzt. Nicht Energiemangel, sondern Wohnungsmangel war das beherrschende Thema.

1975 wurde in Whyl bei Freiburg erstmals in Deutschland der Bau eines Atomkraftwerks durch Bürgerproteste verhindert.

1976 wurde das **Gesetz zur Einsparung von Energie in Gebäuden (EnEG)** erlassen, das aber zunächst keine konkreten und bindenden Maßnahmen vorschrieb. Erst 1977 wurden mit der Einführung der Wärmeschutzverordnung (WSchV) erste bindende Regelungen zum Wärmeschutz von Neubauten geschaffen. Ein Meilenstein.

1978 trat die **1. Heizungsanlagenverordnung** in Kraft. Erstmals überhaupt wurde damit ein gesetzlicher Rahmen für die Effizienz von Heizungsanlagen geschaffen. Brennwerttechnik, also die

*Solarhaus Freiburg-Tiengen von 1979, eines der ersten Modellprojekte zur Nutzung der Sonnenenergie im privaten Hausbau*

effiziente Nutzung auch der heißen Abluft, fand ganz langsam ihren Weg von der Entwicklung in den Markt.

1979 wurde mit Bundesforschungsmitteln am Solarhaus in Freiburg-Tiengen erstmals in Deutschland der Einsatz von Photovoltaikanlagen und Solarkollektoren in größerem Umfang in der Haustechnik getestet.

1981 wurde in Freiburg das Fraunhofer Institut für solare Energiesysteme gegründet, das sich aus bescheidenen Anfängen zur heute größten Solarforschungseinrichtung Europas entwickelte. Das Institut nimmt heute eine wichtige Position in der weltweiten Solarforschung ein und gehört zur Weltspitze.

## 1982 bis 1989

1982 trat die 1. Novellierung der Heizungsanlagenverordnung in Kraft und damit wurden auch höhere Anforderungen an die Energieeffizienz der Anlagen gestellt.

1984 kam es zur 1. Novellierung der Wärmeschutzverordnung. Sie enthielt vor allem Verschärfungen an den baulichen Wärmeschutz der ersten Wärmeschutzverordnung von 1977.

Erst in den 1980er Jahren entwickelte sich in Westdeutschland auch der Begriff des „Niedrigenergiehauses“, das zwar zu vielen unterschiedlichen Interpretationen führte, weil es nicht einheitlich oder gar rechtlich definiert war, aber der Begriff machte Karriere und half, das energetische Bauen weiter in den Blickpunkt zu rücken.

Das Interesse an den Problemen des energetischen Bauens wuchs in den 80er Jahren des letzten Jahrhunderts stark; Architekten und Planer beschäftigten sich nun vermehrt mit den diesbezüglichen Fragestellungen. Es entstanden in dieser Zeit auch erste Pionierbauten, gleichsam als Prototypen, um zu erforschen, was möglich ist, so unter Anderen die Reihenhaussiedlung „Am Lindenwäldle“ in Freiburg als

*Typisches Haus aus den 1980er Jahren, schon geprägt durch eine bessere Dämmung der Gebäudehülle und Isolierverglasung*

*Die Reihenhäuser der Siedlung „Am Lindenwädle“ in Freiburg waren Anfang der 80er Jahre des letzten Jahrhunderts mustergültige Modellprojekte.*

Demonstrationsvorhaben der Europäischen Kommission in Brüssel.

Auf dem Gebiet der DDR gab es diese Entwicklungen nicht. Hier wurden weiterhin in energetisch schlechter Qualität meist große Mietblöcke hochgezogen, in der Regel mit vorgefertigten Elementen, um dem Wohnungsmangel nach staatlichen Plänen möglichst schnell zu begegnen.

1986 kam es im Atomkraftwerk Tschernobyl in der Sowjetunion zum sogenannten Super-GAU. Dies führte in der Folge zu deutlich wachsender Skepsis gegenüber der Atomkraft auch in Westdeutschland.

Ende des Jahres 1989 brach die DDR zusammen und auf die Bundesrepublik kamen enorme Herausforderungen auch in der Energie- und Gebäudetechnik zu.

## 1990 bis 1993

Am 1. Oktober 1990 wurde die deutsche Wiedervereinigung besiegelt, und damit kam der gesamte Gebäudebestand der DDR unter die gesetzlichen Regelungen der neu eingegliederten Bundesländer in die Bundesrepublik Deutschland. Ab diesem Zeitpunkt mussten Gebäude, die neu auf dem Gebiet der ehemaligen DDR errichtet wurden, die energetischen Standards der zweiten Wärmeschutzverordnung einhalten, mit einigen Übergangsregelungen. In Ostdeutschland kam es zu einem Bau- und Umbauboom, der in vielen Fällen nur durch ungeklärte Eigentumsfragen der Gebäude bzw. des Grund und Bodens gebremst wurde.

1990 trat auch die **2. Novellierung der Heizungsanlagenverordnung** in Kraft. Wiederum wurden erhöhte Anforderungen an Heizungsanlagen gestellt. In Ostdeutschland setzte Zug um Zug eine flächendeckende Erneuerung alter Heizungstechnik und eine Verbesserung des Wärmeschutzes ein.

Alle Atomkraftwerke der DDR wurden nach und nach abgeschaltet. Sie galten als veraltet und zu unsicher.

1990 schrieb man in Darmstadt-Kranichstein energetische Baugeschichte.

*Wohnhaus der frühen 1990er Jahre, ausgebaut bis unters Dach*

Dort entstand das erste Passivhaus Deutschlands überhaupt. Die Idee des Passivhauses kam aus Skandinavien. Der Anspruch war es, nur 15 Kilowattstunden (kWh) Heizenergie pro Jahr und Quadratmeter zu verbrauchen, was etwa einem Verbrauch von 1,5 Liter Öl pro Jahr und Quadratmeter entspricht.

Das **Stromeinspeisungsgesetz**, ein früher Vorläufer des später sehr erfolgreichen EEG, trat 1991 in Kraft.

In Freiburg wurde 1993 das erste komplett energieautarke Haus Deutschlands fertiggestellt. Das Haus setzte ausschließlich solare Energiegewinnung ein. Diese Energie wurde durch chemische Trennung von Wasser zu Wasserstoff und Sauerstoff (technische Hydrolyse) gespeichert und konnte bei Bedarf wieder freigesetzt werden (Knallgasreaktion). Das Gebäude, ein Pilotprojekt des Fraunhofer Instituts für solare Energiesysteme, wurde von jeder externen Energieversorgung entkoppelt, ermöglichte aber trotzdem einen hohen Wohnkomfort zu jeder Jahres-

*Das erste energieautarke Haus, 1993 in Freiburg erbaut*

*Haus aus den späten 1990er Jahren mit verbesserten Wärmedämmeigenschaften*

zeit. Es ist bis heute im reibungslosen Betrieb.

Das Passivhaus und auch das energieautarke Haus gingen weit über das hinaus, was zu dieser Zeit gesetzlich gefordert war.

## 1994 bis 2001

1994 trat die **3. Novellierung der Heizungsanlagenverordnung** in Kraft und damit wurden die Anforderungen an Heizungsanlagen weiter erhöht.

1995 kam es auch zu neuen, einheitlichen energetischen Regelungen für Neubauten in West- und Ostdeutschland. Die **Wärmeschutzverordnung** wurde zum zweitenmal novelliert, wobei erstmals der Jahresheizwärmebedarf berücksichtigt wurde.

In der Zeit zwischen 1995 und 2001 fanden Niedrigenergiehäuser große Verbreitung, und der Passivhausbauweise gelang der kommerzielle Durchbruch. Dreischeiben-Isolierglasfenster kamen auf den Markt.

Ab 1998 setzte eine neu gewählte Bundesregierung den Ausstieg aus der Atomkraft gesetzlich durch. Im Jahr 2000 trat das **Erneuerbare-Energien-Gesetz (EEG)** in Kraft. Es regelt die Vergütungsverpflichtungen für eingespeisten Strom aus erneuerbaren Energien. Dieses Gesetz wurde zum Motor für die Ankurbelung der Photovoltaikindustrie, der Stromgewinnung aus Sonnenenergie. Der Erfolg des Gesetzes dürfte auf seinem sehr einfachen marktwirtschaftlichen Hebel beruhen. Es wurde in der Folge von zahlreichen Ländern weltweit mehr oder weniger kopiert. Dieses Gesetz umfasste jedoch nur die Stromproduktion. Die Produktion von Wärme, die meist in den Heizungskellern der einzelnen Häuser erfolgt, wurde hierbei nicht berücksichtigt.

## 2002 bis 2006

2002 gab es einen weiteren Meilenstein in der energetischen Baugeschichte, die **Energieeinsparverordnung**, kurz **EnEV**, wurde eingeführt. Alle Gebäude, deren Bauantrag nach dem 1. Februar 2002 eingereicht wurde, mussten die Verordnung einhalten. Erstmals stand der Primärenergiebedarf im Vordergrund, das heißt, nicht nur der Bedarf der ein-

*Seit 2002 bestimmt die Energieeinsparverordnung den Hausbau mit.*

gesetzten Energie, sondern auch die eingesetzte Energieart, bekam Einfluss. Erneuerbaren Energien wurde damit erstmals angemessene Berücksichtigung geschenkt. Das Niedrigenergiehaus wurde durch die Anforderungen – sehr grob gesagt – zum Standard. Ferner musste für Neubauten seither ein Gebäudeenergiebedarfsausweis ausgestellt werden.

Für Bestandsgebäude wurden Nachrüstpflichten gesetzlich geregelt, im Schwerpunkt noch für die Heizungstechnik, die teilweise noch aus der letzten Heizungsanlagenverordnung resultierten. Im Jahr 2004 wurden mit einer **Novellierung der Bundesimmissionsschutzverordnung** schärfere Abgasvorschriften für Heizungsanlagen erlassen.

2005 wurde mit dem Kernkraftwerk Obrigheim in Baden-Württemberg das erste Kernkraftwerk Deutschlands auf Grundlage des Beschlusses zum Atomausstieg vom Netz genommen.

In der Praxis gingen die Pilotprojekte weiter. In Freiburg entstand die sogenannte Solarsiedlung, in der über 50 Reihenhäuser nach der Plusenergiebauweise errichtet wurden: Die komplett in Holzbauweise errichteten Häuser sollen mehr Energie erzeugen, als sie selbst benötigen, also wiederum einen deutlichen Schritt weiter gehen als das Passivhaus. 2006 wurde die Solarsiedlung fertiggestellt.

Im Oktober 2006 sorgte der Bericht des ehemaligen Weltbankökonomen Nicholas Stern zu den volkswirtschaftlichen Folgekosten der globalen Erwärmung im Auftrag der britischen Regie-

*„Solarsiedlung“ in Freiburg: Reihenhäuser in Plusenergiebauweise können hier seit 2006 mehr Energie produzieren als verbrauchen.*

*Der Trend geht beim Bauen ganz klar zur Nutzung regenerativer Energiequellen, in erster Linie zur Nutzung der Sonnenenergie für Heizung und Warmwasserbereitung.*

rung für weltweites Aufsehen. Sehr exakt ab diesem Zeitpunkt änderte sich das weltweite Bewusstsein für die Problematik der globalen Erwärmung, weil nicht nur die ökologischen, sondern auch die ökonomischen Folgen umfassend benannt wurden.

## Seit 2007...

In der **novellierten Energieeinsparverordnung vom 1. Oktober 2007** wurden einige Anforderungen an Neubauten überarbeitet: Es wurde erstmals überhaupt festgelegt, dass auch Bestandsgebäude in Zukunft über einen Gebäudeenergieausweis verfügen müssen.

Im Dezember 2007 wurde das UN-Klimasekretariat mit dem Friedensnobelpreis 2007 ausgezeichnet. Es forderte seit Langem drastische Maßnahmen zur Reduzierung des $CO_2$-Ausstoßes. Das Klimaproblem wurde von der gesamten Öffentlichkeit auch in Deutschland endlich anerkannt, was vorher über viele Jahre so nicht der Fall war. Am **1. Januar 2008** trat in Baden-Württemberg das **Erneuerbare-Wärme-Gesetz** in Kraft. Es ist das erste Gesetz in Deutschland – und wahrscheinlich weltweit überhaupt –, das den zwingenden Einsatz erneuerbarer Energien bei der Produktion von Wärme bei Neubauten und im Gebäudebestand vorschreibt. Das Erneuerbare-Wärme-Gesetz soll nach dem Vorbild des Erneuerbare-Energien-Gesetzes den Markt für innovative Produkte zur Wärmeproduktion bereiten.

Bundesweit wurden Partikelfilter für Holzfeuerungsanlagen vorgeschrieben, allerdings mit extrem langen Übergangszeiten.

Im ersten Jahrzehnt des 21. Jahrhunderts führte damit – nach allen Seitwärts- und Rückschritten – ein hundertjähriger Weg bei der Gebäudetechnik und Stromproduktion schließlich Schritt für Schritt hin zu den erneuerbaren Energien. Ein – auch aufgrund der Klimaziele der Vereinten Nationen und Deutschlands Rolle hierbei – wahrscheinlich nicht mehr umkehrbarer Weg. Die frühen Pioniere auf diesem Gebiet dürfen sich heute bestätigt fühlen.

# Die eigene Energiebilanz

*Jedes Haus ist in gewisser Weise individuell, und selbstverständlich sind es auch seine Nutzer. Der eine hat es gerne etwas wärmer, der andere lieber etwas kühler, und so ist der tatsächliche Energieverbrauch eines Hauses natürlich auch nur individuell ermittelbar.*

# Bestandsaufnahme des Energieverbrauchs

**Was kann man tun?**

Beim Energieverbrauch muss man unterscheiden zwischen dem Bedarf für Heizung, für Warmwasser und für Strom. Während der Strom meist extern bezogen, also nicht selbst hergestellt wird, ist dies bei der Heizungs- und Warmwassererwärmung in der Regel anders. Zwar kauft man den Energieträger wie Gas oder Öl ein, aber dieser wird dann im eigenen Haus im Heizungsbrenner eingesetzt, um Wärme zu erzeugen. Hier können Sie selbst ansetzen.

Die eigene Energiebilanz einmal zu ermitteln, ist ein ganz wichtiger Schritt, um sehen zu können, ob sich eine Modernisierung auch finanziell in absehbarem Zeitraum amortisiert. Und es ist auch gar nicht so schwer das zu tun, denn die Verbrauchsdaten der Energieträger werden in aller Regel ja dokumentiert, beispielsweise auf der Öl- oder Gasrechnung.

Immer wieder kursieren in Veröffentlichungen Diagramme und Darstellungen, die dem Ölverbrauch zur Erzeugung der Raumwärme einen überdurchschnittlich hohen Anteil zumessen. Nach diesen Diagrammen macht der Strombedarf nur einen ein- bis knapp zweistelligen Prozentanteil des Energieverbrauchs aus, und auch der Warmwasserbedarf hat teilweise nicht einmal einen zweistelligen Anteil am Gesamtenergiebedarf des Gebäudes, die Produktion von Raumwärme soll hingegen bis zu 75 und mehr Prozent des Gesamtenergiebedarfs benötigen.

Solche Darstellungen sind insofern irreführend, als hier in der Regel sehr unterschiedliche Dinge miteinander verglichen werden und auch das Nutzerverhalten nicht berücksichtigt wird. Heizung und Warmwasser werden sehr häufig durch Gas- oder Ölheizungen bereitgestellt. Während der Gas- bzw. Ölverbrauch in diese Diagramme entsprechend über die Kubikmeter- bzw. Literangaben eingeht, wird der Strom meist über die Kilowattstunden angesetzt. Dadurch werden die unterschiedlichen Kosten der verschiedenen Energieträger nicht berücksichtigt, denn eine Kilowattstunde Strom kostet ein Mehrfaches dessen, was ein Kubikmeter Gas oder ein Liter Öl kostet.

Überhaupt nicht berücksichtigt wird bei diesen allgemeinen Darstellungen das individuelle Nutzerverhalten. Gerade dieses hat aber ganz entscheidenden Einfluss auf den Energieverbrauch eines Haushalts. Bei der Aufstellung der eigenen Energiebilanz hat dieses natürlich

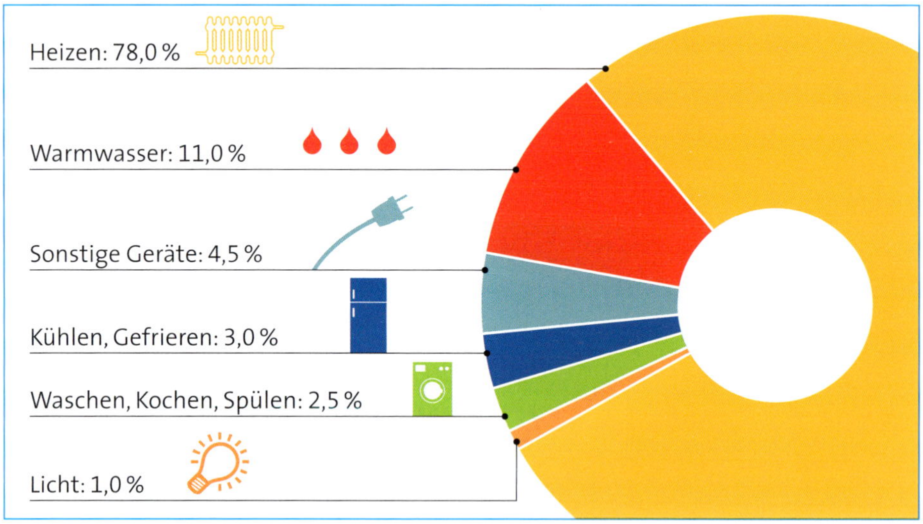


*Bei „Energieverbrauchs"-Grafiken werden häufig – wie in diesem Beispiel dargestellt – nur Prozentzahlen angegeben, von denen man nicht weiß, auf welchen Verbrauchszeitraum sie sich beziehen und in welcher Form die unterschiedlichen Energiearten oder auch die Energiekosten (z.B. für Strom und Heizung) überhaupt verglichen wurden.*

einen sehr hohen Stellenwert. Schnell können sich hierbei, wie noch zu sehen sein wird, die Anteile der Verbrauchswerte von Heizungs- und Warmwasserbedarf stark verschieben. Wie es individuell aussieht, kann man selbst gut nachrechnen.

Bei einer **Gaszentralheizung** ist diese Rechnung nicht notwendig, wenn eine monatliche Gasrechnung zur Verfügung steht und der Kubikmeterverbrauch dokumentiert ist. Ansonsten kann man sehr einfach den Gaszähler am Monatsanfang und am Monatsende ablesen und den Verbrauchsstand jeweils notieren. Durch die Differenz beider Beträge weiß man dann ebenfalls, wie viel Kubikmeter Gas man für die Heizung benötigt hat. Dies gilt aber nur dann, wenn am Gas nicht auch noch andere Verbraucher wie zum Beispiel ein Gasherd hängen. Dieser würde natürlich das Ergebnis verfälschen bzw. ein Ergebnis liefern, bei dem man wüsste, wie viel Gas man für die Wassererwärmung und das Kochen benötigt hat.

Sehen wir uns zum Beispiel ein Haus aus den Baujahren 1977 bis 1983 aus unserer Zeitreise etwas näher an. Das Haus hat, wie sehr viele Häuser aus dieser Zeit, eine **Ölzentralheizung**, mit der Brauchwasser und Heizungskreislauf beheizt werden. Der Öltank hat ein Tankvolumen von ca. 4500 Liter. Wenn der Tank voll ist, reicht der Ölvorrat etwa für eineinhalb Jahre, um das Haus zu beheizen und Warmwasser zu erzeugen. In dem Haus wohnt eine fünfköpfige Familie. Die Besitzer interessiert nun, ob sie viel oder wenig verbrauchen und ob sich eine Modernisierung für sie überhaupt lohnt.

Da es sich im vorliegenden Beispiel um eine Ölzentralheizung handelt, die neben der Heizwasser- auch die Brauchwassererwärmung besorgt, muss zunächst beides auseinandergerechnet werden, denn in Einfamilienhäusern hat man nur sehr selten Warmwasserzähler, die den Warmwasserbedarf separat erfassen. Daher muss man sich anders behelfen. Eine Möglichkeit ist, dass man während eines Sommermonats, wenn alle Heizkörper abgestellt sind und der Brenner nur noch zur Versorgung des Hauses mit Warmwasser läuft, den Ölverbrauch misst. Wenn der Öltank keine Öluhr hat, kann man sich provisorisch auch anders behelfen. So kann man zum Beispiel einen alten Zollstock nehmen, den man nicht mehr benötigt, und ihn am Anfang des Monats in den Öltank halten. Den Pegelstand des Öls notiert man sich. Am Ende des Monats wiederholt man dies und notiert den Pegelstand wieder. Um das Verbrauchsvolumen errechnen zu können, ist es noch wichtig, die Länge und die Breite des Öltanks zu messen. Vor allem, wenn der Tank konkave oder konvexe Formen hat, sollte man die Tank-Außenmaße immer auf der Höhe des Ölpegelstands messen. Aus der Tanklänge, der Tankbreite und der Differenz des ersten und zweiten Ölpegelstands kann man dann das verbrauchte Volumen errechnen.

Im vorliegenden Fall des Modellhauses errechnete sich mit der Zollstockmessung ein Verbrauch von 90 Litern Öl in einem Sommermonat, um das Brauchwasser zu erwärmen. Man kann diesen Verbrauch natürlich auch noch über ein, zwei weitere Sommermonate beobachten und schauen, ob er auch in etwa konstant bleibt. Ist dies der Fall, gilt es nun, auch den Ölverbrauch in den Wintermonaten zu beobachten, um den Ölbedarf für den Heizungsbetrieb herauszufinden. Entsprechend wird mit der gleichen Methode am Anfang und am Ende eines Wintermonats der Ölstand gemessen. Das Ergebnis, das man so erhält, ist natürlich nicht der Ölbedarf nur für die Heizung, sondern für Warmwasser und Heizung zusammen, denn der

Warmwasserbetrieb läuft selbstverständlich ja auch im Winter. Vom Ergebnis müssen also noch die 90 Liter abgezogen werden, die für die Warmwasserproduktion benötigt werden.

Nehmen wir an, wir hätten einen Verbrauch von 320 Litern pro Wintermonat herausbekommen und von diesem die 90 Liter für die Brauchwassererwärmung abgezogen, dann kämen wir auf 230 Liter Ölverbrauch für die Heizung, der in einem Wintermonat anfallen kann.

Was heißt das aber nun? Ist das ein hoher oder ein niedriger Verbrauch? Um das zu beurteilen, sollte man sich einmal den Jahresverbrauch des Hauses für Heizung und Warmwasser näher ansehen. Während man hierzu den monatlichen Brauchwasserbedarf einfach mit 12 (Anzahl der Monate pro Jahr) multiplizieren kann, geht dies beim Ölbedarf für den Heizbetrieb natürlich nicht, denn man heizt ja nicht gleichmäßig und durchgehend in allen 12 Monaten. Man kann in Deutschland davon ausgehen, dass man in etwa vier Monaten nicht heizt, also etwa von Mitte Mai bis Mitte September, immer natürlich mit entsprechender Variation und Verschiebung. Allgemein geht man umgekehrt von durchschnittlich 8 Heizungsmonaten im Jahr aus. Also muss der errechnete Monatsverbrauch für die Heizung mit 8 multipliziert werden.

**Genauer messen**

Wer es genau wissen will, sollte den Ölverbrauch nicht nur in einem Wintermonat kontrollieren, sondern die Messung für mehrere Wintermonate wiederholen, um exaktere Durchschnittswerte zu erhalten.

**Beispiel: Bedarfsberechnung des Heizölverbrauchs**

| | |
|---|---|
| Ölverbrauch für Brauchwassererwärmung: | 90 Liter/Sommermonat |
| Gesamtölverbrauch (Brauch- und Heizungswasser): | 320 Liter/Wintermonat |
| Ölverbrauch für Heizung = 320 Liter/Wintermonat – 90 Liter/Sommermonat = | 230 Liter/Wintermonat |
| → Ölbedarf für Brauchwassererwärmung = 90 Liter/Monat x 12 Monate | = 1080 Liter/Jahr |
| → Ölbedarf für Heizung = 230 Liter/Monat x 8 Monate (Heizperiode) | = 1840 Liter/Jahr |

Man weiß nun also, dass das Haus geschätzt 1840 Liter Öl pro Jahr benötigt, um die gewünschte Raumwärme zu erzeugen. Damit man diese Zahl in Relation setzen und dann vergleichen kann, muss man wissen, wie viel Grundfläche alle beheizten Räume zusammen haben. Ein unbeheizter Keller oder ein unbeheiztes Dach gehört also nicht dazu, sehr wohl aber ein Bad oder ein WC, wenn es beheizt wird.

Wenn man keine Pläne hat, in denen die Raumgrundflächen eingetragen sind, hilft nur das Abmessen der Flächen. Man kann sich hier allerdings auch mit einem Überschlag weiterhelfen, indem man zum Beispiel den Plänen einfach Länge und Breite des Hauses entnimmt oder an den Außenkanten misst. Durch Multiplikation beider Werte erhält man die Fläche eines Geschosses. Sind zwei Geschosse bewohnt und beheizt, multipliziert man diese Grundfläche mit zwei und zieht dann ca. 10 Prozent ab für die Konstruktionsfläche (Grundfläche der Außen- und Innenwände). Bei unserem Modellhaus ergibt sich so eine beheizte Grundfläche von insgesamt 120 Quadratmetern. Setzt man diese 120 Quadratmeter nun in Relation zum Ölbedarf und dividiert den Ölbedarf durch die Quadratmeter, kommt man auf einen Ölverbrauch von 15,3 Liter Öl pro Quadratmeter pro Jahr für die Erzeugung der Raumwärme. Diesen Wert nun kann man sehr gut vergleichen mit anderen Verbrauchswerten.

**Beispiel: Ölverbrauch für Heizzwecke pro Quadratmeter**

| | | |
|---|---|---|
| Modellhaus (1840 Liter Heizöl/Jahr/120 $m^2$ beheizte Wohnfläche): | 15,33 | $l/(m^2 \cdot a)$ |
| Durchschnittswert für Bestandsgebäude in Deutschland: | 18–25 | $l/(m^2 \cdot a)$ |
| Realistischer Zielwert durch Modernisierung: | 7–9 | $l/(m^2 \cdot a)$ |
| Passivhaus: | 1,5 | $l/(m^2 \cdot a)$ |

Aus statistischen Erhebungen weiß man, dass **Bestandsgebäude** in der Bundesrepublik Deutschland einen durchschnittlichen Heizwärmebedarf von 180 bis 250 Kilowattstunden pro Quadratmeter und Jahr haben. Zur Produktion von 10 Kilowattstunden ist etwa ein Liter Öl bzw. ein Kubikmeter Gas notwendig. Das heißt, ein durchschnittliches Bestandsgebäude benötigt 18 bis 25 Liter Öl pro Quadratmeter und Jahr. Unser Modellhaus liegt mit seinen rund 15 Litern Öl darunter, ist also schon sparsamer als der Durchschnitt. Eine Modernisierung scheint eigentlich (noch) gar nicht notwendig.

Das sagt allerdings noch nichts darüber aus, was heute bautechnisch bereits möglich ist, wie groß das Sparpotenzial ist. Um dies einschätzen zu können, sollte man sich auch einmal ansehen, wie hoch der Verbrauch bei modernen Gebäuden ist. Hier bietet sich zum Beispiel der Blick auf ein Passivhaus an, das mit sehr wenig Energie auskommt und dessen Heizwärmeenergiebedarf bei gerade einmal 15 Kilowattstunden pro Quadratmeter und Jahr liegt. Dies entspricht einem Ölverbrauch von 1,5 Liter pro Quadratmeter und Jahr. Das ist ein Zehntel des Verbrauchs des Modellhauses, und das hört sich dann schon ganz anders an. Natürlich kann man Bestandsgebäude nur unter großem Aufwand zu Passivhäusern nachrüsten, aber man kann durch Modernisierungen durchaus Verbrauchswerte von 7 bis 9 Liter Öl pro Quadratmeter und Jahr erreichen.

Und während für das Modellhaus bei einem angenommenen Ölpreis von 0,80 Euro pro Liter jedes Jahr alleine für den Heizwärmebedarf etwa 1472,28 Euro für den Öleinkauf aufgewendet werden müssen, sind dies bei einem Gebäude mit einem Bedarf von 7–9 Liter pro Quadratmeter und Jahr 672,00–864,00 Euro pro Jahr fürs Öl.

Bewohnt man kein Haus, sondern eine **Eigentumswohnung**, sind solche Berechnungen natürlich nicht so einfach zu machen. Andererseits ist es bei Eigentumswohnungen so, dass gerade dort natürlich der Verbrauch in aller Regel recht exakt und differenziert nach Heizung und Warmwasserbedarf erfasst

**Beispiel: Einsparpotenzial bei der Heizenergie**

| | | |
|---|---|---|
| Annahme: | 1 Liter Heizöl kostet 0,80 € | |
| Modellhaus: | 1840 Liter Heizöl/Jahr · 0,80 € | = 1472 € |
| Ziel nach Modernisierung 7 $l/(m^2 \cdot a)$: | 7 $l/(m^2 \cdot a) \cdot 120\ m^2 \cdot 0{,}80$ € | = 672 € |
| Ziel nach Modernisierung 9 $l/(m^2 \cdot a)$: | 9 $l/(m^2 \cdot a) \cdot 120\ m^2 \cdot 0{,}80$ € | = 864 € |
| Jährliche Heizkostenersparnis: | 1472 € – (672 bzw. 864 €) | = 800 bzw. 608 € |

wird und man so zum Jahresverbrauch auch Berechnungen anstellen kann.

Bei Eigentumswohnungen können bei Modernisierungsüberlegungen natürlich schnell einmal unterschiedliche Interessen der einzelnen Eigentümer aufeinanderstoßen. Während der eine vielleicht modernisieren will, hat der andere daran kein Interesse oder gerade kein Geld übrig. Und während der eine einen großen Energiebedarf hat, hat der andere möglicherweise einen geringen. Bis vor kurzem war es sehr einfach, als Wohnungseigentümer eine Modernisierung zu blockieren. Ein einzelner Eigentümer selbst einer großen Wohnanlage hatte faktisch ein Vetorecht und konnte praktisch jede Modernisierungsmaßnahme abwehren. Durch Reform des Wohnungseigentumsgesetzes (WEG bzw. WoEigG) wurde dies aber geändert, so dass sich die Situation heute anders darstellt. Auch hierauf gehen wir noch detaillierter ein (→ Seiten 51, 52).

Egal aber, ob man in einem Haus oder in einer Wohnung lebt, die entscheidende ökonomische Frage im Vorfeld einer Modernisierung ist: Wie hoch sind die zu erwartenden Modernisierungskosten, und amortisieren sich diese in absehbarer Zeit?

Um diese Frage gründlich beantworten zu können, muss man aber zunächst tiefer in die Materie einsteigen, denn es ist natürlich auch ökonomisch ein Unterschied, für welche Modernisierungsart man sich bei der Dämmung und/oder der Heizungsinstallation entscheidet. Bleibt man etwa beim Öl beziehungsweise Gas, oder wechselt man zu einem anderen Energieträger?

### → Was bedeutet eigentlich...?

Am Markt und in der Werbung werden heutzutage viele verschiedene Bezeichnungen für „saubere“ oder „Energiespar“-Häuser verwendet. Aber was ist darunter jeweils zu verstehen? Hier folgt eine kleine Übersetzungshilfe, die zwar primär für Neubauten verwendet wird, aber auch die Zuordnung des Energiestandards von Häusern vor und nach energetischen Modernisierungen ermöglichen soll.

| Bezeichnung | Erklärung |
|---|---|
| **Energiesparhaus** | Dieser Begriff ist heute für Neubauten eine Selbstverständlichkeit, denn er besagt nichts anderes, als dass das Gebäude die aktuellen gesetzlichen Mindestanforderungen der Energieeinsparverordnung (EnEV) erfüllt. |
| **CO2-Niedrighaus** | Von der Architektur her wie traditionelle Häuser aufgebaut, verbirgt sich in ihrer Anlagetechnik ein auf Erdgas- und Warmwasserversorgung ausgerichtetes Konzept. Es sorgt dafür, dass der Primärenergieverbrauch und damit der $CO_2$-Ausstoß deutlich unter dem eines „normalen“ Niedrigenergiehauses bleibt. |
| **Niedrigenergiehaus** | Der Heizwärmebedarf von Niedrigenergiehäusern soll bei 40–79 kWh/($m^2$•a) (= Kilowattstunden pro Quadratmeter und Jahr) liegen. Der Begriff ist nicht geregelt, garantiert also nicht die Einhaltung einer gesetzlichen Norm.<br>Deshalb verlangen Banken zur Finanzierung von Neubauten oft einen Gebäudeenergiebedarfsausweis für das Gebäude. Bei der Vergabe von zinsvergünstigten Baukrediten für Niedrigenergiehäuser werden je nach Kredittyp bestimmte Bemessungsgrenzen festgelegt. Neuerdings könnensogar solare Wärmegewinne, die mit einer thermischen Solaranlage erzielt werden, bei der Ermittlung des Jahres-Heizwärmebedarfs gutgeschrieben werden. |

| Fortsetzung: Was bedeutet eigentlich…? | |
|---|---|
| **Bezeichnung** | **Erklärung** |
| **KfW-Energiesparhaus-60** | Die Anforderungen für ein KfW-Energiesparhaus-60 verwenden die gleichen Kennziffern wie beim KfW-Energiesparhaus-40, jedoch sind die Anforderungen weniger streng:<br>• Der **Jahres-Primärenergiebedarf (Qp)** nach der EnEV darf nicht mehr als 60 kWh/($m^2$•a) betragen und<br>• der auf die wärmeübertragende Umfassungsfläche des Gebäudes bezogene **spezifische Transmissionswärmeverlust (Ht')** unterschreitet den in der EnEV angegebenen Höchstwert um mindestens 30 %.<br>Diese Kennzahlen werden nur dann erreicht, wenn Heiztechnik und energetische Qualität der Gebäudehülle optimal aufeinander abgestimmt sind. Das sollte der Sachverständige bereits bei der Neuplanung des Hauses berücksichtigen. |
| **KfW-Energiesparhaus-40** | Ein KfW-Energiesparhaus-40 muss zwei Kriterien einhalten, die den Energieverbrauch des Gebäudes widerspiegeln. Diese Kriterien stehen im Energiebedarfsausweis, der für jeden Neubau von einem Sachverständigen zu erstellen ist:<br>• Zum einen ist das die Kennziffer, die den Gesamtenergieverbrauch des Gebäudes zum Ausdruck bringt, und zwar der **Jahres-Primärenergiebedarf (Qp)**, der nach EnEV (Energieeinsparverordnung) nicht mehr als 40 kWh/($m^2$•a) betragen darf, und<br>• zum anderen die Anforderung an die Qualität der thermischen Hülle des Neubaus: Hier muss der auf die wärmeübertragende Umfassungsfläche des Gebäudes bezogene **spezifische Transmissionswärmeverlust (Ht')** den in der EnEV angegebenen Höchstwert um mindestens 45 % unterschreiten. |
| **3-Liter-Haus** | Als 3-Liter-Häuser werden umgangssprachlich Niedrigenergiegebäude bezeichnet, die einen jährlichen Primärenergiebedarf von weniger als 34 kWh/($m^2$•a) für die Beheizung des Hauses aufweisen; dies entspricht dem Primärenergiegehalt von 3 Litern Heizöl pro Quadratmeter im Jahr.<br>In der Rechenvorschrift der Energieeinsparverordnung, die auch Grundlage der 3-Liter-Haus-Bewertung ist, werden sowohl der Brennstoffbedarf für Heizzwecke als auch die erforderlichen Antriebsenergien und der eingesetzte Energieträger bewertet. Die Bewertung erfolgt mit den Normen DIN 4108-6 (Gebäude) und DIN 4701-10 (Anlagentechnik). |
| **Passivhaus** | Die KfW definiert das Passivhaus folgendermaßen:<br>• Genau wie beim KfW-Energiesparhaus-40 darf der Jahres-Primärenergiebedarf (Qp) nach der EnEV nicht mehr als 40 kWh/($m^2$•a) betragen und<br>• der Jahres-Heizwärmebedarf (Qh) liegt nicht über 15 kWh/($m^2$•a) Wohnfläche. |
| **Nullenergiehaus Plusenergiehaus** | Das Nullenergiehaus oder gar Plusenergiehaus ist eine sehr ambitionierte Bauweise. Für Heizzwecke darf das Haus keine zusätzliche Energie verbrauchen. Es könnte sogar durch solare Wärmegewinne überschüssige Energie an andere Abnehmer abführen.<br>Der Heizenergieverbrauch liegt also bei 0 kWh/($m^2$•a), oder es ergibt sich sogar ein Energieüberschuss. |

Einer Wärmemenge von 10 kWh entsprechen: 1 Liter Heizöl, 1 $m^3$ Erdgas oder 2 kg Holzpellets.

# Gesetzliche Pflichten bei Modernisierungen

*Die Modernisierung von Gebäuden ist nicht nur eine freiwillige Angelegenheit, die man umsetzen kann oder nicht. In einigen Teilbereichen gibt es Verpflichtungen zu bestimmten Nachrüstungen an Gebäuden und an der Gebäudetechnik.*

# Die gesetzlichen Grundlagen

Die wesentlichen Verordnungen und Gesetze in diesem Zusammenhang sind die 1. Bundesimmissionsschutzverordnung (1. BImSchV), die Energieeinsparverordnung (EnEV) und in Baden-Württemberg das Erneuerbare-Wärme-Gesetz (EWärmeG). Den vollständigen Wortlaut der ersten beiden Regelungen findet man im Internet unter www.gesetze-im-internet.de. Hier werden die wichtigsten Regelungen aus diesen Verordnungen und Gesetzen, die im Zusammenhang mit Modernisierungen zu beachten sind, wiedergegeben.

## Die 1. Bundesimmissionsschutzverordnung

Die 1. Bundesimmissionsschutzverordnung (1. BImschV), die bereits bei der „Kleinen Zeitreise durch die energetische Baugeschichte" kurz erwähnt wurde, wird auch als „Verordnung über kleinere und mittlere Feuerungsanlagen" bezeichnet. Dies trifft ihren Inhalt recht exakt. In der Verordnung werden vor allem Anforderungen an Installation, Betrieb und Überwachung kleiner und mittlerer Feuerungsanlagen festgelegt. Hierzu gehören im Wesentlichen alle Heizungsanlagen kleiner und mittlerer Wohngebäude sowie auch Einzelöfen und Kamine. Aus dieser Verordnung treffen verschiedene Regelungen Immo- bilieneigentümer direkt. So beispielsweise die Regelung gemäß § 4 Absatz 3, dass Kamine nur gelegentlich betrieben werden dürfen. Das heißt, man kann ein Haus nicht ohne weiteres regelmäßig durch das Feuer eines offenen Kamins beheizen. Ferner darf die Heizung bestimmte Abgasgrenzwerte nicht überschreiten, egal ob man feste, flüssige oder gasförmige Brennstoffe benutzt, wie Holzpellets, Öl oder Gas. Bei festen Brennstoffen sind für die staubförmigen Emissionen bestimmte maximale Massenkonzentrationen im Abgas festgelegt, ebenso Kohlenmonoxidgrenzwerte. Bei flüssigen und gasförmigen Brennstoffen müssen festgelegte Stickstoffdioxidgrenzwerte eingehalten werden (gegenwärtig bei Gas 80 Milligramm je Kilowattstunde zugeführter Brennstoffenergie, bei Heizöl EL 120 Milligramm je Kilowattstunde zugeführter Brennstoffenergie). Ferner ist für Ölheizungen vorgeschrieben, dass ein gewisser Schwärzungsgrad der staubförmigen Emission im Abgas nicht überschritten werden darf, die Abgase frei von Ölderivaten sein müssen und die sogenannten **Abgasverlustgrenzwerte** nach § 11 eingehalten werden müssen.

Der Abgasverlust ist gemäß der Definition der Bundesimmissionsschutzverordnung für alle Heizungsarten „die Differenz zwischen dem Wärmeinhalt des Abgases und der Verbrennungsluft, bezogen auf den Heizwert des Brennstoffs". Die Verbrennungsluft ist dabei diejenige Luft, die zum Brennvorgang angesaugt wird. Für die Bestimmung des Abgasverlustgrenzwerts wird ferner der Sauerstoffgehalt im Abgas gemessen. Aus diesen Messgrößen errechnet sich dann über eine Formel, in die auch festgelegte Konstanten einfließen (je nach Brennstoff, zum Beispiel für Öl oder Gas), der Abgasverlustgrenzwert in Prozent. Diesen Abgasverlustgrenzwert darf Ihre Heizungsanlage nicht überschreiten. Auch gasbetriebene Heizungen müssen diese Abgasverlustgrenzwerte einhalten. Mit diesen Regelungen wird man üblicherweise jedes Jahr durch den zuständigen Bezirksschornsteinfeger konfrontiert. Dieser nämlich misst die Abgase und deren Zusammensetzung um festzustellen, ob die festgelegten Grenzwerte eingehalten werden. Über diese Messung fertigt er ein Protokoll an, das man gemäß 1. Bundesimmissionsschutzverordnung übrigens aufheben muss, und zwar mindestens 5 Jahre lang. Wenn der Schornsteinfeger Probleme feststellt, wird er diese üblicherweise auch ansprechen, mitunter sogar Vorschläge unterbreiten, mit welchen Maßnahmen die Grenzwerte wahrscheinlich wieder unterschritten werden können, beispielsweise durch eine Brennerreinigung oder ähnliches.

An der zentralen Überwachungsfunktion von Schornsteinfegern kann man aber auch sehen, wie wichtig und sinnvoll es ist, den Schornsteinfeger frühzeitig in eine neue Anlagenplanung einzubeziehen, denn er wird es nachher auch sein, der die Anlage abnimmt.

Die Hersteller der Heizungsanlagen müssen zwar ihrerseits werksseitig Prüfungen der von ihnen hergestellten Anlagen vornehmen, aber Immobilienbesitzer müssen dies bei Installation einer neuen Anlage auch tun, denn natürlich ist der Betrieb unter Praxisbedingungen der letztlich entscheidende. Wichtig ist in diesem Zusammenhang § 14 der 1. Bundesimmissionsschutzverordnung, in dem geregelt ist, dass die Betreiber von geänderten oder neuen Heizungsanlagen diese auf Einhaltung der gestellten Anforderungen innerhalb einer Frist von vier Wochen nach Inbetriebnahme durch den zuständigen Bezirksschornsteinfeger überprüfen lassen müssen. Stellt der Bezirksschornsteinfeger dann fest, dass die Anlage die Werte nicht einhält, muss man ihn innerhalb von sechs Wochen eine Wiederholungsmessung durchführen lassen. Hält die Anlage auch dann die geforderten Werte nicht ein, reicht der Schornsteinfeger diese Ergebnisse binnen 14 Tagen an die zuständige örtliche Behörde weiter, damit diese über das weitere Vorgehen befinden kann. Dies ist allerdings selten der Fall, wenn schon in der Planungsphase auch Fachbetriebe und der Schornsteinfeger eingeschaltet sind.

## Die Energieeinsparverordnung EnEV

Auch die Energieeinsparverordnung (EnEV) wurde in der „Kleinen Zeitreise durch die energetische Baugeschichte" schon kurz erwähnt. Sie wird auch als „Verordnung über energiesparenden Wärmeschutz und energiesparende Anlagentechnik bei Gebäuden" bezeichnet. Sie stellt unter anderem Anforderungen an neu zu errichtende Gebäude, an bestehende Gebäude, aber auch an Gebäude, die modernisiert oder umgebaut werden sollen. Für Immobilieneigentümer sind daher die Regelungen des Abschnitts 3 der Energieeinsparverordnung besonders interessant: „Bestehende Gebäude und Anlagen". Darüber hinaus regelt die Energieeinsparverordnung die Bestimmungen zum Gebäudeenergieausweis, sowohl für neu zu errichtende Gebäude, als auch für bestehende Gebäude. Auch darauf wird hier noch eingegangen, zunächst aber zu den Regelungen des Abschnitts 3 der Energieeinsparverordnung.

Während sich die Bundesimmissionsschutzverordnung sehr stark auf die Feuerungsanlagen konzentriert, ist die Energieeinsparverordnung sehr umfassend, da sie sowohl die Gebäudehülle als auch die Gebäudeanlagentechnik berücksichtigt. Die EnEV hat die Wärmeschutzverordnung und die Heizungsanlagenverordnung abgelöst und führt beide Verordnungen in einer einzigen Verordnung zusammen. Dieser Ansatz ist durchaus sinnvoll, da zwischen beiden Bereichen natürlich erhebliche Wechselwirkungen bestehen.

Eine der energetischen Grundlagen der Energieeinsparverordnung ist der Primärenergiebedarf bzw. **Jahres-Primärenergiebedarf**, gemessen in Kilowattstunden pro Quadratmeter und Jahr, als Formel: kWh/(m²·a). Im vereinfachten Verfahren errechnet sich der Jahres-Primärenergiebedarf durch Addition des Heizenergiebedarfs und des Energiebedarfs für die Warmwasserbereitung und anschließender Multiplikation mit der „Anlagenaufwandszahl" $e_p$. Diese Anlagenaufwandszahl definiert sich aus dem Verhältnis der von einer Heizungsanlage aufgenommenen Primärenergie zu der von ihr abgegebenen Nutzwärme, beschreibt also die Effizienz der Energieausnutzung bzw. den Wirkungsgrad des Systems.

Die Primärenergie kann einer Heizungsanlage sehr unterschiedlich zugeführt werden. Bei einer Stromheizung kann die Primärenergie zum Beispiel Kohle sein, durch deren Verbrennung relativ verlustreich Strom gewonnen wird, der dann wiederum verlustreich in Wärme gewandelt wird. Da in diesem Fall sehr viel Kohle zur Gewinnung von letztlich relativ wenig Wärme aus Strom eingesetzt werden muss, steigt die Anlagenaufwandszahl. Wird hingegen beispielsweise Holz direkt im eigenen Hauskeller zur Erzeugung von Wärme eingesetzt, muss relativ wenig Primärenergie (Holz) zur Erzeugung von relativ viel Wärme eingesetzt werden. Damit sinkt die Anlagenaufwandszahl, der Jahres-Primärenergiebedarf wird dadurch günstiger, und im Ergebnis sind die Anforderungen der Energieeinsparverordnung an den Jahres-Primärenergiebedarf effizienter einzuhalten.

Ein zweiter, sehr wichtiger Begriff, den die Energieeinsparverordnung führt, ist der **Transmissionswärmeverlust** bezogen auf die wärmeübertragende Umfassungsfläche. Dieser **U-Wert** wird gemessen als Energieverlust in Watt pro Quadratmeter Oberfläche sowie Grad Kelvin des Temperaturunterschieds zwischen Innen- und Außenseite eines Bauteils.

**Transmissionswärmeverlust**

**U-Wert** = W/(m²·K)
mit **W** = Energieverlust in Watt
**m²** = wärmeübertragende Umfassungsfläche
**K** = Grad Kelvin Temperaturdifferenz zwischen Innen- und Außenseite

Der Transmissionswärmeverlust beschreibt den Wärmeverlust, der durch Außenfassade, Kellerfundament oder Dachfläche eines Hauses entweicht.

Kernregelung der Energieeinsparverordnung ist die Vorschrift, dass Heizungs-, Warmwasser- und Lüftungsanlagen bestimmte Höchstwerte eines Jahres-Primärenergiebedarfs unterschreiten müssen und gleichzeitig die wärmeübertragende Umfassungsfläche bestimmte Transmissionswärmeverluste nicht überschreiten darf, beides jeweils gestaffelt nach verschiedenen Verhältnissen der Außenfläche zum Gebäudevolumen. Hintergrund letzterer Regelung ist, dass ein

**Jahres-Primärenergiebedarf**

$$= \frac{\text{(Heizenergiebedarf + Energiebedarf für Brauchwassererwärmung)}}{\text{Jahr}} \cdot e_p$$

$$\text{mit } e_p = \text{Anlagenaufwandszahl} = \frac{\text{Primärenergie}}{\text{Energie der Nutzwärme}}$$

Bungalow ein deutlich ungünstigeres Außenflächen-Volumen-Verhältnis haben kann, und damit potentiell deutlich höhere Wärmeverluste hat als ein eher kompaktes Mehrparteienhaus. Um hier für alle Gebäudevarianten ausgeglichene Regelungen zu finden, wird diese Tatsache berücksichtigt.

Die zulässigen Grenzwerte für den Transmissionswärmeverlust neuer Gebäude sind in Tabelle 1 der Anlage 1 der Energieeinsparverordnung enthalten, die sozusagen das Herzstück der Regelung ist. Ausgerechnet diese Tabelle ist leider nicht über die Seite www.gesetze-im-internet.de abzurufen. Das ist mehr als bedauerlich und für Bürger auch ärgerlich, denn es ist eine offizielle Seite des Bundesministeriums der Justiz. Bürger sollten mindestens die Regelungen auch einsehen können, die sie einhalten sollen. Hier sollte dringend nachgebessert werden.

Die Tabelle lässt beim zulässigen Jahres-Primärenergiebedarf Werte von 66–130 kWh/($m^2$·a) zu, je nach dem Verhältnis von Außenfläche zu Volumen des Gebäudes und je nachdem, ob die Warmwasserbereitung im Gebäude überwiegend aus Strom erfolgt oder nicht. Außerdem sieht die Tabelle maximal zulässige Transmissionswärmeverluste von 1,05–0,44 W/($m^2$·K) vor. Die Tabelle finden Sie auf Seite 182.

Ausgehend von diesen Überlegungen enthält die Energieeinsparverordnung nun auch für Bestandsgebäude verschiedene Regelungen zu Nachrüstungen, die zum Teil unabhängig von einer anstehenden Modernisierung zwingend vorgenommen werden müssen. Andere Vorschriften greifen erst dann, wenn ohnehin eine Modernisierung geplant und durchgeführt wird. Für eine bessere Übersichtlichkeit kann man die Vorschriften jeweils in Regelungen für die Gebäudehülle und für die Gebäudetechnik unterteilen.

### Zwingende Nachrüstungen der Gebäudehülle

Bei Gebäuden mit höchstens zwei Wohnungen, von denen der Eigentümer eine bei Einführung der Energieeinsparverordnung am 1. Februar 2002 selbst bewohnt hat, müssen ungedämmte, nicht begehbare, aber zugängliche oberste **Geschossdecken** im Falle eines auf den Stichtag erfolgten oder noch folgenden Eigentümerwechsels gedämmt werden. Es kann sich hierbei zum Beispiel um Decken von beheizten Obergeschossen zu Dachgeschossen handeln, in denen man zwar nicht aufrecht gehen oder stehen kann, die man aber zum Beispiel durch Luken erreichen kann. Die Decken müssen dann so gedämmt werden, dass der Wärmedurchgangskoeffizient der Geschossdecke 0,30 Watt pro Quadratmeter und Grad Kelvin nicht überschreitet. Diese Dämmung muss umgehend nach Eigentumsübergang erbracht werden.

### Zwingende Nachrüstungen der Gebäudetechnik

**Heizkessel**, die vor dem 1. Oktober 1978 aufgestellt wurden und die mit flüssigen oder gasförmigen Brennstoffen beschickt werden (also zum Beispiel Öl oder Gas), müssen bis zum 31. Dezember 2008 außer Betrieb genommen werden. Für Gebäude mit höchstens zwei Wohnungen, von denen der Eigentümer bei Einführung der Energieeinsparverordnung am 1. Februar 2002 selbst eine bewohnt hat, gilt diese Regelung jedoch nicht. Für alle anderen Eigentümer, die entweder zum 1. Februar 2002 keine der beiden Wohnungen selbst bewohnt haben oder eine Wohnung oder ein Haus erst nach dem 1. Februar 2002 erworben haben, gilt diese Regelung bindend. Sie haben dann bis zu zwei Jahre nach Eigentumsübertragung Zeit, die Anforderungen zu erfüllen. Niedertemperatur- oder Brennwertkessel oder Anlagen, deren Nennleistung niedriger als 4 Kilowatt oder größer als 400 Kilowatt ist (übliche Einfamilienhausanlagen liegen – je nach Gebäudegröße und Alter der Anlage – bei etwa 15 bis 30 Kilowatt), sind von der Regelung generell ausgenommen.

**Heizungs- und Warmwasserverteilungsanlagen** (also etwa Heizungsrohre) **und deren Armaturen**, die sich nicht in beheizten Räumen befinden und frei zugänglich sind (also etwa nicht in Wänden verlaufen, sondern davor), müssen im Falle eines Eigentümerwechsels, der nach dem 1. Februar 2002 erfolgt ist, vom neuen Eigentümer umgehend gedämmt werden.

**Gebäude mit Zentralheizungen** müssen mit zentralen, selbsttätig wirkenden Einrichtungen zur Verringerung und Abschaltung der Wärmezufuhr sowie zur Ein- und Ausschaltung elektrischer Antriebe in Abhängigkeit zur Außentemperatur oder einer anderen geeigneten Führungsgröße sowie der Zeit nachgerüstet werden. Auch hierfür sieht die Energieeinsparverordnung keine Frist vor, dies muss sofort erfolgen.

**Heizungsanlagen mit Wasser als Wärmeträger** müssen mit selbsttätig wirkenden Einrichtungen zur raumweisen Regulierung der Raumtemperatur ausgestattet werden. Fußbodenheizungen, die vor dem 1. Februar 2002 installiert wurden, dürfen abweichend auch mit Einrichtungen zur raumweisen Anpassung der Wärmeleistung an die Heizlast ausgestattet werden.

**Einrichtungen, die den Energiebedarf senken**, müssen vom Eigentümer betriebsbereit gehalten und bestimmungsgemäß genutzt werden. Das könnte also beispielsweise eine Solarkollektoranlage zur Brauchwassererwärmung betreffen, die man bei einem Hauskauf sozusagen miterworben hat. Man kann diese also nicht einfach abschalten, sondern muss deren energiesparenden Effekt dann mindestens durch andere Maßnahmen ausgleichen.

Alle Anlagen müssen ferner sachgerecht bedient, gewartet und instandgehalten werden.

### Nachrüstungen im Falle von Modernisierungen der Gebäudehülle

Geänderte Wohngebäude dürfen festgelegte Jahres-Primärenergiewerte und Transmissionswärmeverluste für Neubauten um nicht mehr als 40 % überschreiten, wenn **mehr als 20 % eines Bauteils gleicher Orientierung gewechselt oder nachgebessert werden**. Gleiche Orientierung bedeutet: Außenbauteile der Himmelsrichtung Südost bis Südwest und Nordwest bis Nordost.

Alternativ hierzu dürfen einzelne festgelegte Wärmedurchgangskoeffizienten nach Anlage 3 (→ Anhang Seite 182) der Energieeinsparverordnung durch betroffene neue oder nachgerüstete Außenbauteile nicht überschritten werden, wenn diese 20 Prozent eines Bauteils gleicher Orientierung übersteigen.

Bei **Erweiterung der beheizten Gebäudegrundfläche** um 15 bis 50 Quadratmeter müssen die Außenbauteile ebenfalls so ausgeführt sein, dass sie die in Anlage 3 (→ Anhang Seite 182) der Energieeinsparverordnung festgelegten Wärmedurchgangskoeffizienten nicht überschreiten.

Bei Erweiterungen der beheizten Gebäudegrundfläche um mehr als 50 Quadratmeter müssen die Außenbauteile so ausgeführt werden, dass sie den Jahres-Primärenergiebedarf bzw. den Transmissionswärmeverlust für Neubauten einhalten.

**Außenbauteile** dürfen nicht so verändert werden, dass sich ihre energetische Qualität verschlechtert. Dies könnte beispielsweise bei einem verkleideten Fachwerkhaus der Fall sein, dessen Fachwerk freigelegt werden soll.

### Nachrüstungen bei Modernisierungen der Gebäudetechnik

Bei **Auswechslung oder Einbau einer Heizungsanlage mit Wasser als Wärmeträger** müssen alle bereits genannten unbedingten Anforderungen eingehalten werden sowie ferner folgende Regelungen:

Werden **Umwälzpumpen** in Zentralheizungen mit mehr als 25 Kilowatt Nennleistung ausgewechselt, müssen die neuen Pumpen die elektrische Leistungsaufnahme dem Förderbedarf selbsttätig in mindestens drei Stufen anpassen können.

**Zirkulationspumpen** müssen beim Einbau in Warmwasseranlagen mit selbsttätig wirkenden Einrichtungen zur Ein- und Ausschaltung ausgestattet sein.

Beim **Ersetzen von Warmwasserleitungen und Armaturen** muss deren Wärmeabgabe nach Anlage 5 (→ Tabelle) der Energieeinsparverordnung begrenzt werden.

Sie sehen an den vielen Regelungen und Verweisen auf komplexe Anhänge allerdings auch, dass Einiges relativ kompliziert geregelt ist. Da bei Nichtbeachtung der Regeln aber eine Ordnungswidrigkeit eintreten kann, ist immer zu überlegen – mindestens im Falle ohnehin geplanter Modernisierungen –, einen Fachmann einzuschalten, der sicherstellt, dass die Regelungen eingehalten werden. Da für fast alle Fördermaßnahmen im Rahmen von Modernisierungen im Vorfeld aber ohnehin fachliche Stellungnahmen verlangt werden, kann es sinnvoll sein, einen Energieberater mit der Bestandsaufnahme und einem detaillierten Modernisierungsvorschlag zu beauftragen. Mehr hierzu ab Seite 54.

Die Anforderungen an den **maximal zulässigen U-Wert** bei Gebäudemoder-

**Thermoisolierung von Warmwasserleitungen**

| Zeile | Art der Leitungen / Armaturen | Mindestdicke der Dämmschicht, bezogen auf eine Wärmeleitfähigkeit von 0,035 W/(m•K)* |
|---|---|---|
| 1 | Innendurchmesser bis 22 mm | 20 mm |
| 2 | Innendurchmesser über 22 mm bis 35 mm | 30 mm |
| 3 | Innendurchmesser über 35 mm bis 100 mm | gleich Innendurchmesser |
| 4 | Innendurchmesser über 100 mm | 100 mm |
| 5 | Leitungen und Armaturen nach den Zeilen 1 bis 4 in Wand- und Deckendurchbrüchen, im Kreuzungsbereich von Leitungen, an Leitungsverbindungsstellen, bei zentralen Leitungsnetzverteilern | ½ der Anforderungen der Zeilen 1 bis 4 |
| 6 | Leitungen von Zentralheizungen nach den Zeilen 1 bis 4, die nach dem 31. Januar 2002 in Bauteilen zwischen beheizten Räumen verschiedener Nutzer verlegt werden | ½ der Anforderungen der Zeilen 1 bis 4 |
| 7 | Leitungen nach Zeile 6 im Fußbodenaufbau | 6 mm |

* Die Einheit der Wärmeleitfähigkeit ist W/(m·K). Achtung: Dies bedeutet nicht „Watt pro Meter und Kelvin", sondern „Watt pro Quadratmeter (Querschnitt) mal Meter (Materialdicke) und pro Kelvin" und müsste eigentlich $Wm/(m^2 \cdot K)$ heißen. Nur kann mathematisch jeweils ein „m" über und unter dem Bruchstrich / weggekürzt werden.

nisierungen legt die EnEV in Anlage 3 fest. In dieser Anlage wird zunächst geregelt, für welche Bauteile im Einzelnen welche U-Wert-Grenzen gelten, und diese U-Wert-Grenzen wiederum werden anschließend in einer Tabelle aufgeführt. Das Ganze führt zu einer außerordentlich detaillierten und umfassenden Regelung für einzelne Bauteile. Man kann darüber streiten, ob das in dieser Form noch sinnvoll und vor allem praxistauglich ist, letztlich ist es aber so, das man diese Vorgaben einhalten muss und sie daher kennen sollte. Daher enthält die Anlage dieses Buches eine komplette Übersicht dieser Regelungen aus der Energieeinsparverordnung.

| Bauteil | Strengster maximal zulässiger U-Wert in W/(m²·K) |
| --- | --- |
| Außenwände | 0,35 |
| Fenster | 1,7 |
| Verglasungen | 1,5 |
| Außentüren | 2,9 |
| Steildächer | 0,3 |
| Flachdächer | 0,25 |
| Decken und Wände gegen unbeheizte Räume oder Erdreich | 0,4 |

Man muss sich alle diese sehr komplizierten und unübersichtlichen Regelungen als Laie aber nicht im Einzelnen merken, sondern kann sich sehr einfach kurz und knapp einprägen, welche Bauteile im strengsten angenommen Fall welche U-Werte einhalten müssen, und das sind die hier links genannten.
Mit dieser Tabelle hat man eine einfache und schnelle Übersicht über die Anforderungen, die gemäß EnEV bei Nachrüstung der betreffenden Bauteile im strengsten angenommenen Fall einzuhalten sind.

Die EnEV und ihr Anlagenwerk sind insgesamt leider viel zu kompliziert geraten. Die Verordnung ist seitens des Gesetzgebers mit vertretbarem Aufwand auch gar nicht mehr überprüfbar. Das ist eigentlich unnötig, guter Wärmeschutz und effizienter Energieeinsatz wären auch viel einfacher regelbar. Unzählige Modernisierungen in Deutschland dürften längst ohne jede Beachtung der Vorgaben der Energieeinsparverordnung durchgeführt worden sein, einfach aus Unverständlichkeit, Unkenntnis oder Unwissen. Das ist wenig verwunderlich, denn Verbraucher sind mit den viel zu komplizierten Regelungen schlicht überfordert.

Wie man ein einfaches, gutes und klar verständliches Gesetz mit hoher Praxistauglichkeit entwickeln kann, hat die Landesregierung von Baden-Württemberg mit dem Erneuerbare-Wärme-Gesetz (EWärmeG) gezeigt. Das Gesetz kommt, bei einer ebenfalls sehr komplexen Materie, weitgehend ohne bauphysikalische Detailregelungen und gänzlich ohne Anhang aus. Das Gesetz ist dadurch für jeden verständlich und auch einfach überprüfbar. Es bleibt die Hoffnung, dass zukünftige Regelungen der EnEV einfacher und praxistauglicher gestaltet werden.

## Der Gebäudeenergieausweis

Im Rahmen der EnEV sind auch die Anforderungen zum Gebäudeenergieausweis geregelt. Während ein Energiebedarfsausweis für neu zu errichtende Gebäude schon seit Längerem Vorschrift ist, gibt es nun auch Regelungen für Bestandsgebäude. Grundsätzlich gilt, dass Eigentümer nur dann einen Gebäudeenergieausweis benötigen, wenn sie eine Immobilie verkaufen, vermieten oder verpachten wollen. In einem solchen Falle müssen sie dem potentiellen Käufer, Mieter oder Pächter auf Verlangen Einblick in einen Gebäudeenergieausweis gewähren. Will man eine Immobilie verkaufen, vermieten oder

# ENERGIEAUSWEIS für Wohngebäude

**gemäß den §§ 16 ff. Energieeinsparverordnung (EnEV)**

## Berechneter Energiebedarf des Gebäudes

2

### Energiebedarf

$CO_2$-Emissionen[1) 51,9 [kg/(m²·a)]

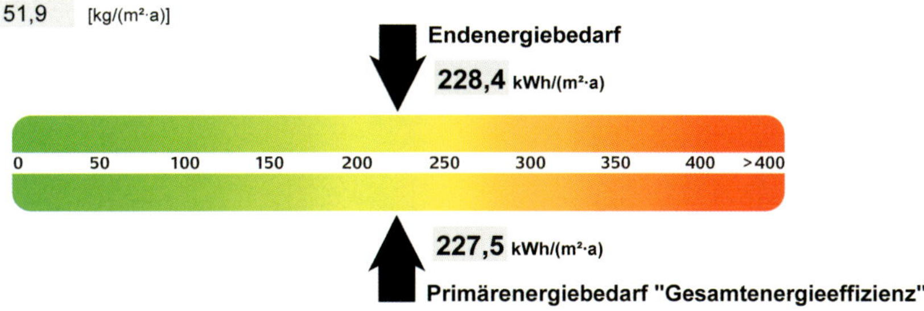


### Nachweis der Einhaltung des § 3 oder § 9 Abs. 1 EnEV[2)]

| Primärenergiebedarf | | | Energetische Qualität der Gebäudehülle | | |
|---|---|---|---|---|---|
| Gebäude Ist-Wert | | kWh/(m²·a) | Gebäude Ist-Wert $H_T'$ | | W/(m²·K) |
| EnEV-Anforderungswert | | kWh/(m²·a) | EnEV-Anforderungs-Wert $H_T'$ | | W/(m²·K) |

### Endenergiebedarf

| Energieträger | Jährlicher Endenergiebedarf in kWh/(m²·a) für | | | Gesamt in kWh/(m²·a) |
|---|---|---|---|---|
| | Heizung | Warmwasser | Hilfsgeräte[3)] | |
| Erdgas H | 151,2 | 16,6 | | 167,8 |
| Strom | 0,0 | 0,0 | 12,3 | 12,3 |
| Holz-Pellets | 40,1 | 8,2 | | 48,3 |

### Sonstige Angaben

**Einsetzbarkeit alternativer Energieversorgungssysteme:**

☐ nach § 5 EnEV vor Baubeginn geprüft

**Alternative Energieversorgungssysteme werden genutzt für:**

☐ Heizung ☐ Warmwasser
☐ Lüftung ☐ Kühlung

**Lüftungskonzept**

Die Lüftung erfolgt durch:

☒ Fensterlüftung ☐ Schachtlüftung
☐ Lüftungsanlage ohne Wärmerückgewinnung
☐ Lüftungsanlage mit Wärmerückgewinnung

### Vergleichswerte Endenergiebedarf

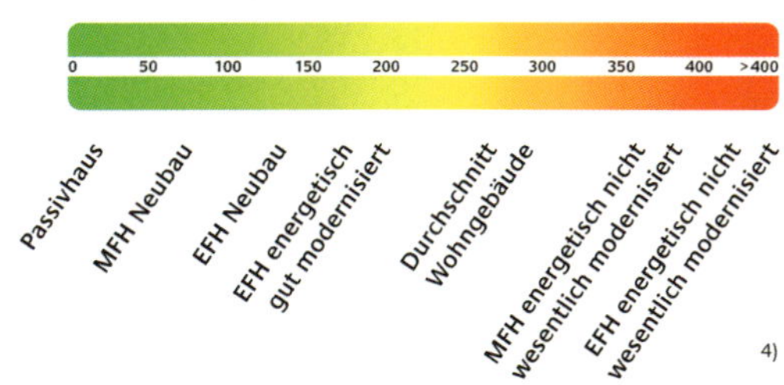


### Erläuterungen zum Berechnungsverfahren

Das verwendete Berechnungsverfahren ist durch die Energieeinsparverordnung vorgegeben. Insbesondere wegen standardisierter Randbedingungen erlauben die angegebenen Werte keine Rückschlüsse auf den tatsächlichen Energieverbrauch. Die ausgewiesenen Bedarfswerte sind spezifische Werte nach der EnEV pro Quadratmeter Gebäudenutzfläche ($A_N$).

1) Freiwillige Angabe. 2) Nur in den Fällen des Neubaus und der Modernisierung auszufüllen. 3) Ggf. einschließlich Kühlung. 4) EFH – Einfamilienhäuser, MFH – Mehrfamilienhäuser.

verpachten, muss man für alle Baujahre bis 1965 seit dem 1. Juli 2008 einen Ausweis vorlegen können, für alle Immobilienbaujahre ab 1965 muss man ab dem 1. Januar 2009 einen Ausweis vorlegen können. Hat man weder einen Verkauf, noch eine Vermietung oder Verpachtung vor, benötigt man keinen Ausweis.

Beim Gebäudeenergieausweis wird grundsätzlich zwischen zwei Ausweisarten unterschieden:

Beim **verbrauchsorientierten Ausweis** wird der zurückliegende tatsächliche Verbrauch an Heizenergie gemessen, beim **bedarfsorientierten Ausweis** wird der zukünftige, prognostizierte Bedarf errechnet.

Beim verbrauchsorientierten Ausweis spielt also das individuelle Heizverhalten der Bewohner eine große Rolle. Waren die Bewohner beispielsweise im Winterhalbjahr gar nicht anwesend, wird man ein wenig objektives Bild des tatsächlichen Energieverbrauchs erhalten. Trotzdem kann auch der verbrauchsorientierte Ausweis eine erste Orientierung sein. Für die Eigentümer selbst ist die Aussagekraft weniger wichtig, da diese den Ausweis ja nur dann brauchen, wenn sie das Gebäude verkaufen oder vermieten wollen. Der Eigennutzen des Ausweises ist eher gering. In ihm ist letztlich dokumentiert, dass man im Zweifel einen schlechten Energiestandard hat. Auch Handlungskonsequenzen jenseits der 1. Bundesimmissionsschutzverordnung, der Energieeinsparverordnung oder des Erneuerbare-Wärme-Gesetzes in Baden-Württemberg erwachsen daraus keine. Und da beim Verkauf oder der Vermietung von Immobilien vor allem ihre Lage und ihre Nutzbarkeit entscheidet, dürfte der Energieausweis in seiner Wirkung für Kauf- oder Mietentscheidungen noch deutlich überschätzt werden.

Für Eigentümer sind natürlich die Kosten zur Erstellung eines Gebäudeenergieausweises relevant. Ein verbrauchsorientierter Ausweis ist deutlich günstiger als ein bedarfsorientierter Ausweis, denn beim bedarfsorientierten Ausweis ist es meist notwendig, dass eine Bestandsaufnahme durch einen Energieberater vor Ort erfolgt. Diese kann dann interessant sein, wenn man ohnehin modernisieren will und im Vorfeld auch ein Gebäudeenergiegutachten benötigt, beispielsweise um staatliche Fördermittel zu beantragen. Mehr hierzu im Kapitel „Kosten, Amortisation und Fördermittel" ab Seite 118.

Bei der Wahl des Ausweistyps ist man allerdings nicht ganz frei. Folgende Regelungen gelten gemäß EnEV:

- Bei Wohngebäuden mit bis zu 4 Wohnungen, die vor der 1977 erlassenen Wärmeschutzverordnung erstellt wurden (Einreichung des Bauantrags vor dem 1. November 1977), muss im Verkaufs- oder Vermietungsfall zwingend ein bedarfsorientierter Energieausweis vorgelegt werden.
- Häuser, deren Bauantrag ab dem 1. November 1977 eingereicht wurde oder die zwischenzeitlich entsprechend der Wärmeschutzverordnung von 1977 nachgerüstet wurden, sowie generell alle Häuser mit mehr als 4 Wohnungen können im Verkaufs- oder Vermietungsfall entweder nach dem bedarfsorientierten oder nach dem verbrauchsorientierten Energieausweis bewertet werden.
- Keinen Gebäudeenergieausweis benötigen Gebäude, die unter Denkmalschutz stehen.

Gebäudeenergieausweise sind 10 Jahre gültig. Danach müssen sie neu ausgestellt werden.

Für bereits erstellte Energieausweise gilt ein Bestandsschutz. Diese Ausweise sind ebenso 10 Jahre gültig, wie die aktuell von der Energieeinsparverordnung geforderten Ausweise.

# Das Erneuerbare-Energien-Wärme-Gesetz des Bundes und das Erneuerbare-Wärme-Gesetz des Landes Baden-Württemberg

Voraussichtlich ab dem zweiten Halbjahr 2008 gilt bundesweit das Erneuerbare-Energien-Wärme-Gesetz (EEWärmeG). Dieses sieht momentan jedoch keinerlei Verpflichtungen für Hauseigentümer zur Nachrüstung von Heizungsanlagen vor. Paragraf 3 Absatz 2 des Gesetzes enthält allerdings eine Öffnungsklausel, die es den einzelnen Bundesländern erlaubt, Nachrüstungspflichten mit Nutzung von erneuerbaren Energien bei Heizungsanlagen selbstständig festzulegen. Noch bevor das Bundesgesetz in Kraft trat, hat Baden-Württemberg als erstes Bundesland genau dies getan. Am 1. Januar 2008 trat dort das „Gesetz zur Nutzung erneuerbarer Wärmeenergie in Baden-Württemberg (Erneuerbare-Wärme-Gesetz EWärmeG)“ in Kraft. Erstmals in Deutschland wurde damit der ernsthafte Versuch gemacht, dem Problem nicht nur der Stromproduktion, sondern vor allem auch der Wärmeproduktion aus erneuerbaren Energiequellen besser beizukommen.

Gut an dem Gesetz ist, dass es sehr einfach und verständlich gehalten ist. Dadurch ist es auch für Verbraucher leicht verständlich, eine wichtige Voraussetzung zur tatsächlichen Wirksamkeit von Gesetzen in der Praxis. Den Kern des Gesetzes kann man in wenigen Sätzen umreißen:

- Neue Gebäude, deren Genehmigung oder Errichtung ab dem 1. April 2008 in Baden-Württemberg erfolgt, müssen mindestens 20 Prozent der für die Gebäudeheizung und das Warmwasser benötigten Energie aus erneuerbaren Energien gewinnen.
- Gebäude, die vor diesem Datum errichtet oder genehmigt wurden, müssen ab dem 1. Januar 2010 im Falle des Austauschs einer Heizungsanlage mindestens 10 Prozent der für die Gebäudeheizung und das Warmwasser benötigten Energie aus erneuerbaren Energien gewinnen.

Das Gesetz definiert sehr exakt, was unter **erneuerbaren Energien** zu verstehen ist. Hierunter fallen solare Strahlungsenergie, Geothermie, Biomasse einschließlich Biogas sowie Bioöle. Der Einsatz von Wärmepumpen hingegen wird – richtigerweise – nur unter Einschränkungen anerkannt, nämlich dann, wenn bestimmte Jahresarbeitszahlen erreicht werden (→ Seite 103), einmal für elektrisch angetriebene Wärmepumpen (Jahresarbeitszahl 3,5) und zum anderen für mit Brennstoff betriebene Wärmepumpen (Jahresarbeitszahl 1,2).

Ferner legt das Gesetz fest, dass nur Gebäude mit einer **Grundfläche über 50 Quadratmeter** von den Regelungen betroffen sind, bzw. solche, die in den Monaten von Oktober bis April **mehr als vier Monate genutzt** werden. Weiterhin sind nur Gebäude betroffen, die über eine **Zentralheizung** verfügen. Auch das sind einfache, gut verständliche Regelungen.

Gut an den Regelungen ist auch die **Berücksichtigung von Heizungsnotfällen**. Dann nämlich, wenn die Heizung aufgrund eines Defektes sehr schnell ausgetauscht werden muss, besteht eine Frist von zwei Jahren, um die in der Eile vielleicht zunächst nicht mögliche Berücksichtigung erneuerbarer Energien später nachzuholen. Das ist eine außerordentlich wichtige und sinnvolle Regelung, die das Gesetz sehr nah an der Praxis hält. Fällt nämlich zum Beispiel im Winter die Heizung plötzlich aus und muss schnell ersetzt werden, kann kaum jemand lange Planungen und Überlegungen anstellen, sondern muss meist rasch handeln. Er hat im Anschluss dann die besagten zwei Jahre Zeit, um angemessen mit erneuerbaren Energien nachzurüsten.

Interessant ist auch, dass die 10-Prozent-Regelung für Nachrüstungen nicht einfach aus der Luft gegriffen ist, sondern dass sie schon heute durch den Einsatz erneuerbarer Energien beispielsweise im Bereich der Brauchwassererwärmung gut zu erreichen ist. Aber auch für die 10 Prozent gibt es ersatzweise Regelungen. Man kann alternativ auch

- Wärmepumpen mit den bereits erwähnten, erforderlichen Jahresarbeitszahlen einsetzen oder auch
- Brennstoffanlagen, bei denen 10 Prozent des Brennstoffbedarfs durch Biogas oder Bioöl gedeckt wird, oder aber
- man setzt eine Solarkollektorfläche von 0,04 Quadratmeter pro Quadratmeter Wohnfläche ein.

**Handbeschickte Feuerungsanlagen** hingegen, also zum Beispiel Öfen oder Kamine, in die Holz per Hand nachgelegt wird und die nicht automatisch arbeiten, wie etwa Holzpelletöfen, können – mit sehr wenigen Ausnahmen – zur Erreichung der Quote nicht angerechnet werden.

Jeder Verbraucher kann diese Anforderungen leicht verstehen, einhalten und überprüfen. Das, was in der Energieeinsparverordnung auf Bundesebene übersehen wurde, die einfache Anwendbarkeit und Überprüfbarkeit, wurde im Erneuerbare-Wärme-Gesetz des Landes Baden-Württemberg gut umgesetzt.

Aufgrund der Einfachheit, Transparenz und Praxisorientierung des Gesetzes ohne hochkomplexe, anlagentechnische oder bauphysikalische Berechnungsformeln ist es gut möglich, dass das Gesetz – ähnlich wie das Erneuerbare-Energien-Gesetz (EEG) – ein Erfolg wird und von anderen Bundesländern übernommen wird.

Ein kleiner Wehmutstropfen sind die zahlreichen „**Ersatzweisen Erfüllungen**“. In diesen wird geregelt, dass die Verpflichtungen aus dem Erneuerbare-Wärme-Gesetz ersatzweise auch anders erfüllt werden können.

**Für Neubauten** in Baden-Württemberg ist dies noch sehr überschaubar, denn hier gilt ganz einfach: Man kann die 20-Prozent-Regelungen des Erneuerbare-Wärme-Gesetzes außer Acht lassen, wenn man den Transmissionswärmeverlust gemäß der Energieeinsparverordnung um mindestens 30 Prozent unterschreitet.

Für **Bestandbauten** ist es schon deutlich komplexer. Die Regelungen werden aber schnell verständlich, wenn man zurückblättert zur energetischen Zeitreise (→ Seiten 10 ff.). Denn wichtige Jahreszahlen der Energiegesetzgebungsgeschichte spielen bei den ersatzweisen Erfüllungen des Erneuerbare-Wärme-Gesetzes für Bestandsgebäude eine entscheidende Rolle.

- Gebäude in Baden-Württemberg, die vor dem 1. April 2008 genehmigt oder errichtet wurden, können die Verpflichtungen des Erneuerbare-Wärme-Gesetzes auch dadurch erfüllen, dass die Eigentümer durch Dämmung der Außenwände, Decken, Dächer und Dachschrägen oder obersten Geschossdecke die Anforderungen an den in der Energieeinsparverordnung geforderten Wärmedurchgangskoeffizienten um 30 Prozent unterschreiten.
- Ferner dürfen Gebäude, deren Bauantrag vor dem 1.11.1977 gestellt wurde –

zur Erinnerung: dies ist das Datum der Einführung der ersten Wärmeschutzverordnung – die Transmissionswärmeverlustwerte der Energieeinsparverordnung (Anhang 1, Tabelle 1) um nicht mehr als 40 Prozent übersteigen.
- Gebäude, deren Bauantrag zwischen dem 1.11.1977 und dem 31.12.1994 gestellt wurde – zur Erinnerung: das Datum der 2. Novelle der Wärmeschutzverordnung – dürfen die Transmissionswärmeverluste der Energieeinsparverordnung um nicht mehr als 20 Prozent übersteigen.
- Gebäude schließlich, deren Bauantrag zwischen dem 1.1.1995 und dem 31.01.2002 gestellt wurde – zur Erinnerung: das Datum der Einführung der Energieeinsparverordnung – müssen den durch die Energieeinsparverordnung vorgeschriebenen Transmissionswärmeverlust um mindestens 10 Prozent unterschreiten.
- Gebäude, die zwischen dem 1.2.2002 und dem 31.3.2008 genehmigt oder im Bau begonnen wurden – zur Erinnerung: das Datum der Einführung des Erneuerbare-Wärme-Gesetzes in Baden-Württemberg – müssen die Transmissionswärmeverluste aus der Energieeinsparverordnung als Ersatzleistung zu den Regelungen des Erneuerbare-Wärme-Gesetzes um mindestens 30 Prozent unterschreiten.

Eigentlich sind solche hochdifferenzierten Regelungen nicht wirklich notwendig und verkomplizieren das Gesetz auch unnötig. Ohne die Kenntnisse der energetischen Baugeschichte (→ Seiten 10 ff.) sind sie für Verbraucher auch gar nicht verständlich.

Bedauerlich ist aus Sicht der Verbraucher, dass nur drei Monate, nachdem die novellierte Energieeinsparverordnung mit verpflichtenden anlagentechnischen Nachrüstungsverpflichtungen in Kraft trat, in und für Baden-Württemberg das Erneuerbare-Wärme-Gesetz in Kraft trat, das ebenfalls anlagentechnische Nachrüstungsforderungen für Verbraucher festlegt. Und kurz darauf wiederum wurde das Erneuerbare-Energien-Wärme-Gesetz des Bundes beschlossen. Solche unübersichtlichen Parallelregelungen schaffen für den Verbraucher Irritation und Verunsicherung.

Es bleibt zu wünschen, dass die Energieeinsparverordnung und das Erneuerbare-Energien-Wärme-Gesetz des Bundes sowie eventuell sogar auch Teile der 1. Bundesimmissionsschutzverordnung in Zukunft unter einem Dach in einem einfachen Gesetz zusammengefasst werden, um unübersichtliche Parallelregelungen, die die gleiche Thematik betreffen (Nachrüstungspflichten für Heizungsanlagen), zu vermeiden. In seiner Einfachheit und Klarheit könnte ein solches Regelwerk sich am Vorbild des Erneuerbare-Wärme-Gesetzes aus Baden-Württemberg orientieren.

Ein weiteres Problem ist die permanente Überarbeitung der Gesetze. Fast im Jahrestakt gibt es Neuregelungen. Verbraucher können sich dadurch immer weniger auf eine beständige und langfristig berechenbare Gesetzesgrundlage einstellen, was schließlich dazu führt, dass sie offensichtlich in einer abwartenden Haltung gegenüber den immer neuen Regelungen verharren. Genau dadurch dürfte aber das exakte Gegenteil des vom Gesetzgeber eigentlich angestrebten Ziels erreicht werden.

# Bau- und Eigentumsrecht

*Nicht in jedem Fall kann man mit einer Gebäudemodernisierung einfach so loslegen. Einem schnellen Vorgehen stehen bisweilen gesetzliche Regelungen im Weg, die erst einmal beachtet werden müssen.*

# Bauordnungsrecht

**Tipp: Auf Nummer sicher gehen**

Vor Veränderungen der Gebäudehülle sollte man sicherheitshalber auch in den Bebauungsplan des Grundstücks schauen und prüfen, dass dort keine Bestimmungen enthalten sind, die den geplanten Umbaumaßnahmen entgegenstehen. Der Bebauungsplan wird von der zuständigen Gemeinde oder Kommune erstellt. Darin steht, wie Sie ein Grundstück bebauen dürfen, bis zu solchen Details wie einer vorgeschriebenen Dachneigung.

Wird ein Gebäude nicht nur renoviert, sondern auch umgebaut, ist bei Änderungen der Außenhülle oder der Größe und Anordnung von Fensterflächen in fast allen Fällen eine **Baugenehmigung** erforderlich. Aber selbst, wenn man nur eine reine Fassadendämmung vornehmen will, kann es sein, dass diese genehmigt werden muss, wenn die Dämmung nach der Modernisierung beispielsweise zu weit in einen öffentlichen Gehweg hineinragt. In einem solchen Fall ist es sehr wichtig, vor der Planung der Maßnahme Kontakt mit der zuständigen Behörde aufzunehmen, das kann zum Beispiel das städtische Bauamt oder auch die Verkehrsbehörde sein. Üblicherweise werden entsprechende Dämmungen relativ problemlos genehmigt.

Ganz anders sieht dies bei privaten Grundstücken aus, zum Beispiel, wenn ein Haus direkt auf einer Grundstücksgrenze zum Nachbarn steht und man die betreffende Außenwand nun noch dämmen will. Hier kann der Nachbar Einspruch erheben. Daher ist es wichtig, dass man eine solche Modernisierungsmaßnahme frühzeitig mit dem Nachbarn abstimmt. Es ist auch sinnvoll, hier schriftliche Regelungen zu treffen, denn selbst wenn der Nachbar ein netter Mensch ist, weiß man natürlich nie, ob das Haus nicht einmal verkauft wird und man es in Zukunft mit einem neuen Nachbarn zu tun hat. Dann ist eine schriftliche Regelung, die unbedingt gemeinsam mit einem Juristen aufgesetzt werden sollte, sehr hilfreich. Mündliche Absprachen reichen nicht aus.

Aber selbst bei freistehenden Gebäuden kann es sein, dass diese den vorgegebenen Grenzabstand gerade noch einhalten, dieser mit der Aufbringung einer Außendämmung aber dann unterschritten wäre. In den meisten Landesbauordnungen gibt es dazu Ausnahmeregelungen, so dass diese Grenzabstände aufgrund von Dämmmaßnahmen mittlerweile unterschritten werden dürfen.

Auch Solaranlagen auf dem Dach sind zwischenzeitlich von den Ausnahmegenehmigungen der Landesbauordnungen erfasst, so dass hierfür in aller Regel keine Baugenehmigung gestellt werden muss.

# Denkmalschutz

Ganz anders sieht es in Bezug auf den Denkmalschutz aus. Hier muss üblicherweise jede Veränderung genehmigt werden. Will man also ein denkmalgeschütztes Gebäude modernisieren, sollte man gemeinsam mit dem eingeschalteten Planer so früh wie möglich Kontakt mit der zuständigen Denkmalschutzbehörde aufnehmen, um die Modernisierungsmöglichkeiten gemeinsam zu besprechen.

# Wohnungseigentumsrecht

Wieder andere Regelungen sind zu berücksichtigen, wenn man Wohneigentum modernisieren will, das den Regelungen des Wohnungseigentumsgesetzes (WEG oder WoEigG) unterliegt. Dies ist üblicherweise bei allen Eigentumswohnungen der Fall, genauso aber auch bei einer immer größeren Zahl von Reihenhäusern. Das Wohnungseigentumsgesetz regelt u.a. die Verwaltung von Wohnungseigentum. Im Gesetz war, wie schon im Kapitel „Gesetzliche Pflichten bei Modernisierungen" kurz erwähnt, lange Zeit festgelegt, dass umfangreichere Modernisierungen eines Gebäudes nur einstimmig durch alle Mitglieder der Wohnungseigentümergemeinschaft beschlossen werden konnten. So reichte es aus, wenn sich ein einziger Bewohner querstellte, um das gesamte Vorhaben zu stoppen. Er konnte auf diese Weise eine Modernisierung jahrelang blockieren. Dies ist zwischenzeitlich neu geregelt worden. Heute reicht es aus, wenn 75 Prozent der stimmberechtigten Wohnungseigentümer und über 50 Prozent der Miteigentumsanteile für eine Modernisierung votieren. Ist dies der Fall, kann sie durchgeführt werden, und auch die nicht modernisierungswilligen Eigentümer müssen die Modernisierung anteilsmäßig mitfinanzieren. Geregelt wird dies durch Paragraf 22 Absatz 2 des Wohnungseigentumsgesetzes.

Bei **Gebäuden mit Eigentumswohnungen** läuft die Vorbereitung einer Modernisierung meist über eine Eigentümerversammlung, in der beispielsweise einige Eigentümer eine Modernisierung vorschlagen und den Wohnungseigentumsverwalter beauftragen, Fachleute einzuladen, mit denen das sinnvollste Vorgehen näher erörtert werden kann. Der Wohnungseigentumsverwalter, der meist weder Jurist noch Ingenieur ist, ordnet also die Interessen der Eigentümergemeinschaft und

*Farbenfroh saniertes Mehrparteien-Wohnhaus*

kümmert sich darum, die notwendigen Fachleute einzuschalten. Er nimmt eine Koordinierungsfunktion zwischen Eigentümern und Fachleuten wahr. All dies heißt aber auch, dass Modernisierungen bei Eigentumswohnungen üblicherweise eine deutlich längere Vorbereitungszeit haben als bei Maßnahmen, die nur einen Hausbesitzer betreffen. So gibt es bei den meisten Eigentümergemeinschaften nur einmal im Jahr eine Eigentümerversammlung, in der solche Dinge diskutiert werden und dazu Entscheidungen getroffen werden können. Daher sollte man sich frühzeitig Gedanken machen und den Wohnungseigentumsverwalter einschalten, um zu besprechen, wie eine entsprechende Vorlage am sinnvollsten vorbereitet und in der Versammlung eingebracht wird.

Anders kann es im Falle von **Reihenhäusern** nach dem Wohnungseigentumsgesetz aussehen. Was früher praktisch nie der Fall war, kam im Rahmen von Bauträgervorhaben immer häufiger auf: Mehrere Reihenhäuser stehen auf einem gemeinsamen Grundstück und verfügen nicht über eine Realteilung. Auch verschiedene Bauelemente wie Wände, Decken und Dächer können ohne Trennungen durchlaufen und sind dann gemeinschaftliches Eigentum. Ferner können sogar gemeinsame Heizungsanlagen installiert sein und ähnliches. Will man dann eine Fassade dämmen oder die Heizung wechseln, muss dies selbstverständlich mit den anderem Miteigentümern abgestimmt werden. Es kann aber auch sein, dass man über eine eigene Heizung, doppelte Trennwände, nicht durchlaufende Decken und ähnliches von den Nachbarn baulich völlig getrennt ist und trotzdem dem Wohnungseigentumsrecht unterliegt. Möglicherweise hat man dann zwar noch nie einen Eigentumsverwalter gesehen, das heißt aber nicht, dass das Haus nicht Eigentum nach dem Wohnungseigentumsgesetz ist. Man kann dies daran erkennen, ob man beim notariellen Kauf des Hauses auch eine Teilungserklärung ausgehändigt bekam, in der die Aufteilung des Wohneigentums unter allen Miteigentümern geregelt ist.

Unabhängig von einer Teilungserklärung gibt es gerade bei Reihenhausanlagen mitunter auch **Gestaltungssatzungen**, mit denen bezweckt wird, dass die Häuser einigermaßen einheitlich wirken. Ob man dies nun als sinnvoll erachtet oder nicht, man sollte sich die Kaufunterlagen eines Reihenhauses und die überreichten Unterlagen des Vorbesitzers genau durchsehen, um zu überprüfen ob für das Gebäude solche Bestimmungen gelten.

# Gestaltungssatzungen

Gestaltungssatzungen gibt es nicht nur für einzelne Wohnanlagen, sondern auch auf kommunaler Ebene. So kann es sein, dass eine Kommune ein Platzensemble einer Gestaltungssatzung unterworfen hat. Auch in diesem Fall kann man nicht einfach loslegen und die Modernisierung beginnen, sondern muss zuvor mit der Kommune abstimmen, was möglich ist. Dies kann übrigens bis hin zu Vorgaben zu den Hausfarben gehen!

# Berater und Planer

*Das Modernisieren von Bestandsgebäuden – vor allem zur energetischen Optimierung – kann ganz schön komplex werden, wie wir gesehen haben. Daher ist die Einschaltung von Fachleuten bei umfangreichen Modernisierungen auf alle Fälle in Erwägung zu ziehen, vor allem dann, wenn man auch staatliche Förderungen in Anspruch nehmen möchte.*

# Der Gebäudeenergieberater

Wie im Kapitel „Kosten, Amortisation und Fördermittel“ noch zu sehen sein wird, ist es bei der Beantragung von Fördermaßnahmen häufig Voraussetzung, dass Fachleute die Erreichung bestimmter energetischer Ziele bestätigen. Die Einschaltung qualifizierter Fachleute ist sogar förderfähig, so dass eine Beratung durch Experten einerseits eine gute Vorbereitung für eine Modernisierung bietet und andererseits den Weg zu Förderungen ebnen kann. Einer der ersten, die vor einer geplanten Modernisierung eingeschaltet werden können, ist der Gebäudeenergieberater.

Wenn man eine umfassende Modernisierung plant, lohnt es sich fast immer, einen Gebäudeenergieberater zu beauftragen, der zunächst einmal eine genaue Untersuchung des Gebäudes vornimmt und eine Bestandsaufnahme durchführt. In der Regel erstellt er ein schriftliches Gutachten, das die Schwächen des Gebäudes und den Nachbesserungsbedarf darlegt. Nicht selten machen Energieberater auch Vorschläge, durch welche Maßnahmen bestimmte Energiestandards erreicht werden können. Eine Beratung durch einen Gebäudeenergieberater kostet zwar einige Hundert Euro, aber diese Beratungen sind erstens förderfähig und zweitens sind sie eine ideale Startbasis, um darauf aufbauend zu entscheiden, in welcher Form man eine Modernisierung durchführt.

**Die Begriffe „Gebäudeenergieberater“ und „Energieberater“ sind nicht geschützt.** Letztlich kann sich also jeder so nennen. Ein Gebäudeenergieberater sollte aber grundsätzlich eine fundierte Ausbildung haben, die solide Kenntnisse zur Gebäudehülle wie auch zur Gebäudetechnik sicherstellt.
Ein Heizungsbauer, der sich Energieberater nennt, wird im Zweifel keine ausreichenden Auskünfte zur Gebäudehülle geben können und ein Gipser oder Putzer umgekehrt keine ausreichenden Informationen zur Heizungstechnik. Schon eher wird ein Bauingenieur oder Bauphysiker weiterhelfen können.

Man kann es sich mit der Suche nach einem Gebäudeenergieberater in der eigenen Region sehr einfach machen, denn das Bundesamt für Wirtschaft und Ausfuhrkontrolle (BAFA) in Eschborn hat eine umfangreiche Liste qualifizierter Energieberater aus dem gesamten Bundesgebiet ins Internet gestellt. Der große Vorteil hierbei ist, dass alle Personen, die dort gelistet werden, zuvor einen Qualifizierungsnachweis erbringen mussten. Daher sind Gebäudeenergieberatungen durch diese Beratergruppe auch problemlos förderfähig. Der weitere Vorteil dieser Berater ist, dass sie in aller Regel auch die Fördermöglichkeiten von Energieberatungen durch das Bundesamt kennen und Ihnen daher auch bei der Beantragung von Fördermitteln für eine Energieberatung helfen können.

Bei der Förderung der Energieberatungen, die über das Bundesamt für Wirtschaft und Ausfuhrkontrolle laufen, ist allerdings eine ganze Reihe von Details zu beachten, deren Nichtbeachtung dazu führen kann, dass eine Beratung nicht förderfähig ist. Daher sollte man sich die Bestimmungen des Bundesamts sehr genau durchlesen. Diese finden sich gut aufbereitet im Internet unter www.bafa.de/energie/energiesparberatung.

# Der Architekt

Im Gespräch mit dem Energieberater wird man relativ schnell feststellen, ob man auch für die Umsetzung der Planung und Ausführung der Maßnahme weitere fachliche Unterstützung benötigt, um beispielsweise die Planung von Gebäudetechnik und Gebäudehülle sinnvoll aufeinander abzustimmen. Auch bei der Auswahl von technischen Anlagen kann die Unterstützung eines neutralen Fachmanns, der Erfahrung hierbei hat, sehr hilfreich sein. Gleiches gilt für die Suche und Einschaltung geeigneter Handwerksunternehmen sowie deren Überwachung und die Abnahme der Arbeiten.

Üblicherweise beauftragt man für das Energiegutachten und die Ausführungsplanung der Modernisierung zwei unterschiedliche Fachleute. Das heißt, ein Energieberater untersucht das Gebäude und liefert ein Gutachten. Da er keinen Folgeauftrag zu erwarten hat, etwa für die Modernisierungsplanung, kann er völlig unbeeinflusst arbeiten. Kommt er zu dem Schluss, dass eine Modernisierung dringend anzuraten ist, kann sein Gutachten dann Grundlage für die Arbeit eines anschließend eingeschalteten Planers sein, zum Beispiel eines Architekten. Nun ist es aber natürlich so, dass einige der Energieberater auf der Liste des Bundesamts für Wirtschaft und Ausfuhrkontrolle gleichzeitig auch Architekten sind. Dies muss nicht schlecht sein, vor allem dann nicht, wenn man bereits bei der Erstellung des Gebäudeenergiegutachtens einen positiven Eindruck von der Leistung und Zusammenarbeit gewonnen hat und wenn der besagte Berater und Architekt gegebenenfalls auch schon einige Erfahrung mit energetischen Modernisierungen von Bestandsgebäuden hat. Dann hat man mit dem Energieberater im besten Fall auch einen Architekten gefunden, der das Modernisierungsvorhaben weiter begleiten kann.

Selbstverständlich kann man Modernisierungen auch ohne Fachplaner durchführen. Man muss dann allerdings wissen, auf was man sich einlässt. Wenn man beispielsweise alle Fenster auswechseln, die Gebäudehülle dämmen und noch die Heizungsanlage erneuern will, kann man schon bei der Auswahl möglicher Baustoffe, Bauteile oder Bautechnik schnell an seine Grenzen stoßen. Ferner kann man sich von den Handwerkern zwar Angebote geben lassen, die Frage ist nur, ob diese Angebote auch wirklich vollständig und in Qualität und Inhalt vergleichbar sind. Darüber hinaus wird sich schnell die Frage stellen, ob die Verträge bzw. Geschäftsbedingungen der Handwerker vertretbar oder problematisch sind. Und schließlich sollte man sich fragen, ob man eine Bauabnahme und Schlussrechnungsprüfung selbst fachlich wirksam durchführen kann.

Wer es dennoch ohne fachliche Planung und Kontrolle versuchen will, dem sei geraten, zunächst nur eine kleinere Modernisierungsmaßnahme durchzuführen, um dabei eine bessere Eigeneinschätzung zu erhalten, ob man auch eine größere Modernisierung ohne fachliche Betreuung bewerkstelligen kann. Eine kleinere Modernisierung könnte zum Beispiel die Dämmung der obersten Geschossdecke oder die Dämmung der Kellerdecke sein oder auch das Auswechseln eines Fensters, mit Handwerkersuche, Beauftragung, Überwachung der Arbeiten, Abnahme und Abrechnung. Schon bei solchen noch relativ kleinen Eingriffen kann man viel lernen, und man erhält erste Hinweise auf zu erwartende Probleme bei einer umfassenden Modernisierung.

Hier soll aber von einer umfassenden Hausmodernisierung ausgegangen werden, bei der die Einschaltung eines Planers zu empfehlen ist. Grundsätzlich geeignet für individuelle Modernisierungen und die Bauleitung sind Architekten, da sie meist in kleineren Bürostrukturen arbeiten und sich auf individuelle Bauherren und Bauvorhaben gut einstellen können. Es ist auch sinnvoll, einen Architekten in der Nähe zu beauftragen, der einen möglichst kurzen Weg zur Baustelle hat, so dass er im Zweifel schnell und flexibel anwesend sein kann, denn gerade bei Modernisierungen kann dies häufig notwendig werden. Am einfachsten findet man die Architekten im eigenen Landkreis oder in der eigenen Kommune mit einem Blick in das Branchenfernsprechbuch „Gelbe Seiten" oder auch im Internet unter www.gelbeseiten.de, wo man unter dem Stichwort „Architekten" oder „Architekturbüros" meist eine lange, alphabetisch geordnete Liste aller regionalen Büros finden. Nun stellt sich die Frage, wie man den passenden Architekten auswählt. Selbst wenn man die Namen der Architekturbüros in Verbindung mit dem Stadt- oder Ortsnamen bei einer Internetsuchmaschine wie „Google" oder „Yahoo" eingeben würde, um so die Internetseiten der verschiedenen Büros zu finden, kann man mit den Aussagen auf den Internetseiten natürlich meist nur sehr begrenzt etwas anfangen.

Ein guter Weg, um einen geeigneten Architekten in der eigenen Region zu finden, ist daher, einen Standardbrief zu entwerfen, den man an mehrere Architekturbüros schickt, durchaus 20 bis 30, und in dem man sich und sein Modernisierungsvorhaben kurz vorstellt sowie um Referenzadressen bereits durchgeführter Projekte bittet, damit man sich diese zunächst ansehen kann. Ein solches Anschreiben könnte etwa so aussehen, wie auf Seite 59 dargestellt.

Rufen Sie vor der Versendung eines solchen Briefes die ausgewählten Architekturbüros an und fragen Sie nach, ob Wohnbaumodernisierungen auch in kleinerem Umfang von dem Büro überhaupt durchgeführt werden. Architekturbüros haben sich zum Teil auf besondere Projekte spezialisiert, beispielsweise auf Gewerbebauten, so dass man an ein solches Büro keinen Brief mehr senden muss. Außerdem kann man dabei auch gleich erfragen, ob in dem betreffenden Büro zum Zeitpunkt der geplanten Modernisierung überhaupt Planungs- und Bauleitungskapazitäten frei sind. Ist dies der Fall, lohnt es sich, den Brief loszuschicken.

Falls man im Rahmen einer Modernisierung auf ökologische, ressourcenschonende und energetisch innovative Maßnahmen zurückgreifen will, kann man im Schreiben an die Büros natürlich auch speziell darauf eingehen und um Referenzen bitten. Einige Architekturbüros befassen sich schwerpunktmäßig mit solchen Themen. Der Vorteil ist dann, dass meist schon eine gewisse Erfahrung auf diesem Gebiet gesammelt werden konnte, die einem zugute kommen kann.

Üblicherweise erhält man auf diese Schreiben auch Antworten; sicher nicht von allen Büros, aber doch von einer ganzen Reihe. Wichtig ist, dass tatsächlich eine Liste mit Referenzobjekten beiliegt, so dass man mit den ehemaligen Bauherren der Architekten unabhängig Kontakt aufnehmen und möglichst einen Vor-Ort-Termin vereinbaren kann, um sich einerseits das Ergebnis einer umfassenden Modernisierung ansehen und andererseits über die Zusammenarbeit mit dem Architekten sprechen zu können, vor allem hinsichtlich Bauqualität, Bauzeit und Baukosten. Ist der Eindruck gut, kann man in einem nächsten Schritt ein unverbindliches Gespräch mit dem Architekten in seinem Büro suchen. Dies gibt einem auch die Gelegenheit, dessen Arbeitsumfeld kennen zu lernen und einen persönlichen Eindruck davon zu gewinnen.

Wichtig ist, dass man in dieser ersten Phase mit dem Architekten nur ein unverbindliches Gespräch führt und ihn nicht schon mit irgendwelchen Planungs- oder Vorplanungsleistungen beauftragt – und sei es auch nur mündlich –, denn neben schriftlichen Architektenverträgen gibt es natürlich auch mündliche Verträge, und bevor man es bewusst mitkriegt, hat man einen solchen geschlossen. Daher gilt: Man sollte zunächst denjenigen Architekten aussuchen, mit dem man sich eine Zusammenarbeit am besten vorstellen kann und ihn dann, in einem zweiten Schritt, schriftlich beauftragen.

Herrn
Architekten Müller
Sonnenstr. 1

11111 Sonnenstadt

<u>Modernisierung Einfamilienhaus</u>

Sehr geehrter Herr Müller,

wir, Familie Meier aus Sonnenstadt, möchten unser Einfamilienhaus, Baujahr 1976, umfassend energetisch modernisieren. Wir möchten hierbei sowohl eine neue Wärmedämmung aufbringen wie auch die Fenster und die Heizung austauschen. Wir haben momentan eine Ölzentralheizung, möchten aber zukünftig (auch) erneuerbare Energien einsetzen; welche genau, wissen wir noch nicht. Uns ist es daher wichtig, einen Planer zu finden, der uns bei einer Modernisierung umfassend beraten und begleiten kann und über umfangreiche Erfahrungen bei Modernisierungen verfügt.

Wir haben bereits eine Energieberatung in Anspruch genommen, in deren Folge auch ein Gutachten ausgearbeitet wurde, das in die Überlegungen mit einbezogen werden soll.

Soweit eine solche Bauaufgabe ganz grundsätzlich in das Leistungsspektrum Ihres Büros fällt, würden wir uns sehr freuen, von Ihnen eine Liste bereits modernisierter Referenzobjekte erhalten zu können, bei denen erneuerbare Energien zum Einsatz kamen. Wir würden uns diese dann gemeinsam mit den Bauherrn zunächst gerne selbst unverbindlich ansehen, um dann für ein Gespräch gegebenenfalls wieder auf Sie zuzukommen.

Über Ihre Antwort würden wir uns sehr freuen. Vielen Dank für Ihre Bemühungen.

Mit freundlichen Grüßen

Familie Meier

# Der Architektenvertrag

Architektenverträge werden auf Grundlage des Werkvertragsrechts nach dem BGB geschlossen. Dieses ist insbesondere in den Paragrafen 631 bis 651 des BGB festgelegt. Sie finden einen entsprechenden Auszug aus dem BGB im Anhang ab Seite 183. Entlohnt werden Architekten und Ingenieure auf Grundlage der „Honorarordnung für Architekten und Ingenieure“ (HOAI). Die HOAI gliedert die Architektenleistung in 9 Leistungsphasen, in denen jeweils ein Anteil des Gesamthonorars anfällt. Folgende Honoraranteile des Gesamthonorars sind für die genannten Leistungsphasen zu entrichten:

| Anteile des Gesamthonorars für einen Architekten für die neun Leistungsphasen nach HOAI | |
|---|---|
| 1. Grundlagenermittlung | 3 % |
| 2. Vorplanung | 7 % |
| 3. Entwurfsplanung | 11 % |
| 4. Genehmigungsplanung | 6 % |
| 5. Ausführungsplanung | 25 % |
| 6. Vorbereitung der Vergabe | 10 % |
| 7. Mitwirkung bei der Vergabe | 4 % |
| 8. Objektüberwachung | 31 % |
| 9. Objektbetreuung und Dokumentation | 3 % |
| Gesamthonorar | 100 % |

Die Höhe des Gesamthonorars (= 100 Prozent) orientiert sich am Gesamtvolumen der anfallenden Bau- bzw. Modernisierungskosten sowie an der vereinbarten **Honorarzone**. Bei den Honorarzonen handelt es sich grob gesagt um Honorarstaffelungen, die sich am Schwierigkeitsgrad einer Bauaufgabe orientieren. Die HOAI kennt fünf solcher Honorarzonen, bei Wohnbauten kommt meist die Honorarzone III zur Anwendung, manchmal auch die Honorarzone IV.

Die Honorarzonen selbst sind noch einmal untergliedert in **Mindest- und Höchstsätze**. So kann man beispielsweise die Honorarzone III zum Mindestsatz vereinbaren oder auch die Honorarzone III zum Höchstsatz. Mit dieser Staffelung wird ganz wesentlich die Höhe des anfallenden Honorars festgelegt. Innerhalb dieses Rahmens gibt es durchaus Verhandlungsspielräume für das Architektenhonorar. Architekten und Ingenieure sind allerdings an die Mindestsätze der HOAI gebunden und dürfen sie nicht unterschreiten. Die Festlegung, welche Leistungsphasen und welche Honorarzone mit welchem Honorarsatz vereinbart wurde, sollte schriftlich im Architektenvertrag fixiert werden.

Bei Modernisierungs- und Umbauvorhaben kommen aber noch weitere wichtige Aspekte bei der Honorierung hinzu. Gemäß Paragraf 10 der HOAI kann die **mitverarbeitete Bausubstanz** beim Honoraransatz berücksichtigt werden. Das heißt: Zur Ermittlung der Höhe der Modernisierungskosten werden nicht nur die tatsächlich angefallenen Baukosten, sondern auch die Kosten der angrenzenden Bausubstanz mit einbezogen. Ein Beispiel: Alte Fenster werden gegen neue ausgetauscht, und die angrenzenden Wandflächen müssen dabei angearbeitet werden. Dann kann ein Architekt auch die Kosten der angrenzenden Wandflächen bei seinem Honoraransatz mit einbeziehen. Dies kann sehr schnell zur einer erheblichen Honorarsteigerung führen.

Gleiches gilt für den Paragrafen 24 der HOAI, nach dem auch ein **Umbau- bzw. Modernisierungszuschlag** gewährt werden kann, der zwischen 20 und 33 Prozent des Honorars betragen kann. Ein Umbau liegt gemäß HOAI dann vor, wenn die Maßnahme mit wesentlichen Eingriffen in die Konstruktion des Hauses verbunden ist. Eine Modernisierung liegt vor, wenn die baulichen Maßnahmen zu einer nachhaltigen Erhöhung des Gebrauchswerts führen.

Der einfache Austausch eines alten Fliesenspiegels gegen einen neuen wird also kaum einen Umbau- oder Modernisierungszuschlag rechtfertigen. Der Einbau neuer Fenster hingegen kann das durchaus.

Modernisierungs- und Umbauzuschlag sollten im Zweifel im Einzelnen mit dem Architekten besprochen werden. Wichtig ist nur, solche Dinge vorab zu klären und sie nicht überraschend auf dem Tisch zu haben.

Und schließlich sollte bei der vertraglichen Festlegung des Honorars auch noch Paragraf 7 der HOAI beachtet werden, in dem die **Nebenkostenvergütungen** geregelt werden. Nebenkosten können zum Beispiel sein:

- Portokosten und Telefongebühren
- Kosten für Kopien von Plänen und Unterlagen
- Kosten für ein Baustellenbüro
- Fahrtkosten etc.

Die Abrechnung der Nebenkosten kann pauschal oder gegen Nachweis vereinbart werden. Wichtig ist nur möglichst exakt zu regeln, welche Nebenkosten es gibt und wie sie vergütet werden,damit es anschließend nicht zu unterschiedlichen Auffassungen darüber kommt, was abgerechnet werden kann und was nicht.

In einem **Architektenvertrag im Rahmen einer Modernisierung** sollte zusätzlich stehen:

- Bei einer Modernisierung wird man nicht unbedingt jede **Leistungsphase** der HOAI benötigen. So kann es sein, dass man die Leistungsphase „Vorplanung“ nicht benötigt, die Leistungsphase „Grundlagenermittlung“ aber sehr wohl, weil eine sorgsame Bestandsaufnahme gemacht werden soll. Man sollte dies gemeinsam mit dem Architekten abstimmen und festlegen. Man kann vertraglich auch jede Leistungsphase einzeln vereinbaren. Das heißt allerdings, dass auch der Architekt frei ist in seiner Entscheidung, ob er seinerseits eine Fortsetzung der Zusammenarbeit will. Dies kann dazu führen, dass man während einer Modernisierung den Architekten wechseln muss, weil er dies will. Bei einem Umbauvorhaben ist ein Architektenwechsel während der Umsetzung aber sehr problematisch, weil Umbauten bzw. Modernisierungen meist komplexer sind als Neubauten. Es ist deutlich besser, sich bei der Architektensuche ausreichend Zeit zu nehmen, um wirklich den Architekten zu finden, mit dem man sich eine Zusammenarbeit gut vorstellen kann.
- Der **Umbau- oder Modernisierungsbedarf** sollte im Vorfeld möglichst exakt ermittelt und beschrieben werden und die Unterlagen als Anlage dem Vertrag beigelegt werden, damit die Bauaufgabe möglichst klar definiert ist.
- Im Vertrag sollte eine klare **Kostenobergrenze** für die Umbau- bzw. Modernisierungsmaßnahme festgelegt werden.
- Gut definierbare Zwischentermine, auf alle Fälle aber ein **Fertigstellungstermin** für die Maßnahme sollte(n) vertraglich vereinbart werden.
- Das Führen eines **Bautagebuchs** gehört zu den Grundleistungen nach der HOAI. Man sollte darauf achten, dass es tatsächlich geführt wird, weil es im Zweifelsfall ein wichtiges Beweisdokument gegenüber anderen

Beteiligten, etwa den Handwerkern, sein kann.

- Die **Zahlungsweise** des Honorars sollte möglichst klar vereinbart werden. Der Architekt erbringt seine Leistung über einen längeren Zeitraum. Grundsätzlich hat er zwar erst Anspruch auf Zahlung des Honorars nach erbrachter Leistung, man kann aber auch vereinbaren, die Leistung nach Phasen zu bezahlen.
- Die **Berufshaftpflichtversicherung** des Architekten sollte vorgelegt werden. Man sollte diese durch Rücksprache mit der Versicherung möglichst schriftlich bestätigt bekommen.
- Es kann sinnvoll sein, auch die Leistungsphase 9 mit dem Architekten zu vereinbaren, weil er sich dann auch während der **Gewährleistungszeit** um die Beseitigung eventuell auftauchender Mängel kümmern muss.

Das Architektenrecht ist inzwischen ein sehr komplexes Rechtsgebiet geworden. Vor Unterzeichnung eines Architektenvertrags, der vierstellige Honorarsummen überschreitet, ist es daher sehr sinnvoll, diesen von einem Anwalt prüfen zu lassen. Es gibt spezialisierte Fachanwälte für Bau- und Architektenrecht und auch solche mit einem ausgeprägten Interessenschwerpunkt auf diesem Gebiet. Man findet solche Anwälte entweder im Branchenfernsprechbuch „Gelbe Seiten" der eigenen Kommune oder des eigenen Landkreises bzw. im Internet unter www.gelbeseiten.de oder aber beispielsweise auch bei der Arbeitsgemeinschaft für Bau- und Immobilienrecht im Deutschen Anwaltverein. Auf der Internetseite der Arbeitsgemeinschaft gibt es eine Suchfunktion zur Suche regionaler Anwälte (www.arge-baurecht.com).

# Der Haustechnikingenieur

Wenn die Modernisierung nicht nur die Gebäudehülle und den Austausch einer veralteten Heizungsanlage gegen eine moderne gleichen Typs beinhaltet, also zum Beispiel den Austausch eines alten Ölbrenners gegen einen neuen, sondern die Einführung innovativer Gebäudetechnik wie die solare Energienutzung oder auch eine Erdwärmenutzung, kann es sinnvoll sein, einen Haustechnikingenieur mit der Planung dieser Anlage zu betrauen. Einen geeigneten Haustechnikingenieur findet man entweder auf dem gleichen Weg wie einen geeigneten Architekten, oder aber der Architekt kann gegebenenfalls einen guten Haustechnikingenieur empfehlen.

Auch ein Haustechnikingenieur arbeitet auf Grundlage des Werkvertragsrechts des BGB und wird nach der HOAI entlohnt. Für seine Entlohnung gilt allerdings Teil IX der HOAI. Dieser befasst sich mit den Leistungen bei der technischen Ausrüstung von Gebäuden. Dort wird in Paragraf 68 geregelt, dass Wärmeversorgungs-, Brauchwassererwärmungs- und Raumlufttechnik unter die technische Ausrüstung fallen. Paragraf 69 der HOAI regelt die Grundlagen des **Honorars** für die Leistungen, wobei sich dieses im Prinzip ähnlich zusammensetzt wie das Architektenhonorar. Es richtet sich nach den anrechenbaren Kosten einer Anlage, nach den vereinbarten Leistungsphasen und nach der Honorarzone. Und auch hier gibt es Zuschläge im Falle von Umbauten und Modernisierungen. Gemäß Paragraf 76

| **Die fünf Leistungsphasen der thermischen Bauphysik und die Honoraraufteilung** | |
|---|---|
| **Leistungsphase** | **Honoraranteil** |
| Erarbeiten des Planungskonzepts für den Wärmeschutz | 20 % |
| Erarbeiten des Entwurfs einschließlich der überschlägigen Bemessung für den Wärmeschutz und Durcharbeiten konstruktiver Details der Wärmeschutzmaßnahmen | 40 % |
| Aufstellen des prüffähigen Nachweises des Wärmeschutzes | 25 % |
| Abstimmen des geplanten Wärmeschutzes mit der Ausführungsplanung und der Vergabe | 15 % |
| Mitwirken bei der Ausführungsüberwachung | 0 % |

der HOAI kann ein Zuschlag von 20 bis 50 Prozent des Grundhonorars vereinbart werden, je nach vorliegendem Schwierigkeitsgrad. Ist schriftlich nichts vereinbart und liegt ein durchschnittlicher Schwierigkeitsgrad vor, gilt gemäß HOAI ein Zuschlag von 20 Prozent als vereinbart. Auch das ist wichtig zu wissen, denn es bedeutet automatisch ein um 20 Prozent erhöhtes Honorar, ohne dass man zunächst davon Kenntnis oder zugestimmt haben musste.

Der Teil X der HOAI schließlich setzt sich mit den Leistungen für thermische Bauphysik, also vor allem der Gebäudehüllentechnik, auseinander. Auch dies ein Bereich, der bei Modernisierungen eine wichtige Rolle spielt. Die Leistungsphasen sind hier allerdings ganz anders geregelt als die neun Leistungsphasen des Architekten oder die neun Leistungsphasen der technischen Ausrüstung.
Die Höhe des Honorars richtet sich nach den anrechenbaren Kosten des Gebäudes, für das wiederum eine Honorartafel mit Honorarzonen festgelegt ist. Die Tabelle findet sich in Paragraf 78 der HOAI. Abweichend kann ein Honorar allerdings auch frei vereinbart werden. Ist nichts vereinbart, wird üblicherweise ein Zeithonorar nach Paragraf 6 der HOAI angesetzt.

Die HOAI ist ein sehr komplexes Regelwerk zur Honorierung von Architekten und Ingenieuren. Wie bereits erwähnt, sollte daher bei Honoraren ab einem höheren vierstelligen Betrag eine anwaltliche Rechtsberatung zum Honorarvertrag eingeholt werden.

# Dämmung der Gebäudehülle

*Obwohl die Energieeinsparverordnung nur in kleinerem Umfang verpflichtende Nachbesserungen bei der Dämmung der Gebäudehülle vorschreibt, so bei der Dämmung der obersten Geschossdecke, und selbst dies bei kleinen Gebäuden nur im Falle des Besitzerwechsels, bleibt die Dämmung der Gebäudehülle die wichtigste Maßnahme zur Einsparung von Energie.*

# Meist die wirksamste Maßnahme

Man kann zwar zunächst auch Brauch- bzw. Trinkwassererwärmungsanlagen oder sogar heizungsunterstützende solarthermische Anlagen auf dem Dach installieren lassen, um den Öl- oder Gasverbrauch etwas zu drosseln, letztlich aber ist die Dämmung der Gebäudehülle eindeutig und mit Abstand die wichtigste Maßnahme, um wirklich Energie einzusparen. Dies hängt ganz einfach mit der Tatsache zusammen, dass durch eine nicht oder nur unzureichend gedämmte Gebäudehülle die mühsam durch die Heizungsanlage erzeugte Raumwärme sofort wieder entweicht. Die Heizung muss also unablässig arbeiten, um eine Auskühlung zu verhindern. Könnte die warme Raumluft nicht so schnell entweichen, könnte die Heizung die gleichen Raumtemperaturen auch mit deutlich weniger Betriebszeit und Energieverbrauch halten. Auf der anderen Seite ist die Dämmung der Gebäudehülle bei Hausbesitzern die mit Abstand unbeliebteste Maßnahme. Dies ist durchaus verständlich, denn häufig genug sind die Dämmmaßnahmen aufwändig, und nicht selten wird durch eine Dämmung der Charakter eines Hauses verändert. Müssen auch noch Fenster ausgetauscht werden und/oder Traufkanten und Ortgänge der Dächer erweitert werden, um zusätzlich angebrachten Dämmschichten Schutz zu bieten, ist der Aufwand natürlich ungleich größer als bei einer solaren Nachrüstung. Trotzdem sollte man den Aufwand nicht scheuen und das Problem offensiv angehen, um den wichtigsten und wirksamsten Teil einer Modernisierungsmaßnahme von vornherein mit einzuplanen.

### Natürliche nachwachsende Dämmstoffe

*Kokos*

*Korkschrot*

*Holzfaser*

*Flachs*

*Hanf*

*Schafwolle*

# Dämmmaterialien und ihre Eigenschaften

Bei den Materialien für eine Wärmedämmung kann man wählen zwischen natürlichen, nachwachsenden Dämmstoffen wie Flachs, Hanf und Kork, Recycling-Dämmstoffen wie Zellulosefasern, mineralischen Dämmstoffen – zum Beispiel Blähton und Mineralwolle – oder auch Dämmstoffen auf Erdölbasis wie Polystyrol-Hartschaum, auch bekannt als „Styropor".

Fachleute unterscheiden zwischen organischen und anorganischen Dämmstoffen und hierbei jeweils zwischen einer natürlichen und einer synthetischen Rohstoffbasis.

- Ein **organisch-natürlicher** Dämmstoff ist etwa Flachs, das direkt aus der Flachspflanze gewonnen wird. Solche Dämmstoffe werden im Volksmund auch als ökologische Dämmstoffe bezeichnet.
- Ein **organisch-synthetischer** Dämmstoff ist zum Beispiel Polystyrol-Hartschaum = „Styropor", das auf Basis von Erdöl in einem künstlichen Produktionsprozess hergestellt wird. Diese Dämmstoffe kann man nicht als ökologisch bezeichnen.
- Ein **anorganisch-natürlicher** Dämmstoff ist beispielsweise Blähton, der unter anderem direkt aus Vulkangestein gewonnen werden kann. Diese Dämmstoffe werden zwar natürlich gewonnen, beruhen aber auf nicht erneuerbaren Rohstoff-Ressourcen.
- Ein **anorganisch-synthetischer** Dämmstoff ist zum Beispiel Mineralwolle, die in einem künstlichen Produktionsprozess unter anderem aus Mineralien hergestellt wird. Hier kann man ebenfalls nicht von einem ökologischen Dämmstoff sprechen.

Die Dämmstoffindustrie ist mittlerweile soweit, dass sie für fast jedes Einsatzgebiet umweltschonende Materialien anbieten kann. Aber auch, wer keinen „Öko-Dämmstoff", sondern „nur" Mineralwolle (Rohstoffbasis ist Altglas-Recycling) wählt, muss kein schlechtes Ge-

**Dämmstoff aus Recycling**

*Zellulose*

**Dämmstoffe auf Erdölbasis**

*Polystyrol-Hartschaum*

*Polyurethan-Hartschaum*

*Polyester*

**Mineralische Dämmstoffe**

*Perlite*

*Glimmer*

*Blähton*

*Mineralwolle*

*Schaumglas*

wissen haben. Entscheidend ist, dass jede Art von Wärmedämmung die Verbrennung von Öl oder Gas zu Heizzwecken deutlich reduziert und der Umwelt damit viele Schadstoffe erspart.

Nicht jeder Dämmstoff ist für jede Dämmanforderung geeignet. Meist liegt das an den konstruktiven Anforderungen oder an Anforderungen an die Flexibilität des Dämmstoffs. So kann eine Außenwand natürlich anders gedämmt werden als ein Dach und umgekehrt.

Dämmstoffe gibt es entsprechend ihrer Materialeigenschaften in Plattenform, aufgerollt als Rolle oder auch als lose Schüttung.

## U-Wert und Wärmeleitfähigkeit

Aus der Energieeinsparverordnung ist bereits der Begriff des Transmissionswärmeverlusts = U-Wertes bekannt (→ Seite 38). Er spielt im Zusammenhang mit der Wärmedämmung eine wichtige Rolle. Die Energieeinsparverordnung fordert bei nachträglichen Dämmungen für die modernisierten Bauteile bestimmte U-Werte, die einzuhalten sind (→ Seiten 38, 182).
Der U-Wert kann nicht nur über den Wärmeverlust definiert werden, wie auf Seite 38 dargelegt, sondern auch über die **Wärmeleitfähigkeiten** berechnet werden, indem man die Zahl 1 dividiert durch die Summe der Wärmeleitfähigkeiten der einzelnen Schichten eines Bauteils (z.B. einer Außenwand) sowie der beiden Wärmeübergangskoeffizienten zu beiden Seiten des Bauteils $\alpha_i$ (innen) und $\alpha_a$ (außen).
Die beiden Wärmeübergangskoeffizienten beschreiben den Wärmeübergang vom beheizten Innenraum in das Außenbauteil und vom Außenbauteil in den kühlen Außenraum. Sie sind festgelegte Konstanten

**→ Spezifische Wärmeleitfähigkeit λ**

λ = **W/(m·K)** für normierte Fläche = 1 m² und normiertes Zeitintervall = 1 h mit
**λ** = spezifische Wärmeleitfähigkeit
**W** = Wärmeenergie in Watt
**m** = Baustoffstärke/-dicke
**K** = Temperaturunterschied zwischen beiden Seiten des Bauteils in Kelvin

■ **Die spezifische Wärmeleitfähigkeit λ eines Bauteils gibt an, welche Menge an Wärmeenergie (in Watt „W") in einer festgelegten Zeit (gemessen pro Sekunde „s") durch eine festgelegte Fläche (1 Quadratmeter) und Baustoffstärke (gemessen in Meter „m") bei einem ebenfalls festgelegten Temperaturunterschied (1 Kelvin) auf beiden Seiten des Bauteils (angegeben in Kelvin „K") durch dieses hindurchgeht. Als Formel: λ = W/(m·K).** ■

Je kleiner der Wert von λ ist, je schlechter also seine Wärmeleitfähigkeit ist, desto besser ist umgekehrt seine Wärmedämmeigenschaft.

Dämmstoffe werden in **Wärmeleitfähigkeitsgruppen (WLG)** eingeordnet. Die Wärmeleitfähigkeitsgruppe 035 zum Beispiel bedeutet, dass der betreffende Dämmstoff eine Wärmeleitfähigkeit von 0,035 Watt pro Meter und Grad Kelvin hat, oder kurz: 0,035 W/(m·K).

Die Wärmeleitfähigkeit eines Stoffes ist also eine konstante Materialeigenschaft, wohingegen der U-Wert, der auch als Wärmedurchgangskoeffizient oder Transmissionswärmeverlust bezeichnet wird, ein variabler Wert einer Gesamtkonstruktion ist, zum Beispiel einer Außenwand. Je nachdem, wie diese aufgebaut ist, kann er sehr unterschiedlich ausfallen.

## Baustoffklassen

Neben den Wärmeleitfähigkeiten von Dämmstoffen sind weitere Eigenschaften wichtig. Hierzu gehört insbesondere das **Brandverhalten**, das für Dämmstoffe gemäß DIN 4102-1 in Baustoffklassen angegeben wird:

| Benennung | Baustoff-klasse |
|---|---|
| Nichtbrennbare Baustoffe | A |
| Nichtbrennbare Baustoffe ohne organische Bestandteile | A 1 |
| Nichtbrennbare Baustoffe mit geringen Mengen brennbarer Anteile | A 2 |
| Brennbare Baustoffe | B |
| Schwer entflammbare Baustoffe | B 1 |
| Normal entflammbare Baustoffe | B 2 |
| Leicht entflammbare Baustoffe | B 3 |

Baustoffe mit der Baustoffklasse B 3 sind in Deutschland nicht mehr zugelassen, waren es aber bis Ende der 1970er Jahre, so dass sie in Bestandsbauten durchaus noch auftauchen. Welche Baustoffklasse ein Dämmstoff hat, kann man dem Übereinstimmungszertifikat entnehmen (→ Abbildung rechts), das jeder Dämmstoffpackungseinheit beiliegen muss.

## Anwendungstypen

Dämmstoffe werden gleichzeitig auch Anwendungstypen zugeordnet. Diese umschreiben, grob gesagt, welchen physischen Belastungen der Dämmstoff standhält und in welcher Weise dieser eingesetzt werden kann.

Nicht jeder Dämmstoff eignet sich für jeden Einsatz. So sind etwa nicht druckbelastbare Dämmstoffe natürlich nicht für die Außenfassade eines Hauses geeignet, wenn davor nicht beispielsweise noch eine Schutzummantelung gebaut wird. Sie können aber zum Beispiel sehr gut im Dachraum, etwa als Zwischensparrendämmung, eingesetzt werden. Auch die Anwendungstypen müssen auf dem Übereinstimmungszeichen angegeben werden.

## Übereinstimmungszeichen

Alle Bauprodukte, die in Deutschland vertrieben werden, müssen vom Deutschen Institut für Bautechnik oder einer von ihm anerkannten Einrichtung überprüft und überwacht werden. Die Baustoffe erhalten dann ein **Übereinstimmungszertifikat**, das die Übereinstimmung mit den geforderten Anforderungen, zum Beispiel aus dem Bauproduktegesetz, feststellt.

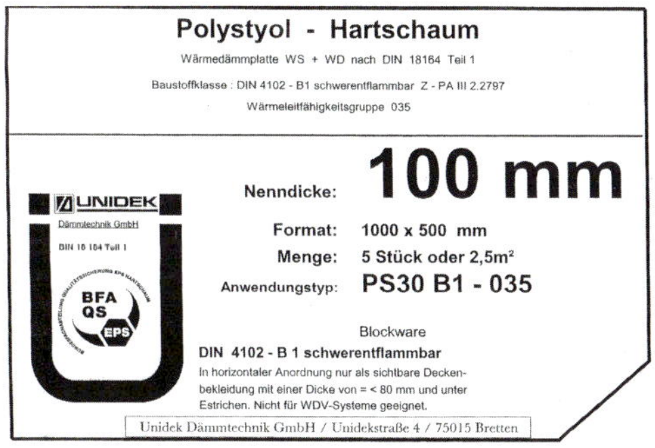


*Übereinstimmungszeichen bei Dämmstoffen, hier für Polystyrol-Hartschaum*

Die Baustoffe selbst erhalten von den Herstellern dann ein Übereinstimmungszeichen = **Ü-Zeichen**, das gut sichtbar auf den Packungen angebracht wird und das alle wesentliche Informationen zu dem Produkt enthält, beispielsweise die Baustoffklasse und das Kurzzeichen des Anwendungstyps. So kann man auf der Baustelle überprüfen, ob das angelieferte Material auch die gewünschten Eigenschaften hat. Mindestens ein Übereinstimmungszeichen sollte man einer Liefer-Charge immer entnehmen und als Beleg aufheben.

| Ausgewählte Anwendungstypen | Typkurzzeichen |
|---|---|
| Wärmedämmstoff nicht druckbelastbar | W |
| Wärmedämmstoff, nicht druckbelastbar, beispielsweise zum Einsatz als Dachdämmung | WL |
| Wärmedämmstoff leicht zusammendrückbar | WZ |
| Wärmedämmstoff druckbelastbar | WD |
| Wärmedämmstoff druckbelastbar mit erhöhter Abrissfestigkeit | WDA |
| Wärmedämmstoff mit erhöhter Druckbelastbarkeit | WDH |
| Wärmedämmstoff mit erhöhter Belastbarkeit für Sondereinsatzgebiete | WS |
| Wärmedämmstoff, beanspruchbar auf Abriss | WV |

# Die Außenwanddämmung

*Holzverkleidung an der Giebelseite eines neu gedämmten Hauses*

Bei der Dämmung der Außenwände eines Bestandsgebäudes stehen einem grundsätzlich mehrere Möglichkeiten zur Wahl. Weit verbreitet ist der Vollwärmeschutz aus Polystyrol-Hartschaumplatten, im Volksmund auch als **Styropordämmung** bezeichnet. Diese Platten werden einfach auf die Hauswand aufgeklebt und anschließend verputzt.

Polystyrol-Hartschaum gehört nicht zu den ökologisch überzeugenden Baustoffen. Aufgrund seines geringen Preises und seiner einfachen Verarbeitungsmöglichkeit hat er aber eine sehr große Verbreitung gefunden. Zu den ökologischen Dämmmaterialien zählen Zellu-

**Neuer Mantel fürs Haus**

Eine hinterlüftete Vorhangfassade bietet mehrere Vorteile – von der Unempfindlichkeit gegenüber Feuchteschäden bis zu gekonnter architektonischer Gestaltung. Besonders leicht lässt sie sich an kleinen Häusern anbringen. Das Prinzip ist einfach: Kanthölzer werden an die Fassade gedübelt, dazwischen kommt nahtlos der Dämmstoff, darauf schützende und ebenfalls dämmende Holzfaserplatten. Den äußeren Abschluss kann eine hübsche Holzfassade bilden. Um eine gute Hinterlüftung sicherzustellen, wird sie auf eine Lattenkonstruktion geschraubt. Zur Dämmung der Hohlräume zwischen den Kanthölzern und der Holzfaserplatte eignen sich auch Dämmstoffe aus nachwachsenden Rohstoffen wie Flachs, Hanf oder Zellulosefasern.

**Dämmstärke:** Wählen Sie mindestens fünfzehn Zentimeter Dämmstärke, damit sich der Aufwand wirklich lohnt.

**Wärmebrücken:** Vergessen Sie beim Dämmen nicht die Fensterlaibungen und die wichtigen Übergangsbereiche zur Dachdämmung und zum Keller.

**Schutz:** Die Unterkante der Dämmfassade sollte mindestens 30 Zentimeter über dem Boden mit Abtropfschräge abschließen, um sie vor (Regen-)Spritzwasser zu schützen. Die Bretter mit Edelstahlschrauben befestigen, sonst drohen Rostflecken.

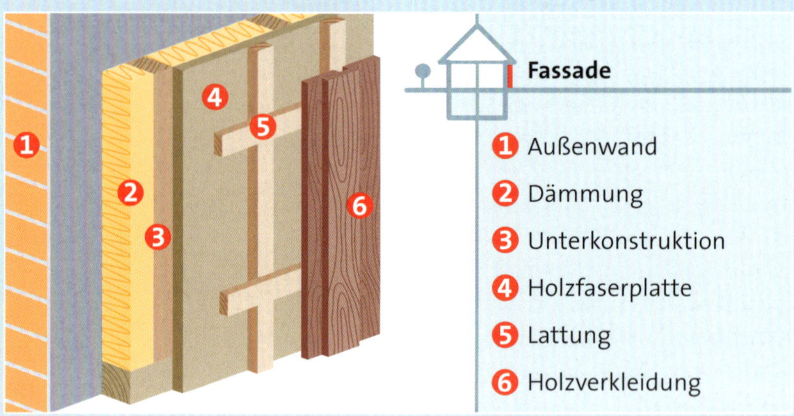

losefaserstoffe, Flachs, Hanf und Schafwolle. Diese weichen Stoffe sind allerdings oft nur mit höherem Aufwand zu montieren, da man sie meist nicht einfach auf die Außenwand kleben und verputzen kann. Sollen weiche Dämmmaterialien für die nachträgliche Außendämmung eines Hauses eingesetzt werden, muss dazu in der Regel eine **zweite Außenverschalung** gebaut werden. Diese kann mit Leichtbauplatten erstellt werden, sie kann gemauert und auch als Holzverkleidung ausgeführt werden.

Eine interessante ökologische Alternative zum Hartschaum können Holzfaserdämmplatten sein. Diese sind ebenfalls Hartstoffplatten und benötigen keine zusätzliche Verschalung. Im Gegensatz zu Polystyrol-Hartschaumplatten haben

*Ein neuer Hartschaum-Vollwärmeschutz ist einfach montiert.*

### Von oben bis unten mit System

Ein umfassender Vollwärmeschutz wird auch bei Altbauten immer beliebter. Muss die alte Fassade ohnehin saniert werden, ist das der optimale Zeitpunkt für diese Arbeiten.

**Große Auswahl:** Häufig kommen weiße Polystyrolplatten (z.B. „Styropor") zum Einsatz. Alternativen sind zum Beispiel Steinwolleplatten (auch in Lamellenform) und Dämmstoffe aus nachwachsenden Rohstoffen wie Holzfaserplatten.

**Komplette Systeme:** Angeboten werden komplette Systeme, deren Komponenten (Dämmstoff, Armierung, Putz) aufeinander abgestimmt sind. Schon wegen der Gewährleistung sollten Sie die Herstellerempfehlungen beachten.

**Wasserdampfdurchlässiger Dämmstoff:** Falls etwas Feuchtigkeit in der Wand steckt, ist es vorteilhaft, wenn sie möglichst leicht nach außen entweichen kann. Hier ist es wichtig, dass nicht nur der Dämmstoff die Wassermoleküle passieren lässt, sondern auch der Putz. Fragen Sie danach!

**Unterirdische Dämmung:** Im Erdbereich ist feuchteunempfindlicher Dämmstoff erforderlich (spezieller Schaumstoff oder Schaumglas). Wichtige Voraussetzung: Von unten darf keine Feuchtigkeit ins Mauerwerk aufsteigen.

**Fachkundige Arbeit:** Vollwärmeschutz ist keine Arbeit für Laien. Vor der Auftragsvergabe unabhängig beraten lassen!

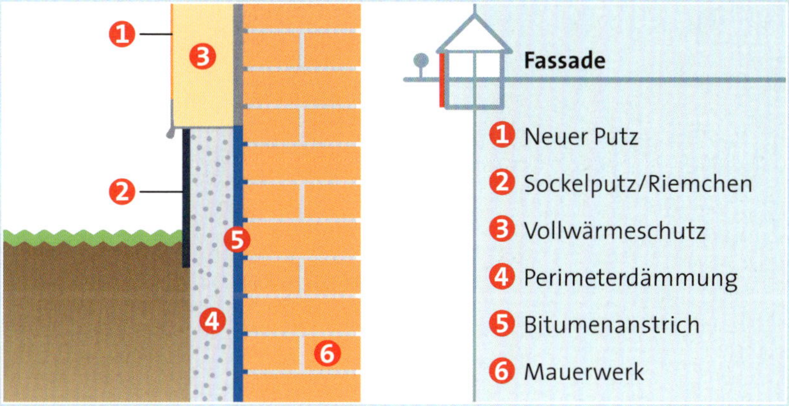

*Schematischer Aufbau einer neuen Außenwanddämmung mit Holzfaserplatten*

*Was steckt außer den Holzfasern noch in Hartfaserdämmplatten? Erkundigen Sie sich nach den Inhaltsstoffen aus den Herstellerinformationen.*

sie sogar den Vorteil, dass sie nicht allzu druckempfindlich sind. Bei einer Polystyrol-Hartschaumplatte mit Putzschicht kann ein kräftig an die Hauswand geschossener Fußball durchaus eine Verformung der Fassade hinterlassen. Das sieht bei einer Holzfaserdämmplatte schon anders aus. Neben der Formstabilität hat die Holzfaserdämmplatte aber vor allem erhebliche ökologische Vorteile gegenüber Polystyrol-Hartschaumplatten. Letztere werden unter Einsatz von Erdöl und chemischen Treibmitteln unter teilweise hohem Energieaufwand hergestellt, die Holzfaserdämmplatten hingegen bestehen zu fast 100 Prozent aus Holzfasern, also aus dem nachwachsenden Rohstoff Holz. Allerdings wird bei der Produktion einiger Holzfaserplatten auch Aluminiumsulfat gegen Pilzbefall beigegeben oder auch Latexkleber, um eine hohe Klebewirkung zu erzielen.

Wenn man bei einer energetischen Modernisierung nicht nur auf die Energie- und Ressourcenverbrauchsbilanz nach der Modernisierung, sondern auch auf die Ökobilanz bei der Modernisierung selbst schaut, ist die Holzfaserdämmplatte eindeutig der Polystyrol-Hartschaumplatte vorzuziehen, auch wenn die Holzfaserplatten leider noch ein ganzes Stück teurer sind. Je mehr die Holzfaserdämmplatte aber am Markt angenommen wird, umso eher kann man mit fallenden Preisen rechnen.

Grundsätzlich sollte sich der von Ihnen beauftragte Planer bereits im Planungsstadium bei potentiellen Herstellern genau nach den Inhaltsstoffen erkundigen, um zu erfahren, welches Produkt man erhält und ob man das verwenden will.

## Der Fehlerteufel steckt im Detail

Unabhängig davon, welchen Dämmstoff man einsetzt, stößt man beim „Einpacken" eines Hauses auf ähnliche konstruktive Probleme hinsichtlich der Anpassung der Dämmung an den Bestand. Denn es gibt zahlreiche Detailanschlüsse wie Fensterbänke, Vordächer, Geländer, Regenrinnen, Fensterläden und ähnliches, für die eine gute Lösung gefunden werden muss, um die Dämmwirkung möglichst wenig einzuschränken. Gerade an solchen Details muss sorgfältig gearbeitet werden, um das Entstehen von **Wärmebrücken** zu vermeiden. Bleibt beispielsweise ein massives Vordach, das mit der Hauswand verbunden ist, ungedämmt, dann kann über dieses Bauteil Wärme aus dem Inneren des Gebäudes nach außen entweichen. Dies führt nicht nur zu Wärmeverlusten, sondern auch dazu, dass sich an dem Innenwandbereich, an dem das Vordach sitzt, zunächst Kondensationsfeuchte und langfristig Schimmel bilden. Dies liegt daran, dass die Außenwand in diesem Wandbereich kälter ist als in den übrigen Wandbereichen. Je tiefer die Temperatur sinkt, desto weniger Luftfeuchte kann die Luft aufnehmen. Die Innenraumluft kühlt sich an diesen Stellen besonders stark ab und kann nicht mehr soviel Luftfeuchtigkeit halten, sodass diese sich schließlich als nasses Kondensat an der Wand niederschlägt. Man spricht bei diesem Vorgang vom **Unterschreiten des Taupunkts**.

Dies ist ein ganz wichtiges Phänomen, weshalb Dämmmaßnahmen an der Gebäudehülle möglichst immer alle Außenbauteile, also Wände, Dächer, Fenster und Türen umfassen sollten. Nicht abgestimmte Einzelmaßnahmen können zu erheblichen Folgeproblemen führen. Ein flächendeckendes Problem war beispielsweise – vor allem in den späten 1970er und frühen 1980er Jahren in der Bundesrepublik – der Einbau neuer Isolierglasfenster ohne Dämmung der restlichen Gebäudehülle (→ Seiten 81 ff.).

Daher ist es wichtig, die Gebäudehülle als Gesamtsystem zu betrachten und auch den Details Aufmerksamkeit zu schenken. Wie kann man beispielsweise alte Fensterläden wieder vor einer gedämmten Fassade anbringen? Wie kann man die Dachrinne nach der Dämmung wieder an der Fassade montieren? Wie geht man mit einer Außenfensterbank oder einem Vordach um?

Manchmal werden die **Befestigungseisen** von Fensterläden oder Regenrinnen einfach nur verlängert. Dies ist allerdings keine optimale Lösung, da dann am Kontaktpunkt des verlängerten Fensterladeneisens mit der alten Wand ein Punkt entsteht, an dem sich später eine Wärmebrücke bilden kann, denn das Eisen hat einerseits direkten Kontakt bis tief in die alte Außenwand hinein und andererseits direkten Kontakt zur kalten Außenluft.

Eine bessere Lösung ist, solche Befestigungspunkte neu auszubilden. Dies kann beispielsweise heißen, dass ein neues Eisen auf eine Kunststoffscheibe vor die alte Hauswand gesetzt und in der Wand mit Kunststoffdübeln befestigt wird. Dadurch ist zumindest der direkte Kontakt des Eisens mit der alten Hauswand unterbunden. Darüber hinaus gibt es bei manchen Dämmstoffherstellern auch Montageplatten. Diese sind anders ausgebildet als die übrigen Hartschaum- oder Holzfaserdämmplatten, und an ihnen können druck- oder zugbeanspruchte Trägersysteme montiert werden. Diese Platten werden punktuell an den notwendigen Stellen in die Außenhautdämmung eingebracht. Seit Neuestem werden auch thermisch getrennte Spezialdübel angeboten (Fischer Themax).

Ein anderes sehr verbreitetes Problem bei Dämmungen der Gebäudehülle ist der nicht ausreichende **Dachüberstand** zur Überdachung der neuen Dämmung. Sehr häufig tritt das Problem am Ortgang auf, oft aber auch an der Traufkante eines Daches. In diesen Fällen müssen vor den Dämmmaßnahmen der Ortgang und manchmal auch die Traufe eines Daches verlängert werden, meist machen das Zimmerleute oder ein Dachdeckerbetrieb. Auch dieses Detail ist nicht zu unterschätzen und muss sorgfältig geplant und ausgeführt

*Ortgangerweiterung für einen ausreichenden Dachüberstand auch nach der Dämmung.*

*Hier wurden die Befestigungseisen für die Fensterladen einfach verlängert, bevor die neue Außenwanddämmung angebracht wird.*

werden. Eine Herausforderung vor allem bei älteren Dächern kann es dabei sein, geeignete Dachziegel für die Deckungsflächenerweiterung zu finden.

Ein weiteres Problem ist bei fast allen Gebäudehüllendämmungen **der Sockelbereich**. Die eigentliche Außenwanddämmung wird in diesem Bereich häufig auf einen hausumlaufenden, horizontalen Metallsteg gestellt, von dem aufgehend dann das ganze Gebäude umkleidet wird.

Was aber passiert unter dem Steg? Wenn man diesen Bereich ungedämmt lässt, hat man ebenfalls ein Wärmebrückenproblem. Denn wenn der Sockel des Hauses ungedämmt bleibt, wird er in Verbindung mit der auf ihm stehenden Außenwand eine Wärmebrücke für die Innenraumluft bilden. Wird die Außenwanddämmung erst auf Höhe der Erdgeschossdecke angesetzt, kann es sogar zu erheblichen Folgeproblemen im Innenraum kommen. Denn dann wird die gesamte Anschlusskante zwischen Erdgeschossboden und Außenwand zu einer durchgehenden Wärmebrücke mit den möglichen Folgeproblemen („fußkalt", Schimmelgefahr). Daher muss eine Außenwanddämmung immer bis weit unter die Erdgeschossdeckenhöhe gezogen werden. Noch besser ist es natürlich, den gesamten Sockel bzw. die Kelleraußenwand mitzudämmen. Dies ist aber meist nicht ohne erheblichen Aufwand, wie das Freigraben der Kelleraußenwand, möglich.

Solche kostenintensiven Maßnahmen werden meist nur dann erwogen, wenn sich im Keller oder in Teilen des Kellers Wohnräume befinden. Aber selbst dann kann es sein, dass man im Keller eher eine Innenraumdämmung bevorzugt. Üblicherweise wird die Außendämmung bis tief in den Sockelbereich gezogen und von innen die Kellerdecke gedämmt. Beides zusammen bewirkt zumindest eine gewisse Optimierung der Wärmedämmung im Sockelbereich.

An solchen Details ist zu erkennen, dass es sehr sinnvoll sein kann, einen erfahrenen Planer einzuschalten, der schon mehrfach Dämmmaß-

*Die Außenwanddämmung sitzt unten auf einem metallenen Dämmsteg auf.*

nahmen planerisch und bauleitungstechnisch umsetzen musste. Überlässt man diese Detailplanung den ausführenden Handwerksunternehmen, kann es zu improvisierten Ad-hoc-Lösungen auf der Baustelle kommen, unter denen die Qualität leidet. Ein erfahrener Planer weiß, welche Detailprobleme bei einer Gebäudehüllendämmung auf ihn zukommen und wird diese Details frühzeitig sorgsam planen, ausschreiben und deren Ausführung überwachen.

Neben den klassischen Dämmungen gibt es längst auch innovativere Systeme. Eine der frühesten Entwicklungen war die **transparente Wärmedämmung**. Bereits in den 1980er Jahren kam sie zur Anwendung, erstmals in Deutschland in Freiburg bei der Modernisierung eines Gebäudes aus den 1950er Jahren. Die transparente Wärmedämmung ist nicht nur „Sperre" für die Wärme, sondern versucht auch, die Sonneneinstrahlung aktiv zur Wärmegewinnung zu nutzen. Dies geschieht, indem die Hauswand selbst schwarz gestrichen wird und vor diese Hauswand transparente Platten eines Waben-Granulat-Materials gestellt werden. Vor diese wiederum wird dann ein variabler Sonnenschutz und abschließend eine Glasfassade gesetzt. Die Sonnenstrahlen können nun durch die Glasfassade und die Waben-Granulat-Struktur auf die schwarze Hauswand treffen, sich dort in Wärme wandeln, die Wand zeitversetzt durchdringen und die Wärme schließlich an die Innenräume abgeben. Entweichen kann die Wärme nur bedingt, denn dies verhindert in einem gewissen Umfang das Waben-Granulat-Dämmmaterial in Kombination mit der Glasfassade. Die transparente Wärmedämmung konnte sich zwar in dieser Form am Markt nicht durchsetzen, allerdings gibt es davon abgeleitete Varianten. Heute existieren zum Beispiel Putzsysteme, die genau die Eigenschaften der transparenten Wärmedämmung nutzen. Sie bestehen an der Oberfläche aus einer transluzenten Wabenstruktur, die die Sonnenstrahlung in die Wärmedämmung eindringen lässt und so Strahlung in Wärme wandeln und an die Wand abgeben kann.

Eine andere innovative Dämmung ist die **Vakuumdämmung**. Diese Dämmvariante arbeitet nach dem Prinzip der

*Zunächst erfolgt die Kellerdämmung, dann die Dämmung des übrigen Hauses.*

*Erste Modernisierung mit transparenter Wärmedämmung in Deutschland, Freiburg, 1989*

Thermoskannen. Auf die Hausaußenwand werden Vakuum-Isolations-Paneele (VIP) gesetzt. Im Inneren der Paneele herrscht zwischen einem stützenden Strukturmaterial ein Vakuum, also ein luftleerer Raum, ähnlich wie zwischen der Innen- und Außenwandung einer Thermoskanne. Luftleere Räume isolieren besonders gut. Daher erreicht die Vakuumdämmung schon mit wenigen Zentimetern Stärke hohe Dämmwirkungen. Das Problem der Vakuumdämmung liegt hauptsächlich in der schwie- rigen Verarbeitung auf der Baustelle und an den Stoß- und Montagepunkten der Paneele, gerade bei nachträglicher Dämmung. Wenn in den Zwischenraum der äußeren Alu-/Kunststoffverbundfolie durch Undichtigkeiten Luft eindringt, ist der Isolierungseffekt dahin. Es ist daher noch fraglich, ob sich diese Dämmweise am Markt durchsetzen kann. Maßgeblich bei der Entwicklung der Technik ist das Bayerische Zentrum für angewandte Energieforschung in Würzburg (www.zae-bayern.de), das zwischenzeitlich mit Unterstützung von Bundesmitteln auch eine Internetplattform rund um das Thema aufgebaut hat (www.vip-bau.de), auf der über Entwicklung und Anwendung der Vakuumtechnologie berichtet wird.

## Die Dämmung der Außenwand von innen

Häufig ist es so, dass eine Außenwanddämmung überhaupt nicht in Frage kommt, zum Beispiel weil das Haus eine komplett verklinkerte Fassade hat, wie sehr viele Häuser in Norddeutschland. Durch eine einfache Überklebung mit Dämmstoff würde man wahrscheinlich ganzen Städten in Nord-

**Innendämmung als Kompromiss**

Einer Dämmung des Hauses von außen können vielerlei Hemmnisse im Wege stehen – vom Denkmalschutz bis zu technischen Problemen. Ein Ausweg ist dann die Dämmung von innen.

**Trockene Wand:** Wichtigste Voraussetzung für eine erfolgreiche Innendämmung sind intakte Wände, in die weder von außen noch von unten Feuchtigkeit eindringt. Kontrollieren!

**Feuchter Dämmstoff**: Auf der Raumseite unbedingt eine Dampfbremse anbringen, damit keine Feuchtigkeit aus dem Raum in die Konstruktion eindringt. Kondenswasser könnte dort die Dämmwirkung mindern und Schimmel verursachen.

**Riskante Ecken:** An den Rändern der gedämmten Flächen drohen Wärmebrücken, weil ungedämmte Bauteile wie Betondecken hier viel Wärme abziehen. Deshalb die Dämmung samt Dampfsperre am besten auch über die Ecken hinwegführen und dann zum Beispiel keilförmig auslaufen lassen.

**Intakte Sperre:** Vorsicht beim Befestigen von Regalen und Bildern. Die Dampfbremsfolie muss unversehrt bleiben. Solide Unterkonstruktion und dicke Gipskartonplatten sind hilfreich.

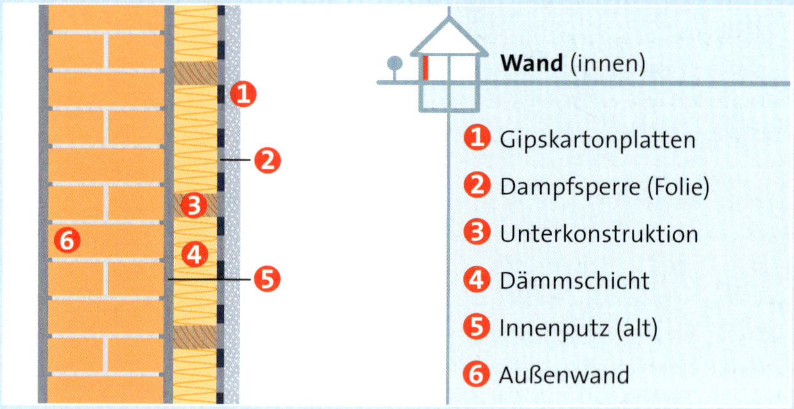

deutschland ihren ureigenen Charakter nehmen. Aber auch alte Gebäude mit Verzierungen oder Gebäude, die unter Denkmalschutz stehen, können nicht ohne weiteres von außen gedämmt werden. In solchen Fällen kann eine **Innenwanddämmung** erwogen werden. Eine Innenwanddämmung hat allerdings zwei grundsätzliche Nachteile: Sie ist nie so gut wie eine Außenwanddämmung und sie kostet Wohnfläche.

Trotzdem kann sie bisweilen die einzige Alternative sein, die bleibt. Innendämmungen können entweder

- durch eine Vormauerung mit einem Wärmedämmstein erfolgen oder
- durch eine Vorsatzschale mit dahinterliegender Weichfaserdämmstofflage oder aber
- mit Hartfaserplatten, die als Putzträger geeignet sind.

Das große Problem bei Innendämmungen ist, dass nicht nur die nach außen grenzenden Raumwände gedämmt werden sollten, sondern – wenn möglich – auch die Bauteile, die Kontakt zum Außenluftbereich oder zur Außenwand haben. Das kann eine Deckenplatte sein, deren Stirnseite direkten Kontakt mit der Außenwand hat, oder Innenwände, deren Kopfseiten ebenfalls direkten Kontakt mit Außenwänden haben. Daher wäre es ideal, wenn man die Dämmung der Raumaußenwand auch an den angrenzenden Bauteilen wie Wände und Decken vornehmen würde. Dies hieße im Falle der Innenwände aber zum Beispiel, dass die Raumaußenwanddämmung um die Ecke geführt werden müsste und auch ein Stück der Innenwand bekleiden würde. An dem Punkt, an dem die Dämmung dann nicht mehr weitergeführt würde, würde ein Versprung der Innenwand entstehen, was natürlich nicht schön aussieht. Außerdem bedeutet dieses Verfahren natürlich, dass noch mehr Wohnfläche verloren geht. Daher wird man sich in den meisten Fällen bei der Innendämmung, die an sich schon ein Kompromiss ist, mit einem weiteren Kompromiss zufrieden geben müssen und nur die Raumaußenwand oder die Raumaußenwände dämmen. In solchen Fällen sollte aber durch Fachleute das Risiko von Folgeschäden wegen der Tauwasserproblematik (→ Seite 84) durchgerechnet werden. Es muss vermieden werden, dass sich später umlaufend um die neue Raumaußenwanddämmung feuchte Stellen und dadurch gegebenenfalls Schimmel bilden können.

Auch die Dämmung selbst darf nicht mit Feuchte in Kontakt kommen, was vorrangig für die Raumluftfeuchte gilt. Vor eine Dämmschicht, der Feuchte schaden könnte, muss eine Dampfbremse gespannt werden. Das ist eine Folie, die die Dämmung vor eindringender Raumluftfeuchte schützt. Raumluftfeuchte entsteht zum Beispiel durch Kochen und Duschen, aber auch durch den einfachen Aufenthalt von Menschen in Räumen, die Feuchtigkeit an die Raumluft abgeben.

## Die Zwischendeckendämmung

Zwischendecken werden am häufigsten gedämmt. Das ist immer dort notwendig, wo kalte Hausbereiche an warme grenzen, also beispielsweise ein unbeheizter Keller an ein beheiztes Erdgeschoss oder ein beheiztes Obergeschoss an ein unbeheiztes Dachgeschoss. Die Energieeinsparverordnung schreibt die Dämmung der obersten begehbaren Geschossdecke in einigen Fällen sogar verpflichtend vor (→ Seiten 37 ff.).

Zwischendeckendämmungen können entweder unterhalb oder oberhalb einer Decke erfolgen. Bei Kellerdecken wählt man meist die **Unterdeckendämmung**, weil alles andere ja hieße, dass sich der Bodenaufbau und die Raumhöhe im Erdgeschoss verändern würden. Da man dies natürlich meist vermeiden will, dämmt man die Kellerdecke von unten. Dadurch verringert sich zwar die Deckenhöhe des Kellers, bisweilen sogar erheblich, aber das nimmt man meist in Kauf.

Bei der Dämmung der obersten Geschossdecke, die häufig das letzte (beheizte) Obergeschoss vom (unbeheizten) Dachgeschoss trennt, ist es in der Regel genau umgekehrt. Hier wählt man meist eine **Aufdeckendämmung**, da so die Raumhöhe im Obergeschoss bestehen bleibt und die Dämmung auf dem Boden des Dachbodens verlegt wird. Wenn der Dachboden nach der Dämmung allerdings begehbar bleiben soll, kann nicht einfach ein Weichfaserdämmstoff gewählt werden. Selbst ein Hartfaserdämmstoff wäre allenfalls eingeschränkt geeignet.

Die Baustoffindustrie hat für dieses Problem zwischenzeitlich Kombinationen aus Hartschaum- bzw. Hartfaserplatten entwickelt, auf die oberseitig noch eine Spanplatte geklebt wird. Dadurch wird die Aufdeckendämmung begehbar. Genauso gut kann man aber auch auf die Dämmung Verlegeplatten legen.

Auch für die Zwischendeckendämmung gibt es Holzfaserdämmplatten, die eine gute und ökologische Alternative zu den Hartschaumplatten darstellen.

**Gegen kalte Füße auf der Kellerdecke**

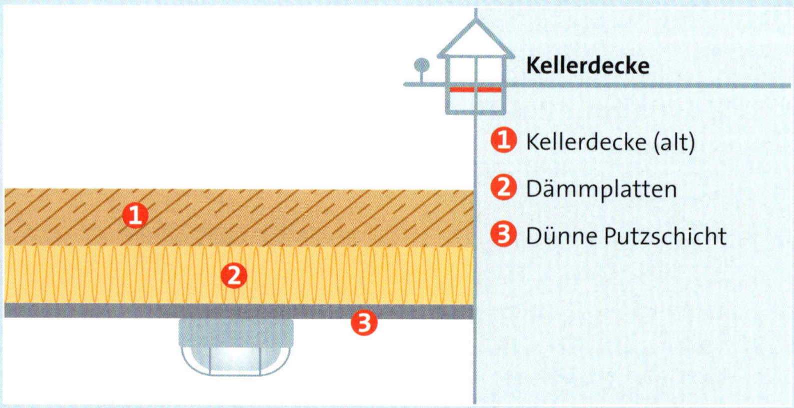


Viele Kellerräume sind nicht oder nur wenig beheizt. Ist die darüberliegende Decke ungedämmt, entweicht viel Wärme aus dem Erdgeschoss in den Keller. Der Boden ist dann unangenehm fußkalt und eventuell sogar feuchtegefährdet. Das Problem lässt sich nachträglich am besten von unten lösen. Hat der Keller eine ausreichende Höhe, können Dämmstoffplatten, zum Beispiel aus Hartschaum oder Mineralfasern, einfach mit Klebemörtel lückenlos an der Decke befestigt werden. Zieht man dann noch einen dünnen Putz (mit Gewebeeinlage) auf, ist die Decke sogar schöner als vorher.

**Um die Ecke dämmen:** Wo die kalten Kellerwände die neue Dämmschicht quasi durchbrechen, drohen Wärmebrücken. Es ist deshalb sinnvoll, den oberen Wandbereich (20 bis 30 Zentimeter unterhalb der Kellerdecke) ebenfalls mit Dämmplatten zu bekleben.

**Auf dem Boden dämmen:** Wenn die Dämmung des Erdgeschosses von unten nicht funktioniert (zum Beispiel weil kein Keller vorhanden ist), kann stattdessen auch der Fußboden im Erdgeschoss gedämmt werden. Achten Sie in diesem Fall auf Dampfbremsen und feuchteunempfindliches Dämmmaterial, damit in diesem Bereich keine Schimmelprobleme entstehen können.

Will man für eine Decken- oder Bodendämmung keine Hartschaum- oder Hartfaserdämmplatten wählen, sondern einen Weichfaserdämmstoff, ist dies unterhalb der Kellerdecke noch möglich, spätestens aber bei Dachgeschossböden, die begehbar bleiben sollen, muss dann zunächst ein Doppelboden gebaut werden, in den der Dämmstoff eingeblasen oder eingelegt werden kann.

Wichtig ist auch bei Dämmungen oberhalb und unterhalb von Wohnräumen, dass die Dämmung vor der durch die Decke dringenden Raumluftfeuchte geschützt wird. Dies gilt vor allem für Weichfaserdämmstoffe. Die Dampfbremse muss sehr sorgsam so verlegt werden, dass sie entweder unter oder über der Dämmung liegt, je nachdem, von welcher Seite die Raumluftfeuchte eintritt.

**Dämmung der oberen Geschossdecke**

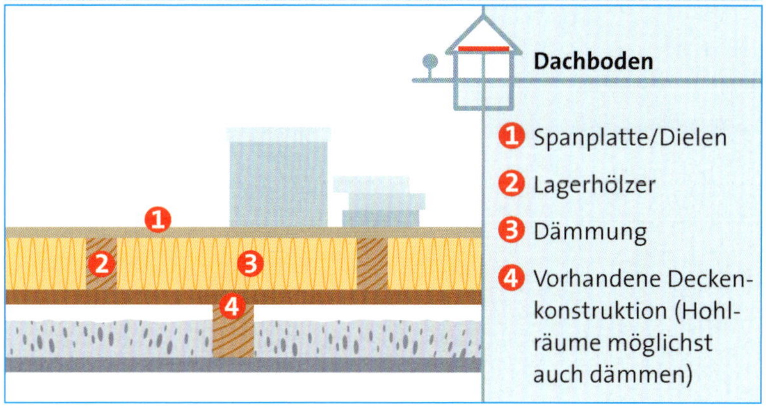


**Dachdämmung unter den Sparren**

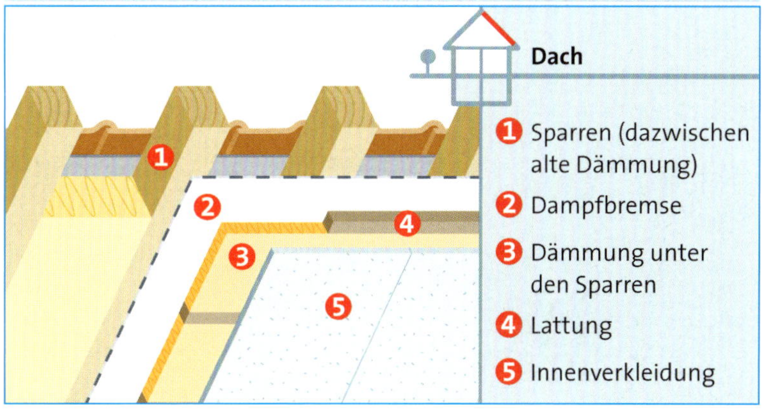


**Dachdämmung zwischen den Sparren**

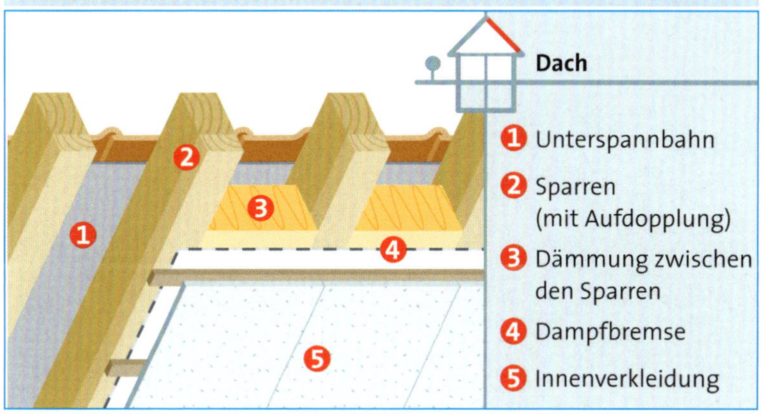


## Die Dachdämmung

Dachdämmungen sind immer dann erforderlich, wenn der Dachraum auch als Wohnraum genutzt wird und beheizt ist. Ist dies nicht der Fall und auch nicht geplant, ist die Dämmung der obersten Geschossdecke meist die einfachere und preiswertere Alternative.

Auch bei den Dachdämmungen gibt es grundsätzlich verschiedene Möglichkeiten. Man kann ein Dach entweder unterhalb der Sparren dämmen (= Untersparrendämmung), zwischen den Sparren (= Zwischensparrendämmung) und man kann eine Dämmung oberhalb der Sparren vornehmen (= Aufsparrendämmung). Diese ist allerdings sehr selten und bei Modernisierungen extrem aufwändig, denn das hieße, dass die Dachdeckung abgenommen werden und später wieder aufgelegt werden müsste. Im Zuge einer ohnehin notwendigen neuen Dacheindeckung ist diese Variante allerdings sehr sinnvoll.

Am geläufigsten ist die **Zwischensparrendämmung**, weil sie einerseits meist ausreichende Dämmstärken erlaubt und andererseits im Dachraum nicht zusätzliches Raumvolumen beansprucht. Bei der Zwischensparrendämmung kommen sehr häufig Weichfaserdämmstoffe zum Einsatz, meist eine Mineralwolledämmung. Sinnvolle Alternativen sind gerade hier aber Dämmstoffe aus natürlichen, nachwachsenden Rohstoffen wie Flachs, Hanf und Holzfaser. Auch Zellulosefasern, beispielsweise aus Altpapier, eignen sich im Dachraum vor allem für die Zwischensparrendämmung, wenn man Kammern bauen und die Zelluloseflocken einblasen kann.

Bei der Dachdämmung ist es wichtig, dass das Dämmmaterial gut vor Feuchte geschützt wird. Im Dachraum wird dies durch eine Dampfbremse gelöst, die von innen vor die Dämmung gespannt wird. Ebenso wie bei der Dämmung von Holzbalkendecken muss hier besonders sorgsam gearbeitet werden, gerade auch an Anschlusspunkten wie beim Anschluss der Dachfläche an die Giebelwand oder Durchdringungen von Schornsteinen und Entlüftungsrohren durch die Dampfsperre. Im Dachraum und bei Holzbalkendecken besteht nämlich zusätzlich die Gefahr, dass eindringende Feuchte nicht nur das Dämmmaterial angreift, sondern auch das Tragholz. Wird dieses feucht und fängt an zu schimmeln oder zu faulen, kann das erhebliche Folgeschäden verursachen.

Bei einem Flachdach wird bei einer nachträglichen Dämmung fast immer eine **Aufdachdämmung** gewählt. Das heißt: Die bestehenden Dachschichten werden abgetragen, und auf dem Betonrohdach wird dann ein neuer Aufbau mit neuer Dämmung aufgebracht. Trotz des höheren Aufwands bevorzugt man diese Lösung, weil Flachdächer sehr häufig die obersten Geschoss-

*Hier haben sich die Hauseigentümer für einen kompletten Neuaufbau der Dachdämmung entschieden.*

decken beheizter Räume sind und man sie innenseitig nur unter Verlust von Raumhöhe dämmen kann. Auch bauphysikalisch ist bei Flachdächern die Außendämmung fast immer besser.

Für Arbeiten an Flachdächern sollten nur Fachfirmen in Frage kommen, die über ausreichende Erfahrung in diesem Bereich verfügen. Wenn möglich, sollten die Arbeiten von einem Fachmann geplant, überwacht und auch abgenommen werden.

Bevor ein Flachdach abgetragen und neu aufgebaut wird, muss es eventuell an einer geschützten Stelle geöffnet werden, um den vorhandenen Aufbau zu sehen und auf dieser Grundlage eine sorgsame Ausschreibung erstellen beziehungsweise ein konkretes Angebot einholen zu können.

Werden Dämmplatten direkt auf dem Rohdach verlegt und anschließend mit Dachhaut und Oberschichten überkleidet, muss man die potentiellen Belastungen beachten, die ein Betreten des Daches später verursachen. Auch Flächenlasten wie eine Schneedecke und stehendes Wasser müssen bei der Wahl des Dämmstoffs beachtet werden. Sehr wichtig ist bei Arbeiten an Flachdächern immer, dass nur bei absoluter Trockenheit gearbeitet wird. Auch sollten abzutragende Flachdachschichten, zum Beispiel eine Lage Kies, nie an einer Stelle auf dem Flachdach aufgehäuft und gelagert werden, da hierbei die punktuelle Traglast des Flachdachs überschritten werden kann. Ein Flachdach sollte immer gleichmäßig abgetragen werden.

Beim Wiederaufbau eines Flachdachs muss vor allem den Anschluss- und Durchdringungspunkten, beispielsweise an Oberlichtern und Entlüftungsrohren, große Aufmerksamkeit geschenkt werden. Erfahrungsgemäß treten hier am häufigsten Undichtigkeiten auf.

## Die Fenster- und Türdämmung

Bis in die 1960er Jahre hinein waren in Deutschland praktisch alle Fenster Holzrahmenfenster mit Einfachverglasung. In den späten 1970er und frühen 1980er Jahren begann dann der Siegeszug der Kunststoffrahmen mit Doppelverglasung. Aber erst seit den 1990er Jahren gibt es Entwicklungen im Fensterbau, die eine wirkliche Entwicklung zu deutlich besseren energetischen Werten bedeuten und beispielsweise die Voraussetzung für den Bau von Passivhäusern bieten. Sowohl bei den Verglasungen wie auch bei den Rahmen gab es wichtige Innovationen.

Bei den Gläsern sind zwei ganz wesentliche Entwicklungen erfolgt. Den Schritt von der Einfach- zur **Doppelverglasung** sind schon die alten Römer gegangen, die offensichtlich vor allem an Badehäusern im nordeuropäischen Raum Doppelverglasungen anbrachten, um ein Beschlagen der Scheiben zu verhindern, wie dies beispielsweise bei alten Holzrahmenfunden in Xanten am Niederrhein noch zu sehen ist. In der Neuzeit wurden Doppelverglasungen in Westdeutschland erst seit den 1970er Jahren flächendeckend eingesetzt. Aber

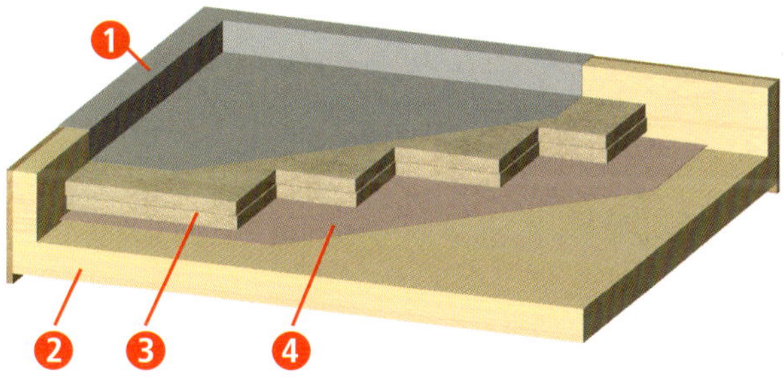


*Schematischer Aufbau einer Außendämmung für ein Flachdach mit Holzfaserdämmplatten (hier noch ohne Kiesabdeckung):*
*1 Schweißbahn*
*2 Betondecke*
*3 Holzfaserdämmplatten*
*4 Dampfbremse*

erst die Isolierglasscheiben aus den 1980er und vor allem 1990er Jahren brachten wirklich deutliche Fortschritte. Bei Isolierglasscheiben wird auf die Glasscheibe eine nicht sichtbar dünne Edelmetallschicht aufgedampft. Diese lässt die relativ kurzwelligen Lichtstrahlen des Sonnenlichts zwar durch die Scheiben in den Raum gelangen, die langwelligeren Wärmestrahlen aus dem Innenraum reflektiert sie jedoch in den Raum zurück. Zusätzlich wird der Zwischenraum zwischen den beiden Scheiben mit einem Edelgas gefüllt, meist Argon, Krypton oder Xenon. Diese Gasfüllung wirkt als Dämmung deutlich besser als eine reine Luftfüllung wie bei einfachen Doppelglasscheiben. Neben Zweischeiben-Isolierglasfenstern gibt es inzwischen auch Dreischeiben-Isolierverglasungen, die eine nochmals deutlich bessere Isolierung aufweisen. Sie werden bei energetisch anspruchsvollen Bauprojekten wie zum Beispiel Passivhäusern eingesetzt.

*Hochisolierendes Fenster mit Dreifachverglasung*

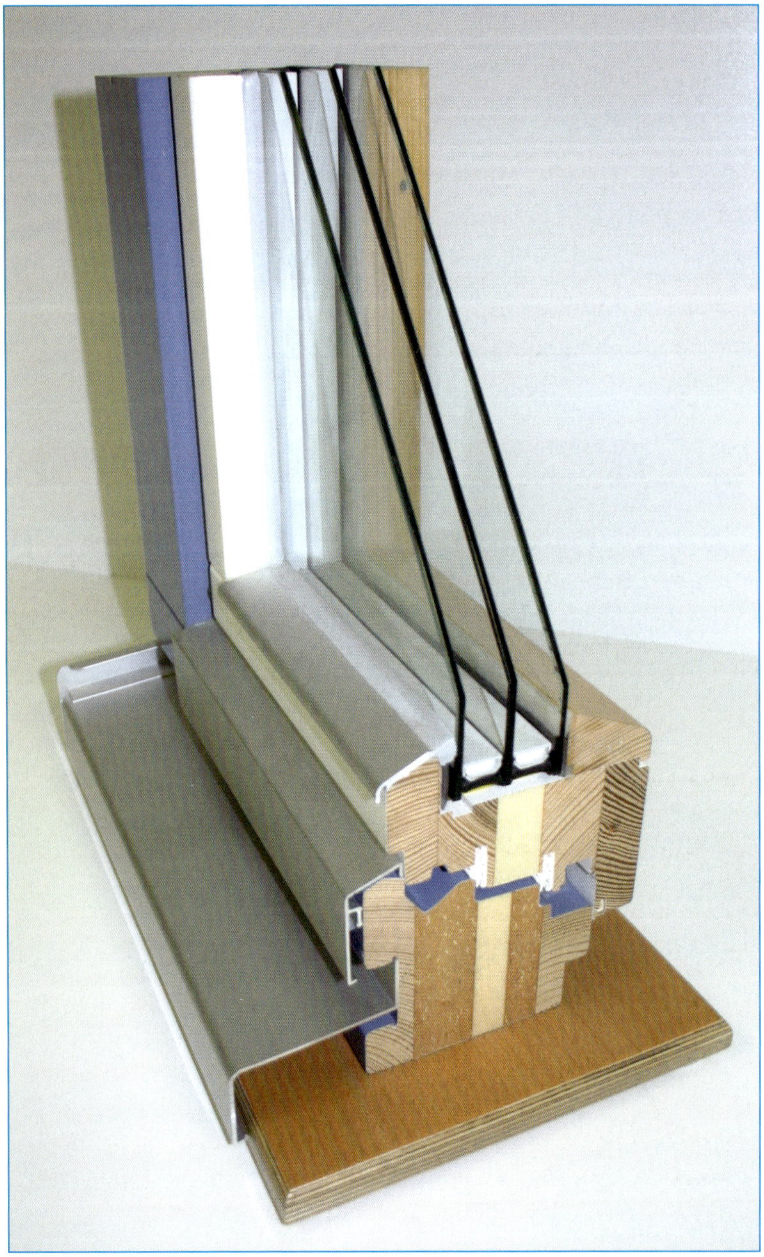

■ **Der Wärmedurchgangskoeffizient, der U-Wert, gibt wie schon bei den Außenwänden auch bei den Scheiben den Wärmedurchgang an, auch hier in Watt pro Quadratmeter und Kelvin. Je kleiner der U-Wert, desto besser ist die Wärmedämmung. Zweischeiben-Isolierverglasungen erreichen Werte zwischen 1,0 und 1,6 W/(m²·K), Dreischeiben-Isolierglasfenster erreichen Werte von 0,5 W/(m²·K).** ■

Neben dem einfachen U-Wert wird bei Fenstern häufig auch der g-Wert angegeben, der den Gesamtenergietransmissionsgrad der Sonneneinstrahlung beschreibt. Er gibt an, welcher Anteil der gesamten Sonneneinstrahlung durch die Scheiben in einen Raum gelangen kann. Normalerweise ist er umso kleiner, je höher die Anzahl der hintereinandersitzenden Scheiben ist. Die Werte gehen hier von etwa 0,85 für Einfachverglasungen bis hin zu 0,60 für Zweischeiben-Isolierverglasungen. Im Gegensatz zum U-Wert ist also der höhere Wert in unseren Breiten der günstigere. Zu hohe Werte können allerdings auch wieder ungünstig sein, wenn es dadurch innen unerträglich warm wird, was bei großen Glasflächen auf der

Südseite eine Rolle spielt. Daher wird bei zu hohen g-Werten auch eine Reduzierung der Sonneneinstrahlung durch Schutzvorkehrungen erwogen. Sommerlicher Wärmeschutz musste erstmals durch die Wärmeschutzverordnung von 1995 berücksichtigt werden. Betroffen waren hiervon Gebäude, deren Fensterflächenanteil an der Außenfassade größer oder gleich 50 Prozent war. In diesem Falle durften bestimmte g-Werte bei der Verglasung nicht überschritten werden. Heute regelt die Energieeinsparverordnung, dass bestimmte DIN-Werte (DIN 4108-2:2003-07 Abschnitt 8) einzuhalten sind. Das gilt allerdings nur für Neubauten.

Im Falle von Modernisierungen schreibt die Energieeinsparverordnung nur maximal zulässige U-Wert-Grenzen vor, die in der Tabelle auf Seite 182 gezeigt werden. Diese gelten dann, wenn mehr als 20 Prozent eines Bauteils gleicher Orientierung (gemäß Definition der Energieeinsparverordnung von Südost bis Südwest und von Nordost bis Nordwest) ausgetauscht werden. Einfaches Rechenbeispiel: Hat man auf der Südseite seines Hauses 20 Quadratmeter Fensterfläche und will nun hiervon 4 Quadratmeter austauschen, muss man keine bestimmten U-Werte einhalten. Will man hingegen 4,1 Quadratmeter und mehr tauschen, muss man die von der Energieeinsparverordnung für nachzurüstende Bauteile bestimmten U-Werte einhalten. Diese Regelung ist insofern sinnvoll, als es ja sein kann, dass Sie nur ein altes kleines Fenster austauschen wollen und keine wirkliche Modernisierung planen.

Die Energieeinsparverordnung gibt in Paragraf 9 Absatz 4 und Anlage 3, Tabelle 1 für Fenster, die im Zuge von Modernisierungen eingebaut werden, einen einzuhaltenden maximalen U-Wert von 1,7 an (→ auch Seite 182).

■ Neben dem U-Wert und dem g-Wert für Fenster gibt es noch den a-Wert, der die Luftdurchlässigkeit beschreibt. Exakt beschreibt er den Luftaustausch aufgrund von Fugendurchlässigkeiten. Der Fugendurchlasskoeffizient a gibt an, wie viel Kubikmeter Luft bei einem Druckunterschied von 10 Pascal zwischen innen und außen durch eine Fensterfuge von einem Meter Länge im Zeitraum von einer Stunde getauscht werden. Je kleiner der Wert ist, desto besser ist er. ■

**→ Fugendurchlasskoeffizient a-Wert**

**a-Wert** = $m^3/(h \cdot m)$
mit $m^3$ = Luftvolumen
**h** = 1 Stunde
**m** = Länge der Fensterfuge in Metern

bei Druckunterschied von 10 Pascal zwischen innen und außen

Die Fugendurchlässigkeit von Fenstern ist ebenso wie die Schlagregendichtigkeit nach DIN 18055 in Beanspruchungsgruppen von A bis D unterteilt, wobei A die geringste Beanspruchungsgruppe ist und D die höchste. Für Einfamilien- oder Zweifamilienhäuser in geschützter Lage wird meist die Gruppe A gewählt. Die DIN 18055 ist zwar inzwischen durch die drei Europa-Normen DIN EN 12207, DIN EN 12208 und DIN 12210 mit ganz neuen Klassen und Leistungsstufen abgelöst worden; im nationalen Vorwort gibt es aber eine Umschlüsselungstabelle, so dass die Beanspruchungsgruppen der alten DIN 18055 noch eine ganze Weile als Vergleichswerte dienen können.

Eine hohe Fugendichtigkeit kann allerdings auch Folgeprobleme bereiten, gerade bei Modernisierungen. Werden beispielsweise in einem alten Gebäude mit Gaseinzelöfen, welches ursprünglich Fenster mit undichten Fugen hatte, absolut dichte Fenster eingebaut, muss natürlich der Frischluftnachzug für die Gasöfen berücksichtigt werden. Es kann sonst zu gefährlichen Situationen für die Bewohner kommen, wenn der Raumluft zuviel Sauerstoff entzogen wird, ohne dass Frischluft nachströmen kann. Die Luftzufuhr für den Brenner soll aber nicht durch bewusst undichte Fensterfugen erfolgen, sondern durch eine geregelte Lüftungsanlage.

**Tipp:** Auch ohne gesetzlichen Zwang sollte man heute so energiesparend wie möglich umbauen.

**Tipp:**
Nicht nur alte Fenster gegen neue austauschen, sondern möglichst zusammen mit einer besseren Dämmung der Außenwände und einer optimierten Lüftung.

Sind die Fenster selbst und die Abdichtungen zur Wand energetisch optimal, muss man auch sein **Lüftungsverhalten** anpassen und am besten mehrmals täglich kräftig stoßlüften, um sauerstoffreiche Frischluft reinzulassen und auch, um die erhöhte Luftfeuchtigkeit von innen nach draußen zu transportieren.

Ein weiterer wichtiger Punkt, der beim Thema Fugendichtigkeit bzw. Fensterdämmwerte bei der Nachrüstung von Altbauten zu beachten ist, ist das Problem der **Schimmelbildung**. In den späten 1970er und frühen 1980er Jahren, als flächendeckend und in großem Stil Fensternachrüstungen vorgenommen wurden, um die einfachen Einscheibenverglasungen auszutauschen, kam es in der Folge häufig zu Schimmelbildung an den Innenflächen der Außenwände. Dies lag daran, dass früher das Fenster mit der Einscheibenverglasung fast immer das kälteste Bauteil in der Außenwand war. Unmittelbar vor der Fensterscheibe kühlte die Innenraumluft am stärksten ab. Kühlere Luft kann weniger Feuchte aufnehmen als warme Luft. Ist der Taupunkt erreicht, tritt ein Teil der dampfförmig gebundenen Luftfeuchte in den flüssigen Zustand über, kondensiert also. Das so gebildete Tauwasser schlug sich dann auf der Fensterscheibe nieder und signalisierte, daß es Zeit zum Lüften war. Ersetzte man alte Fenster gegen neue, dämmte gleichzeitig aber nicht die alten Außenwände, war das Fenster mitunter nicht mehr das kälteste Bauteil in der Außenwand, sondern häufig die ungedämmte Außenwand selbst. Folge: Die Innenraumluft kühlte vor der Wand am stärksten ab, der Taupunkt wurde unterschritten und das Tauwasser schlug sich an den Innenflächen der Außenwände nieder, was dann dem Schimmel einen guten Nährboden bereitete.

Daher ist eine wichtige Überlegung, möglichst nie nur alte Fenster gegen neue zu tauschen, sondern dies möglichst immer in Abstimmung mit einer Dämmung der Außenwände und einer Regulierung der Lüftung zu tun.

Genauso sollten Fenster möglichst immer komplett getauscht werden. Bei Modernisierungen wurden früher häufiger, heute seltener, neue Fenster auf alte Rahmen gesetzt. Wenn man sich zu einem Fensterwechsel entschließt, ist es aber sinnvoll, die alten Fenster samt Rahmen komplett zu entsorgen oder aber – wenn die alten Fenster sehr wertvoll sind – vor diese nach dem Prinzip eines Kastenfensters ein neues Außenfenster zu setzen. Nutzt man die alten Rahmen des Fensters und setzt auf diese zusätzlich neue Rahmen, kann es in der Folge zahlreiche Probleme geben: von der Wärmeisolierung über die Fugendichtigkeit bis zum Schallschutz. Besonders problematisch wird es dann, wenn unterschiedliche Materialien aufeinandergesetzt werden, beispielsweise ein neuer Kunststoff- auf einen alten Holzrahmen. Die Materialien reagieren unterschiedlich auf Umwelteinflüsse und können sich beispielsweise bei Erwärmung unterschiedlich dehnen, was wiederum zu Rissen oder Abrissen von Verfugungen führen kann.

Bei der Fensterrahmenwahl kann man in aller Regel zwischen Metall, Kunststoff und Holz entscheiden sowie zwischen Mischvarianten, zum Beispiel außen Metall und innen Holz.

**Holzfenstern** wird ein großer Pflegeaufwand nachgesagt. Man kann dies aber nicht pauschal sagen, denn der Pflegeaufwand hängt natürlich stark von verschiedenen Faktoren ab, zunächst einmal von der verwendeten Holzart, ob robustes Hartholz oder Weichholz. Ferner hängt er von der Lage des Fensters am Haus ab. Ist es auf der wetterzugewandten oder der -abgewandten Seite montiert, oder liegt das Haus generell geschützt. Und schließlich ist auch sehr wichtig, ob das Fenster an exponierter Lage ohne einen weiteren Schutz, zum Beispiel einen ausreichenden Dachüberstand montiert ist. Gut geschützte Hartholzfenster können mit geringem Pflegeaufwand außerordentlich lange halten. Dies wird bei Altbauten mit gutem Wetterschutz deutlich, wo die Fenster teilweise weit über hundert Jahre alt sind. Auch die heute erzielten Rahmendämmwirkungen sind sehr gut. Von der ökologischen Seite sind Holzfenster Kunststofffenstern in diesem Fall vorzuziehen. Mindestens sollte man sich einen Kostenvergleich beider Fensterarten in etwa ähnlicher Ausführung vorlegen lassen.

Standard für den Fenstereinbau selbst ist die definierte RAL-Fenstermontage, die eine Mindestqualität sichert.

Viele Planer, aber auch viele Fensterbauer arbeiten bei Ausschreibungen bzw. Angeboten nach den Richtlinien des Instituts für Fenstertechnik in Rosenheim (www.ift-rosenheim.de), was sinnvoll ist, da die Richtlinien detaillierte Qualitätsmerkmale vorgeben und so insgesamt eine Qualitätssicherung bringen.

Eine andere Form der Qualitätssicherung, die die gesamte Gebäudehülle betrifft, ist der **Blower-Door-Test**, mit dem man die Luftdichtigkeit der Gebäudehülle nach der Modernisierung überprüfen sollte. In eine Eingangstür wird eine Folientür mit einem integrierten Ventilator gesetzt (Blower-Door), die im Haus Über- oder Unterdruck erzeugt. Alle Fenster und Türen sind während der Messung geschlossen. Entweicht dennoch Luft aus dem Haus oder wird in dieses nachgezogen, kann das Ausmaß von Undichtigkeiten hiermit bestimmt werden. Bei Neubauten gilt eine Luftwechselrate des 1,5-fachen des Gebäudevolumens pro Stunde als oberer Grenzwert der Gebäudedichtigkeit.

Und zu guter Letzt sollte man sich vor einer größeren Fenster- und Türenrenovierung auch zum Thema „Einbruch" ein paar Gedanken machen. Einbrüche erfolgen in den meisten Fällen nicht durch das Zerschlagen der Glasscheibe, sondern durch Aufhebeln der Fenster- oder Türelemente. Meist wird nach einem Einbruch die Polizei eingeschaltet, so dass diese über ein umfangreiches Erfahrungswissen bezüglich der genutzten Einbruchwege und -mittel verfügt. Dieses Wissen setzt sie ein, um beim präventiven **Einbruchschutz** zu beraten. Der Einbruchschutz wird nach der DIN V ENV 1627 im Wesentlichen durch Widerstandsklassen definiert. Die DIN-Norm kennt 6 solcher Widerstandsklassen (WK 1 bis WK 6). Eine Haus- oder Balkontür im privaten Bereich sollte mindestens WK 2 nach DIN aufweisen. WK 2 und WK 3 sind bei Privathäusern ausreichend. Durch Beachtung der Widerstandsklasse ist gewährleistet, dass die einzelnen Bauteile wie Rahmen, Türblatt oder Verglasung, Zarge, Schloss und Beschlag aufeinander abgestimmt und geprüft sind.

Genauere Informationen bekommen Sie bei einer Internetplattform rund um das Thema Einbruchschutz und den bundesweit vorhandenen Beratungsstellen. Zu finden ist das Onlineangebot mit allen Adressen der regionalen Beratungsstellen unter www.einbruchschutz-polizei-beratung. de.

*Blower-Door beim Test auf Dichtigkeit der Gebäudehülle*

# Erneuerung der Gebäudetechnik

*Bei der Gebäudetechnik hat man es in aller Regel mit der Heizungsanlage, der Trinkwassererwärmung und der Stromversorgung zu tun. Hinzu kommt nach Modernisierungen immer häufiger noch die Lüftungstechnik. Alle vier Bereiche und die Nachrüstungsvarianten werden hier vorgestellt, wobei ein Schwerpunkt auf den innovativen und ökologischen Lösungen liegt, denn bei der Gebäudetechnik sind die erneuerbaren Energien auf dem Vormarsch.*

# Die Stromversorgung

Die Stromversorgung eines Hauses erfolgt seit Jahrzehnten meist über einen externen Anbieter, der den Strom ins Haus liefert. Man produziert also seinen Strom nicht selbst, sondern kauft diesen ein und verteilt ihn im Haushalt. Dadurch hatte man bislang auch keinen Einfluss auf die Art, wie der Strom produziert wurde. Das hat sich zwischenzeitlich geändert. Es gibt zwei Möglichkeiten, wenn es um die Erneuerung der Stromversorgung geht. Erstens kann man natürlich zunächst einmal ganz einfach den Stromanbieter wechseln. Zweitens kann man mit Hilfe von Photovoltaik selbst zum Stromproduzenten werden.

## Elektrischer Strom aus erneuerbaren Energiequellen

Der Wechsel des Stromanbieters ist inzwischen sehr einfach geworden. Meist genügt ein schriftlicher Antrag, der ausgefüllt an den neuen Anbieter gesandt wird. Ein Stromausfall, beispielsweise wegen einer Insolvenz des neuen Anbieters, ist nicht zu befürchten. Die Stromversorgung wird in einem solchen Fall automatisch von einem anderen regionalen Anbieter übernommen und ist sichergestellt. Ferner taucht häufig die Frage auf, welchen Sinn es denn haben soll, zu einem Anbieter von Strom aus erneuerbaren Energien zu wechseln. Dessen Strom wird ja nicht fein säuberlich getrennt vom Kohle- und Atomstrom durch die Leitung zum Endverbraucher geleitet, der einen Anbieterwechsel beantragt hat. Das Verfahren läuft vielmehr so, dass der neue Anbieter seinen Strom von einem Lieferanten beziehen muss, der Strom aus erneuerbaren Energiequellen wie Wasserkraft, Windkraft, Biomasse und Sonnenstrahlung gewinnt. Dieser Strom wird dann ins Netz eingespeist, genauso wie der Strom aus Kohle- und Atomkraftwerken. Steigt aber nun der Kundenkreis derer, die Strom aus erneuerbaren Energiequellen beziehen, wachsen auch die Anbieter von „sauberem" Strom, und ihre Bedeutung am Strommarkt wird gewichtiger. Dagegen verlieren die Anbieter von Strom aus nicht erneuerbaren Energiequellen erst Kunden und dann Marktmacht. Auf diese Weise können Verbraucher durchaus einen wesentlichen Einfluss auf den Energiemarkt nehmen.

Ins Gerede gekommen ist das **RECS-Zertifikat** für ökologischen Strom. Dieses „Renewable Energy Certificate System" (→ www.recs-deutschland.de) garantiert angeblich die Lieferung von Strom aus erneuerbaren Energiequellen. Nach dem Verbraucherzentrale Bundesverband ist das aber mitnichten so, da im Rahmen dieses Zertifikats „grauer" Strom aus Atomkraft und Kohlekraftwerken gegen „grünen" Strom in großem Stil quer durch Europa gehandelt werden kann. Das heißt, ein Produzent von Atomstrom aus Deutschland „tauscht" seinen Atomstrom beispielsweise gegen Strom aus Wasserkraft in Norwegen, der dort im Überfluss produziert wird. Der norwegische Tauschpartner kann seinen Strom dann nicht mehr als „grünen" Strom deklarieren, dafür kann der deutsche Anbieter seinen Strom als „grünen" Strom anbieten, obwohl dies faktisch nicht der Fall ist. Die Verbraucherzentralen sprechen von einer Irreführung des Verbrauchers.

Entsprechend lehnen die Pioniere der Stromproduktion aus erneuerbaren Energiequellen, wie beispielsweise die Elektrizitätswerke in Schönau im Schwarzwald die Verwendung der RECS-Zertifizierung ab.

Akzeptiert man den zweifelhaften Handel im Rahmen des RECS-Zertifikats selbst auch nicht, sollte man beim eigenen Energieversorger anfragen, ob die RECS-Zertifizierung verwendet wird oder nicht. Wird sie verwendet, ist eine begründete Skepsis angebracht, ob es sich bei dem gelieferten Strom tatsächlich um Strom aus erneuerbaren Energiequellen handelt.

### Die Stromrebellen aus dem Schwarzwald…

Nach dem Reaktorunglück von Tschernobyl 1986 gründeten Einwohner der Schwarzwaldgemeinde Schönau im Wiesental die Bürgerinitiative „Eltern für atomfreie Zukunft". Die Initiative suchte nach einem Weg, um die Gemeinde mit Strom zu versorgen, der aus erneuerbaren Energiequellen gewonnen wurde. Das zentrale Problem war allerdings nicht nur die fehlende Bezugsmöglichkeit solchen Stroms, sondern auch die Tatsache, dass das Stromnetz selbst einem großen Energieversorger gehörte. So kam es in den 1990er Jahren zu zwei Bürgerentscheiden, in denen die Bürger der Gemeinde darüber abstimmten, ob eine eigene Stromversorgung aufgebaut und das lokale Stromnetz gekauft werden soll. Beide Bürgerentscheide gingen zugunsten der Initiative aus. Die Elektrizitätswerke Schönau – EWS Schönau – wurden gegründet und das lokale Stromnetz gekauft. So entstand der bundesweit erste bürgereigene Netzbetreiber. Diese Pionierleistung und der Bürgermut wurden seitdem vielfach ausgezeichnet. Heute kann jeder Bundesbürger von diesen Elektrizitätswerken Strom beziehen.

## Photovoltaikanlagen

Neben dem Wechsel des Stromanbieters kann man natürlich auch dazu übergehen, eigenen Strom zu produzieren. Dazu kann man zum Beispiel eine Photovoltaikanlage auf dem Dach installieren lassen und den so produzierten Strom an Stromversorger verkaufen. Hierbei hilft der Gesetzgeber, und zwar sehr pragmatisch: Die Stromversorger sind zur Abnahme der so erzeugten Kilowattstunden zu einem festgelegten Preis verpflichtet, was das Erneuerbare-Energien-Gesetz (EEG) vorschreibt. Durch die sichergestellte Abnahme des Stroms amortisieren sich die Investitionen in Photovoltaikanlagen schneller. Natürlich könnte man auch eine Photovoltaikanlage auf dem eigenen Dach installieren lassen und den Strom ausschließlich selbst nutzen. In diesem Fall spricht man von einer „Insellösung". In der Regel ist es aber lukrativer, den selbst produzierten Strom zum hohen Garantiepreis zu verkaufen und den Strom für den Eigenbedarf zum günstigeren Preis wieder einzukaufen.

Wie aber funktionieren Photovoltaikanlagen, welche Anlagengröße benötigt man und was kostet das dann?

Bei den Solarzellen unterscheidet man zwischen kristallinen und amorphen Solarzellen.

**Amorphe Solarzellen** sind auch als Dünnschicht-Solarzellen bekannt. Diese werden für Spezialanwendungen benötigt, zum Beispiel für flexible Untergründe und biegeweiche Elemente, sie spielen bei privaten Wohngebäuden keine große Rolle.

Hier sind es überwiegend die **kristallinen Solarzellen**, die Verwendung finden. Bei den kristallinen Solarzellen unterscheidet man nochmals zwischen mono- und multikristallinen Solarzellen, was im etwas unterschiedlichen

Elektrizitätswerke Schönau Vertriebs GmbH
Tel. 0 76 73–8 88 50
E-Mail: info@ews-schoenau.de
www.ews-schoenau.de

Weitere „grüne" Stromanbieter gibt es bei:
www.ecotopten.de/prod_strom_prod.php

**Photovoltaik**

Die direkte Umwandlung von Licht in elektrische Energie in einem Festkörper wird als photovoltaischer Effekt bezeichnet.

**Einspeisevergütung**

Wer Solarstrom ins öffentliche deutsche Stromnetz einspeist, hat Anspruch auf die Vergütung nach dem Erneuerbare-Energien-Gesetz . Für die Abrechnung ist ein separater Stromzähler erforderlich.

*Bei Privathäusern noch exotisch, aber optimal im Sinne der Energieausbeute: die nach dem Sonnenstand nachführbare Photovoltaikanlage, hier am Pilotprojekt „Heliotrop" in Freiburg*

Herstellungsprozess begründet liegt. Monokristalline Solarzellen erreichen höhere Wirkungsgrade als multikristalline.

Kristalline Solarzellen sind aus zwei Siliziumschichten aufgebaut. Beide Schichten werden unterschiedlich „dotiert", das heißt, eine Siliziumschicht wird zum Beispiel mit Bor-Atomen legiert, die andere Schicht mit Phosphor-Atomen. Bei Bestrahlung mit Licht von einer Seite bauen sich dann unterschiedliche Potentialfelder auf, ähnlich dem Minus- und Pluspol bei einer Batterie. Auf diese Weise wird Strom produziert, allerdings nur 12 oder 24 Volt Gleichstrom, während man im Haushalt beziehungsweise im Netz ja 240 Volt Wechselspannung benötigt.

Daher muss der von Solarzellen erzeugte Strom über einen Wechselrichter, auch als Inverter bezeichnet, in 240 Volt Wechselspannung umgewandelt werden.

Aus einzelnen Solarzellen fertigt man dann größere Solarmodule, die häufig durch einen Rahmen gefasst sind, der auch der Befestigung am Aufstellort dient. **Die Montage** kann sehr unterschiedlich erfolgen: freistehend, auf dem Dach oder auch an Fassaden. Der wesentliche Unterschied besteht darin, ob es sich um eine feste oder bewegliche Montage handelt. Bewegliche Montagen erlauben das Nachführen von Photovoltaikanlagen nach dem Sonnenverlauf. Nachgeführte Photovoltaikanlagen haben eine deutlich höhere Energieausbeute als fest montierte, die nach Möglichkeit eine Südwest- bis Südostausrichtung aufweisen und in einem Neigungswinkel von 35 bis 45° montiert werden. Erst dann können sie in der Regel ihre maximale Leistung entfalten. Der Neigungswinkel wird aber meist durch die Dachneigung vorgegeben.

Die Leistung von Solarzellen wird nach einem international festgelegten Standard bestimmt. Man misst dabei den **Maximum Power Point (MPP)**, an dem die Solarzellen die maximale Leistung abgeben. Es wäre also erstrebenswert, die Solarzelle immer in diesem Punkt oder sehr nahe an diesem Punkt zu betreiben. Per Definition ist die Nennleistung von Solarzellen oder Solarmodulen die MPP-Leistung bei einer Bestrahlungstärke von 1000 W/m² mit einer definierten spektralen Zusammensetzung des Lichtes (AM-1,5-Bedingungen) und einer Zellentemperatur von 25 °C. Diese Leistung aber auch im praktischen Betrieb zu erzielen, gestaltet sich äußerst schwierig, da wegen des schlechten Wirkungsgrads von Solarzellen Zellentemperaturen von über 70 °C nicht ungewöhnlich sind. Will man Solarzellen nahe am MPP betreiben, benötigt man einen Impedanzwandler, der die Netzeinspeisung von den Solarzellen trennt und immer den optimalen Arbeitspunkt der Solarzellen einstellt.

Die **Nennleistung von Solarzellen** wird in $Watt_{peak}$ (Wp) angegeben und ist eine der entscheidenden Kennzahlen. Solarmodule mit kristallinen Solarzellen erreichen Leistungen von bis zu 140 $Watt_{peak}$. Allerdings sind dies unter Laborbedingungen ermittelte Werte, die unter Praxisbedingungen schnell geringer ausfallen können.

Die Leistungsangabe findet man üblicherweise bei den Produktangaben bzw. in den Datenblättern. Anhand dieser Kenngröße lassen sich Photovoltaikmodule hinsichtlich ihres Preises und ihrer Leistung vergleichen.

Häufig ist auch **der Wirkungsgrad** (in Prozent) angegeben, der beschreibt, welcher Anteil der auftreffenden Sonnenstrahlung in Strom umgewandelt werden kann. Sehr gute Wirkungsgrade liegen momentan bei etwa 15 bis 16 Prozent. Gerade, wenn nur kleine Flächen mit Photovoltaikinstallationen versehen werden können, spielt ein guter Wirkungsgrad natürlich eine wichtige Rolle für die Anlageneffizienz. Bei den Angaben handelt es sich aber trotz allem um theoretische Angaben, die in der Praxis einer installierten Anlage meist niedriger ausfallen.

Beim Einsatz von netzgekoppelten Photovoltaikanlagen geht es bei den Überlegungen zur **Dimensionierung** nicht darum, wie viel Strom man selbst benötigt, sondern darum, wie viel Strom man erzeugen und verkaufen kann. Dem sind theoretisch keine Grenzen gesetzt, weshalb in der Folge des Erneuerbare-Energien-Gesetzes große Photovoltaik-Kraftwerke entstanden sind, deren wirtschaftlicher Betrieb genau auf dieser Vergütung aufbaut. Beim eigenen Haus ist die Fläche zur Installation einer Anlage allerdings meist begrenzt durch die zur Verfügung stehende Dach- oder Freifläche. Damit sich eine Photovoltaikanlage lohnt, sollte sie mindestens 15 Quadratmeter groß sein. Bei einer elektrischen Leistung von 120–140 Watt pro Quadratmeter ergäbe dies eine Gesamtleistung von 1800–2100 Watt beziehungsweise 1,8–2,1 Kilowatt.

Zur Erzeugung von 1 Watt elektrischer Leistung aus einer installierten Photovoltaikanlage sind **Investitionskosten** von 5,50–6,50 Euro notwendig. Für eine 2-Kilowatt-Anlage wären dies 11000–13000 Euro. Inwiefern sich die Investition in einem akzeptablen Zeitraum amortisiert oder nicht, wird im Kapitel „Kosten, Amortisation und Fördermittel" ab Seite 118 näher erläutert.

Bei der Installation von Photovoltaikanlagen ist besonders darauf zu achten, dass sie wirklich optimal mit dem Wechselrichter zur Netzeinspeisung abgestimmt sind. Dieser Wechselrichter wandelt den Gleichstrom aus der Photovoltaikanlage in Wechselstrom zur Einspeisung ins Netz. Die insgesamt anfallende Spannung aus der Photovoltaikanlage darf nicht höher liegen als das Maximum der Eingangsspannung des Wechselrichters, über den die Einspeisung ins Netz läuft, sonst wird es ineffizient. Umgekehrt sollte der Wechselrichter aber auch mit geringen Spannungen aus der Photovoltaikanlage umgehen können, damit die Netzeinspeisung auch bei niedrigen Span-

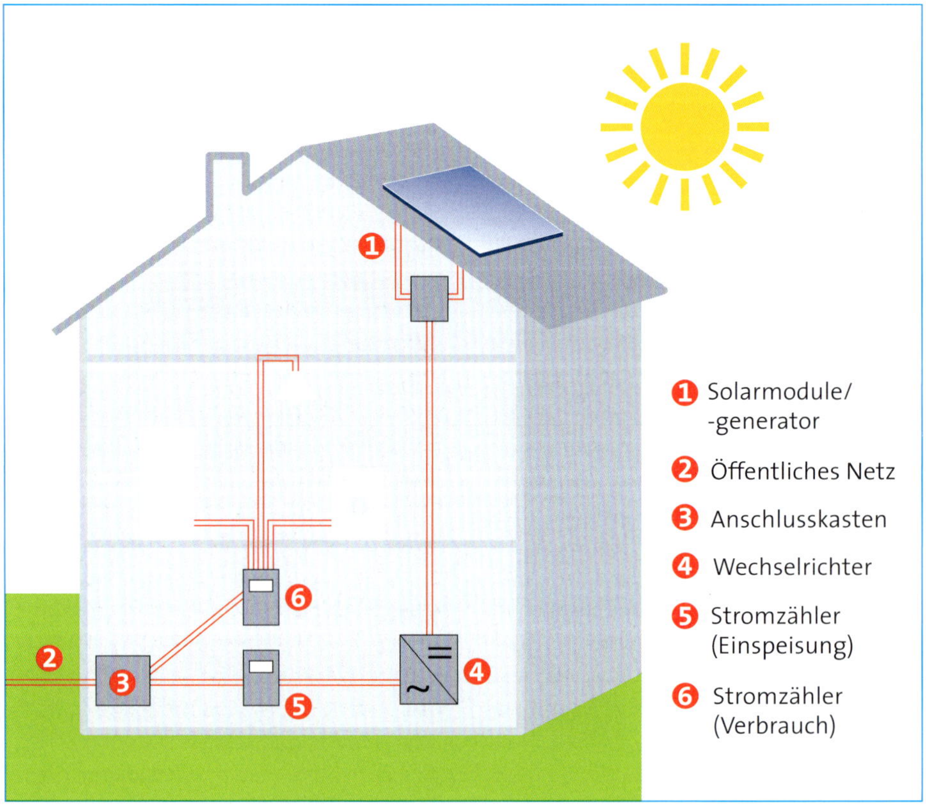


*Verschaltungsschema für den Betrieb einer Photovoltaikanlage, über die Strom ins öffentliche Netz eingespeist werden kann.*

nungswerten gegeben ist. Die Stiftung Warentest hat im Mai 2006 solche Wechselrichter getestet, so dass man sich sehr gut einen ersten Marktüberblick verschaffen kann.

Auch beim Vergleich von Photovoltaikmodulen unterschiedlicher Anbieter muss man nicht bei Null anfangen, sondern kann gut auf die Testergebnisse der Stiftung Warentest zurückgreifen. Diese hat bereits mehrfach Solarmodule verschiedener Hersteller getestet. Die Ergebnisse können sehr hilfreich sein bei der Entscheidungsfindung. Mehr hierzu im Internet unter www.test.de

# Die Heizungs- und Warmwassertechnik

Ein Großteil der Heizungsanlagen deutscher Gebäude ist vollkommen veraltet. Würde man das durchschnittliche Baujahr der Heizungsanlagen in deutschen Kellern gedanklich auf den motorisierten Individualverkehr übertragen, hieße dies, dass unsere Straßen und Städte nach wie vor voll wären mit Fahrzeugen aus den 1960er und 1970er Jahren. Und die „Trabbis" aus der ehemaligen DDR würden natürlich auch alle noch fahren. Niemand würde diese Situation wahrscheinlich akzeptieren, in unseren Heizungskellern nehmen wir sie hin. Und so, wie die alten Fahrzeuge die Luft belasten würden, verpesten unsere veralteten Heizungsanlagen die Luft.

Nun kann man eine alte Öl- oder Gasheizungsanlage natürlich einfach gegen eine moderne Öl- oder Gasbrennwertanlage mit Abwärmenutzung austauschen. Letztlich aber geht es bei zukunftsweisenden Lösungen natürlich darum, von fossilen Energieträgern wegzukommen, hin zum Einsatz erneuerbarer Energiequellen. Und hier sind die Heizungsanlagenbauer in Deutschland durchaus innovativ. Viele Hersteller bieten eine breite Palette von Lösungen an und sind nicht festgelegt auf einen bestimmten Energieträger. Und auch neue, junge Firmen suchen über Innovationen ihre Chance am Markt.

## Öl- und Gasbrenner mit Heizkessel

Heizkessel bestehen aus Gusseisen oder aus Stahl oder auch aus Verbundwerkstoffen beider Materialien. Im Feuerraum des Heizkessels wird die vom Brenner erzeugte Wärme auf das Heizmedium, in der Regel Heizungswasser, übertragen. Die möglichst gute Wärmedämmung des Heizkessels soll verhindern, dass die Wärme an die Umgebung verloren geht, und nur gezielt an das Heizwasser abgegeben wird. Niedertemperaturkessel arbeiten mit Heizmitteltemperaturen zwischen 35 und 75 °C.

Bei klassischen Ölbrennern wird Heizöl zu einem Öl-Luft-Gemisch zerstäubt und elektrisch gezündet. Das Öl-Luft-Gemisch verbrennt mit gelber Flamme. Bei sogenannten Blaubrennern wird das zerstäubte Öl noch verdampft, bevor es gezündet wird und als Öldampf-Luft-Gemisch mit blauer Flamme verbrennt. Bei den Raketenbrennern wird das Öl ebenfalls verdampft, allerdings durch Rückführung heißer Abgase in die Verbrennungsflamme zu Ölgas, das dann nach Zündung auch mit blauer Flamme verbrennt. Unabhängig davon, welches System sich im jeweiligen Heizungskeller befindet: Entscheidend für die Effizienz der Anlage ist letztlich vor allem ihr Alter.

Auch bei den Heizölen gibt es Unterschiede. Nicht alle können für alle Brenner eingesetzt werden. Das Heizöl EL, was „Extra Leicht" bedeutet, wird meist bei klassischen, älteren Ölbrennern eingesetzt. Es hat einen hohen Schwefelgehalt von bis zu 1000 Milligramm pro Kilogramm. Dem sogenannten „Premium-Heizöl" für klassische Ölbrenner werden meist Zusatzstoffe beigefügt, um die Lagerfähigkeit und die Verbrennungseigenschaften zu verbessern. Aber auch hier liegt der Schwefelgehalt bei bis zu 1000 mg/kg.

**Tipp: Es muss nicht immer teuer sein**

Alleine durch die Wärmedämmung von freiliegenden Heizungsrohren im Keller mit passenden Isolierhüllen aus dem Baumarkt kann man den Energieverbrauch bereits spürbar reduzieren.

Brennwertanlagen hingegen werden normalerweise ausschließlich mit **schwefelarmem Heizöl** betrieben, dessen Schwefelgehalt maximal 50 Milligramm pro Kilogramm betragen darf. Dieses Heizöl ist teuer als das Standard-Heizöl, aber die Abgase sind weniger umweltbelastend.

Von **Brennwertanlagen** spricht man dann, wenn auch die heiße Abluft zur Erwärmung des Heizmediums, also des Heizwassers beiträgt. Dies geschieht über Nachschaltheizflächen im Kessel, was eine deutliche Steigerung der Energieeffizienz mit sich bringt. Gleichzeitig verändert die Abgabe von Wärme aber auch die Ablufttemperatur und ihre Thermodynamik. Die Abluft von Brennwertanlangen ist kühler und feuchter als bei klassischen Brennern und steigt langsamer auf. Daher muss ein Schornstein oder ein Abgasrohr bei solchen Anlagen feuchteunempfindlich sein. Nicht jeder alte Schornstein eignet sich dafür.

*Gasbrenner als Brennwertanlage mit Nacherwärmung durch die Abgasluft*

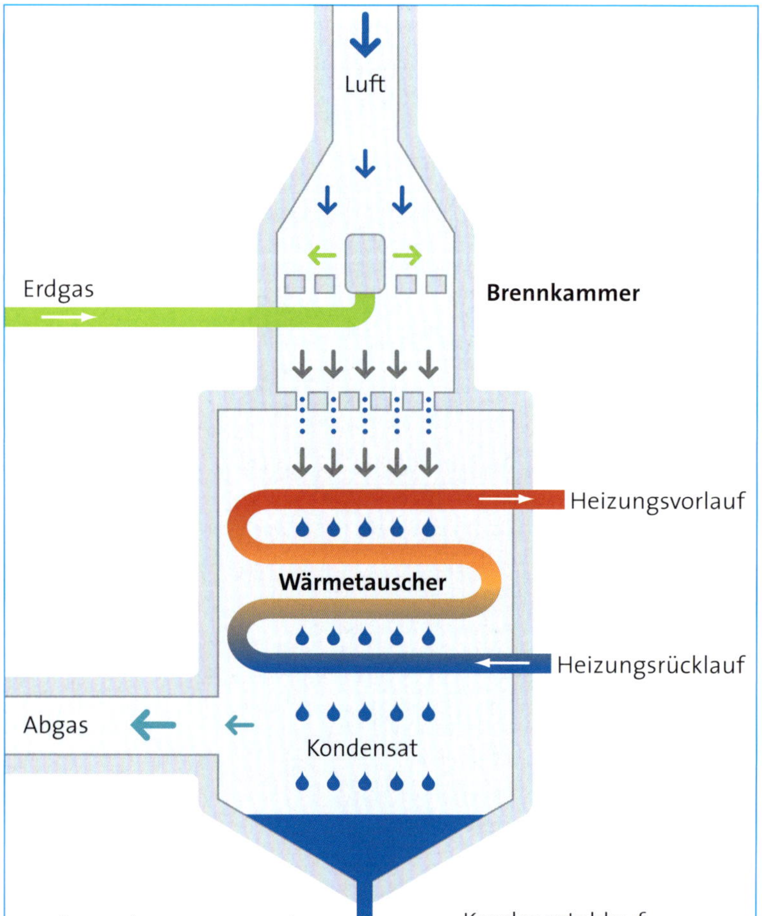


Quelle: Paradigma Energie- und Umwelttechnik GmbH

Neue Öl- und Gasbrennwertgeräte können dann sehr einfach eingesetzt werden, wenn der auszuwechselnde Heizungskessel ebenfalls bereits ein Öl- oder Gasbrenner war. Ein solcher Geräteaustausch ist meist recht unkompliziert durchzuführen. Für die Produktauswahl der Geräte kann man sich an Testergebnissen der Stiftung Warentest orientieren. Diese testet immer wieder Anlagen und veröffentlicht die Testergebnisse. Mehr hierzu im Internet unter www. test.de.

Um die Leistungsfähigkeit einer Anlage besser einschätzen zu können, sollte man auf den **Norm-Nutzungsgrad** der Anlage achten. Dieser Wert gibt an, wie viel Prozent des eingesetzten Brennstoffs wirklich in Wärme gewandelt werden können. Man geht hierbei vom Heizwert in einem klassischen Brenner ohne Nacherwärmung durch die Abgasluft aus, nicht vom Brennwert. Da sich die Angaben des Norm-Nutzungsgrads auf den Heizwert beziehen, findet man bei modernen Brennwertanlagen Wirkungsgrade von bis zu 105 Prozent. Durch diese physikalisch an sich unsinnige Größe sollte man sich nicht irritieren lassen, sie kommt nur aufgrund des Bezugswerts – des Heizwerts – zustande. Wichtig ist beim Vergleich der Anlagen untereinander ein möglichst hoher Norm-Nutzungsgrad.

Die Leistung des Heizkessels richtet sich nach dem Wärmebedarf des Gebäudes und ist nicht pauschal bestimmbar. Bleibt das Gebäude, wie es ist, und soll nur der Brenner ausgetauscht werden, muss nur der neue Brenner auf den bestehenden Heizkessel ausgelegt werden. Auf diese Weise kann man in vielen Fällen auch einen Gasbrenner dort installieren, wo zuvor ein Ölbrenner seinen Dienst tat, denn Heizkessel und Heizmedium (meist Wasser) sind von der Art der Wärmeerzeugung – durch Öl oder Gas – zunächst einmal unabhängig. Wird allerdings auch der Heizkessel ausgetauscht, gegebenenfalls auch der Warmwasserspeicher, und wird das ganze Gebäude dazu noch neu gedämmt, ist es auf alle Fälle sinnvoll, vor der Installation einer neuen Heizungsanlage durch einen Fachmann eine **Wärmebedarfsberechnung** erstellen zu lassen, um die neue Heizungsanlage optimal auf die künftigen Bedingungen abstimmen zu können und Über- oder Unterdimensionierungen der Anlage zu vermeiden.

Ist ein Kessel älter als 15 oder gar 20 Jahre, kann sich die Auswechselung relativ rasch lohnen. Ein neuer Kessel kann schnell eine Einsparung von 25 % und mehr bringen. Die dadurch eingesparten Ausgaben für Öl oder Gas bestimmen den Gegenwert, der die Investitionskosten in einen neuen Kessel in überschaubaren Zeiträumen amortisieren kann.

Will man eine Auswechslung des Heizkessels vornehmen, ist ein umfassender **Leistungs- und Kostenvergleich** nicht nur der Anlage selbst, sondern auch der anfallenden Handwerksarbeiten wichtig. Es ist dazu notwendig, dass die anbietenden Handwerker möglichst vor Ort die Situation einschätzen, damit sie ein alle Arbeiten berücksichtigendes Angebot abgeben können. Wie man geeignete Handwerker findet und die Durchführung der Arbeiten überwachen kann, wird im Kapitel „Jetzt geht´s richtig los" ab Seite 142 beschrieben.

Die einfache Auswechslung eines Kessels oder Brenners kann ein Handwerksbetrieb meist problemlos durchführen. Will man hingegen zum Beispiel den Energieträger wechseln, also etwa von Öl auf Gas umsteigen, kann eine umfangreichere Beratung notwendig werden, bevor die Maßnahme angegangen wird. So ist die erste Frage dann ja zum Beispiel, ob es in dem Gebiet, in dem das betreffende Haus steht, über haupt eine Gasversorgung gibt. Wenn dies der Fall ist, muss in einem nächsten Schritt überprüft werden, was ein Gasanschluss vom öffentlichen Netz bis zum Übergabepunkt in das Haus kosten würde und mit welchem zeitlichen Vorlauf von der Bestellung eines solchen Anschlusses bis zur Ausführung zu rechnen ist. Ferner wird man natürlich fragen müssen, ob die bestehende Heizungsanlage optimal ausgelegt ist für den Wechsel des Energieträgers, oder ob man in diesem Falle neben dem Brenner gegebenenfalls auch weitere Elemente wie den Heizkessel oder den Warmwasserspeicher wechseln sollte. Schon bei einem Wechsel des Energieträgers von Öl auf Gas kann es also sinnvoll sein, einen Haustechnikingenieur an seiner Seite zu haben, der solche Umstellungen schon mehrfach geplant hat. Ideal ist es, wenn er sich in der betreffenden Kommune oder dem betreffenden Landkreis gut auskennt und sowohl hinsichtlich geeigneter Handwerksbetriebe wie auch hinsichtlich der behördlichen Ansprechpartner beraten und begleiten kann.

Will man komplett weg von Gas und Öl, ist eine fachliche Begleitung durch einen bei regenerativen Energieträgern erfahrenen Haustechnikingenieur auf alle Fälle sinnvoll. Wenn man nicht gleichzeitig an der Gebäudehülle Eingriffe vornehmen will und daher auch keinen Architekten eingeschaltet hat, der einen Haustechnikingenieur empfehlen könnte, muss man sich selbst auf die Suche machen. Hierbei kann man vorgehen wie in „Berater und Planer" ab Seite 54 beschrieben. Wichtig ist, dass der Haustechnikingenieur die von ihm vorgeschlagenen Maßnahmen schon mindestens ein Mal umgesetzt hat und damit Erfahrungen sammeln konnte.

Vor allem aber sollte man sich vor dem Eingriff am eigenen Gebäude Referenzobjekte ansehen und mit den Besitzern sprechen können; nicht nur über ihre Erfahrungen in der Zusammenarbeit mit dem Haustechnikingenieur, sondern auch in Zusammenhang mit der neuen Heizungsanlage, sowohl, was den Heizungsbetrieb, wie auch, was die Betriebskosten angeht. Ideal sind daher Referenzobjekte, deren Umrüstung schon einige Jahre zurückliegt und in denen auch schon der ein oder andere Winter ausreichende Erfahrungen bringen konnte.

## Holzpelletheizung

Eines der beliebtesten Heizsysteme der jüngeren Zeit, die mit erneuerbaren Energien arbeiten, sind Holzpelletheizungen. Diese funktionieren eigentlich sehr ähnlich wie klassische Öl- und Gasheizungen, nur dass sie mit Holzpellets betrieben werden. Das sind kleine Holzpresslinge, die in der Nähe des Brenners gelagert und dann entweder über eine Förderschnecke oder eine Ansaugvorrichtung diesem zugeführt werden. Die Systeme arbeiten vollautomatisch, man muss nicht regelmäßig in den Keller laufen und Holz nachlegen, sondern hat einen ähnlichen Komfort wie bei Öl- und Gasheizungen. Nur von Zeit zu Zeit entnimmt man dem Brenner die Asche.

*Holzpellets, wie sie in den Pelletöffen zur Hausheizung verwendet werden.*

Auch **die Anlieferung** erfolgt ganz ähnlich wie bei Öl. Große Tankwagen mit Holzpellets fahren die Häuser an. Ein Schlauch wird dann vom Lkw am Bevorratungsbehälter der Holzpellets angeschlossen und diese werden vom Lkw in den Bevorratungsbehälter eingeblasen. Da es in der Boomphase der Holzpelletanlagen zu vereinzelten Lieferengpässen bei Pellets kam, sind manche Hersteller dazu übergegangen, eine Pellets-Liefergarantie zu geben. Unabhängig davon sollte man sich aber frühzeitig – also vor Kauf einer Anlage – nach potentiellen Pellets-Bezugsmöglichkeiten in der eigenen Region umsehen. Aufgrund des großen Bedarfs an Pellets stiegen in der ersten Boomphase auch die Preise steil an. Durch den Bau neuer Produktionsstätten und eine rückläufige Nachfrage an Pelletheizungen hat sich die Situation aber wieder entspannt. An diesem Beispiel ist jedoch zu sehen, dass die Marktgesetze auch für Pellets gelten und niemand die Preisentwicklung vorhersehen kann.

Holzpelletanlagen benötigen wegen des Speichervolumens des **Bevorratungsbehälters** deutlich mehr Platz als etwa Gasheizungsanlagen, die platzsparend untergebracht werden können. Will man also von Gas auf Holzpellets umsteigen, muss dies bedacht werden. Die Hersteller gehen von knapp einem Kubikmeter Lagerraum für ein Kilowatt Wärmeleistung aus und nähern sich auf diese Weise dem benötigten Raumvolumen. Ein Holzpelletbrenner mit einer Wärmeleistung von 15 Kilowatt bräuchte demnach ein Lagervolumen von knapp 15 Kubikmetern.

Die Bevorratungsbehälter von Holzpellets sind weit weniger aufwändig konstruiert als zum Beispiel Öltanks, da von Holzpellets keine Umweltgefahren ausgehen. Manche Bevorratungsbehälter sind sogar aus Textil gefertigt und – wie Säcke – in ein Traggestell gehängt.

Meist laufen die Behälter nach unten verjüngt zu, so das die Holzpellets automatisch auf die Förderschnecke oder in die Ansauganrichtung fallen. Förderschnecken arbeiten über eine einfache mechanische Drehbewegung und sind robust. Ansaugvorrichtungen sind schon komplexer und auch nicht ganz leise. Sie werden daher meist nur gewählt, wenn der Bevorratungsbehälter und der Brenner soweit auseinander stehen, dass diese Distanz nicht mehr durch den Einsatz einer Förderschnecke überbrückt werden kann.

Zum Vergleich der unterschiedlichen Angebote am Markt ist es auch bei Holzpelletkesseln sinnvoll, den **Norm-Nutzungsgrad** einer Anlage zu kennen. Dieser wird, wie bei Öl- und Gaskesseln, in Prozent angegeben. Der Nutzungsgrad von Holzpelletanlagen liegt allerdings unter dem von Gas- und Ölkesseln. Werte von unter 85 Prozent sind durchaus üblich, während Gas- und Ölkessel normalerweise Werte über 95 Prozent aufweisen. Wichtig ist auch bei Holzpelletkesseln der Vergleich des Wirkungsgrads der Anlagen untereinander. Die Stiftung Warentest hat in der Vergangenheit Holzpelletkessel getestet und bewertet. An einem solchen Test kann man sich vor der eigenen Kaufentscheidung orientieren. Mehr hierzu unter www.test.de.

Ein weiteres Merkmal, das man beim Anlagenvergleich beachten sollte, ist die **Leistungsgröße** des Holzpelletkessels. Hierbei kommt es natürlich vor allem darauf an, in welchem Zusammenhang man den Kessel einsetzen will. Soll er beispielsweise als Einzelofen betrieben werden oder aber als zentrale Kesselanlage für eine Zentralheizung? Man kann Pelletkessel in sehr unterschiedlichen Leistungsstufen erhalten, von unter 10 Kilowatt bis zu über 30 Kilowatt Nennwärmeleistung. Der Heizwert, den Holzpelletanlagen

**Wie die Pellets lagern und in den Kessel kommen**

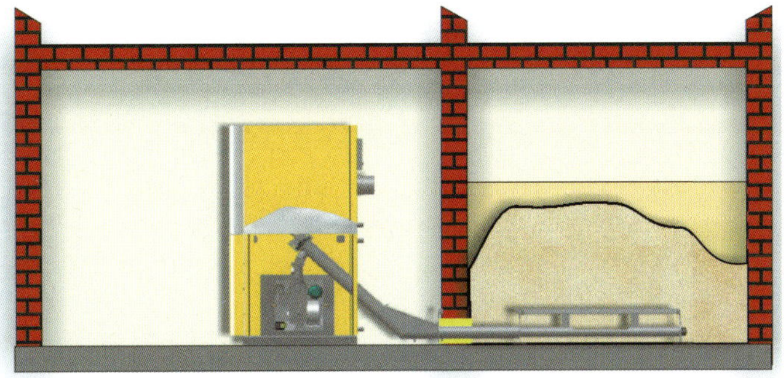

Heizraum mit Pelletkessel, vom Lagerraum getrennt. Eine Förderschnecke transportiert die Holzpellets aus dem Lager in den Heizkessel zur Verbrennung.

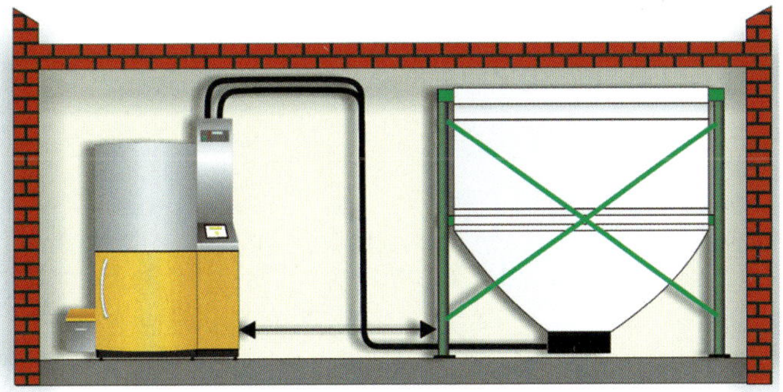

Bis zu 15 Tonnen Holzpellets dürfen in einem Silotank direkt neben dem Kessel im Heizraum gelagert werden. Auflagen für den Brandschutz gibt es bislang nicht.

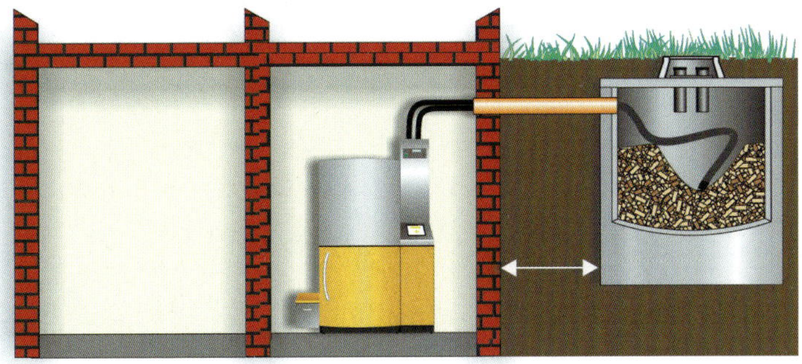

Die Holzpellets werden außerhalb des Hauses in einem Erdtank gelagert. Mit einem Saugfördersystem gelangen die Holzpellets in den Heizkessel.

erbringen können, hängt sehr stark von der Qualität der Holzpellets selbst ab, die aus Spanabfällen produziert werden und daher die unterschiedlichsten Holzarten enthalten. Und schon diese unterschiedlichen Holzarten haben unterschiedliche Heizwerte. Aber auch die Konsistenz der Holzpellets und eine gleichmäßige Größe haben Einfluss auf den Heizwert. Heute gibt es Normen auch für Holzpellets. Da viele Holzpelletanlagen aus Österreich kommen, gibt es in Österreich die ÖNORM M 7135. In Deutschland gibt es die DIN 51731, seit einigen Jahren ferner ein DINplus-Zeichen, das die Anforderungen aus beiden Normen kombiniert und wichtige Qualitätsmerkmale zertifiziert. Dazu gehören zum Beispiel die Rohdichte der Holzpellets und ihr Wassergehalt, ferner Verunreinigungen oder Fremdstoffe in den Presslingen. Vorgenommen wird diese Zertifizierung von DIN CERTCO, einer Zertifizierungsgesellschaft der TÜV-Rheinland-Gruppe und des Deutschen Instituts für Normung. Beim Einkauf von Holzpellets kann man daher darauf achten, dass man genormte Pellets erhält, möglichst solche mit dem DINplus-Zeichen (→ www.dincertco.de).

Bei der Verbrennung von Holzpellets bleibt Asche zurück, die regelmäßig aus dem Holzpelletkessel entsorgt werden muss. Dies ist inzwischen zwar recht komfortabel, geschieht aber noch nicht automatisch wie die Pelletzuführung. Darüber sollte man sich im Klaren sein.

Auch die Umweltbelastung, die durch die Verbrennung der Pellets entsteht, sollte bei der Kaufentscheidung mit einbezogen werden. Die Stiftung Warentest hat hier teilweise erhebliche Unterschiede in den drei wichtigen Punkten „Kohlenmonoxid im Abgas“, „Staubemission“ und „Stromverbrauch“ festgestellt.

Das Umweltbundesamt vergibt für Holzpelletanlagen einen „Blauen Engel“, wenn diese festgelegte Anforderungen an den Wirkungsgrad, den Hilfsstrombedarf sowie an die Emissionen von Stickoxiden ($NO_X$), Kohlenmonoxid (CO), Staub und Gesamtkohlenstoff einhalten. Weitere Informationen hierzu erhält man auf der Internetseite www.blauer-engel.de. Auch auf dieses Umweltzeichen sollte man bei der Anlagenauswahl achten.

## Holzöfen

Bevor man einen Holzofen nur als Wohnaccessoire kauft, das gelegentlich für eine stimmungsvolle Atmosphäre sorgen soll, sollte man sich überlegen, das Potential eines solchen Wärmeerzeugers gründlicher auszunutzen. Man kann ja natürlich auch – ganz klassisch – Scheitholz verbrennen, um Wärme zu erzeugen. Scheitholz hat allerdings den Nachteil, dass man es rechtzeitig nachlegen muss, wenn das Feuer nicht ausgehen soll. Es gibt Holzöfen, die sowohl mit Pellets als auch mit Scheitholz betrieben werden können. Diese haben auch eine geschlossene Brennkammer, was eine deutliche Effizienzsteigerung bringt. Das kann dann interessant sein, wenn man günstig an Scheitholz kommt, um es zu verwerten. Wichtig ist allerdings, dass es sich dabei nicht um verunreinigtes oder belastetes Holz handelt. Alte Fensterrahmen, zerlegte Möbel oder Ähnliches haben in der heimischen Verbrennung nichts zu suchen, denn hierdurch können große Umweltbelastungen und gefährliche Abgase entstehen.

Im Gegensatz zu Holzpelletanlagen werden Öfen meist dezentral eingesetzt und sind nicht an eine Zentralheizung angeschlossen, sondern dienen eher dazu, einen bestimmten Raum oder Wohnbereich von Zeit zu Zeit zu heizen und eine angenehme Strahlungswärme zu erzeugen. Für diesen Zweck reichen geringe Kesselleistungen von 2 bis 3 Kilowatt.

Holzöfen ziehen bei der Verbrennung **Raumluft** nach, die zum Beispiel durch Fensterfugen auf natürlichem Wege ins Haus nachströmt. Sie sind also problemlos einsetzbar bei der Nachrüstung von Gebäuden, die noch ungedämmt sind, über alte, schlecht schließende Fenster verfügen und keine installierte Lüftungsanlagen haben. Bei gut gedämmten Häusern, gegebenenfalls mit geregelter Lüftungsanlage, muss ein Holzofen sehr genau auf die Lüftungssituation angepasst werden, denn es kann sonst schnell zu Raumüberhitzungen und Problemen bei der Frischluftzufuhr kommen. Dann sollten die Holzöfen raumluftunabhängig – also mit einer eigenen Zuluftversorgung – angeschlossen werden. Das ist generell zu empfehlen, wenn mit dem Ofen regelmäßig geheizt werden soll und früher oder später auch eine Gebäudedämmung geplant ist.

Ein Vorteil eines Holzofens ist, dass die bestehende Heizungsanlage nicht angetastet werden muss, man installiert sozusagen ein Parallelsystem, das die bestehende Anlage gezielt entlasten kann. Wichtig ist natürlich, ob der bestehende Kamin für die Abluftführung des neuen Holzofens geeignet ist und das Problem der Ascheentsorgung geklärt ist. Diese sollte sehr einfach und staubfrei erfolgen können.

Bei Scheitholzheizungen, die auch zur Trinkwassererwärmung eingesetzt werden sollen oder zur Heizungsunterstützung, wird es schnell aufwändiger. In solchen Fällen sollte ein Haustechnikingenieur hinzugezogen werden.

Hinsichtlich der Abluft ist das Problem von Holzverbrennungsanlagen nicht so sehr der Kohlendioxid-Ausstoß ($CO_2$), denn das $CO_2$, das freigesetzt wird, ist vorher in den Jahren des Holzwachstums aus der Atmosphäre entfernt und im Holz gebunden worden. Hier ist also ein Kreislauf im Gange.

Das Problem sind vielmehr die Kohlenmonoxid-, die Staub- und Feinstaubemissionen. Nach wir vor haben die Holzverbrennungsanlagen keine oder keine ausreichende **Filterung der Abluft**. Das Umweltbundesamt weist in einem Hintergrundpapier darauf hin, dass es noch erhebliche Probleme mit den Luftschadstoffen von kleinen Holzfeuerungsanlagen gibt. Das Amt weist hier vor allem auf die inhalierbaren Staubteilchen hin, deren Anteil am gesamten Staubausstoß der kleinen Holzfeuerungsanlagen mehr als 90 Prozent beträgt. Das Umweltbundesamt schätzt, dass bundesweit etwa 14 Millionen solcher Anlagen installiert sind, deren Emissionen an gesundheitsschädlichem Feinstaub inzwischen die gleiche Größenordnung erreicht hat, die man aus den Motoren von Pkw und Lkw kennt. Das zeigt die Dimension des Problems, mit dem man es zu tun hat.

Wie viel Staub ausgeschieden wird, hängt unter anderem von Bauart, Alter, Art der Befeuerung, Wartungszustand sowie der Holzbrennstoffauswahl ab. So verbrennen Holzpellets etwa deutlich staubemissionsärmer als Scheithölzer, aber immer noch deutlich intensiver als Gas und Öl. Für Anlagen mit mehr als 15 Kilowatt Nennwärmeleistung gelten nach der Bundesimmissionsschutzverordnung zwar bestimmte Grenzwerte, zum Beispiel für Staub ein Grenzwert von 0,15 Gramm pro Kubikmeter, der jährlich überprüft werden muss. Dies gilt aber nur bei mechanisch beschickten Anlagen, also etwa Holzpelletheizkesseln. Manuell beschickte Holzfeuerungsanlagen werden nur ein Mal nach der Inbetriebnahme überprüft. Anlagen unter 15 kW Leistung, also der Großteil dieser Anlagen, wird überhaupt nicht überprüft. Das heißt, deren maximal zulässige Feinstaubentwicklung ist bis heute in keiner Weise geregelt.

Das Bundesumweltamt fordert daher zu Recht,

- die Leistungsgrenze für anspruchsvolle Emissionsgrenzwerte zu senken.
- Anforderungen an die Begrenzung des Schadstoffausstoßes für Einzelraumfeuerungen festzulegen.
- die Emissionsgrenzwerte für Kohlenmonoxid (CO) und Staub zu verschärfen.
- eine bessere Beratung der Betreiber sicherzustellen, vor allem durch Schornsteinfeger, hinsichtlich eines umweltschonenden Betriebs der Anlagen.

Die Bundesregierung hat auf diese Probleme inzwischen reagiert und Filtervorschriften für Holzöfen eingeführt, um die Feinstaubbelastung zu mindern, allerdings mit extrem langen Übergangszeiten für Bestandsanlagen. Öfen der Baujahre 1950 bis 1974 haben bis 2014 Zeit zur Nachrüstung und Baujahre von 1974 bis heute haben bis 2024 Zeit. Für Baujahre davor müssen gar keine Fristen beachtet werden.

Als reines Wohnaccessoire also, das im Wesentlichen eine behagliche Wohnatmosphäre schaffen soll, ist ein Holzofen aus Umweltgesichtspunkten eigentlich nicht vertretbar. Sinnvoll wird eine Anlage erst dann, wenn sie wahlweise auch mit Holzpellets betrieben werden kann und wenn ihre Wärmeenergie möglichst optimal ausgenutzt wird, also möglichst auch andere Räume mitgeheizt werden. Trotzdem muss in diesem Bereich seitens der Hersteller oder aber des Gesetzgebers dringend gehandelt werden, um die gefährlichen Feinstaubemissionen der Anlagen deutlich besser in den Griff zu kriegen. Die Verbrennung von Holz ist energetisch vertretbar, der Schadstoffausstoß hingegen ist es nicht. Es gibt daher bis heute auch keinen Holzofen zur Scheitholzverbrennung, der mit dem Umweltzeichen „Blauer Engel“ ausgezeichnet wäre. An der Ablufttechnik muss auch die Industrie dringend arbeiten, wenn die Systeme wirklich überzeugen sollen.

## Wärmepumpen

Ein ganz anderes Heizsystem ist die Wärmepumpe. Sie erobert vor allem bei Neubauten zunehmend Marktanteile, weil ihr ein technisch eigentlich raffiniertes und überzeugendes System zugrunde liegt. Bei Modernisierungen in Bestandsgebäuden wird sie noch selten eingesetzt, weil die Nachrüstung sehr aufwendig werden kann.

Die Idee der Wärmepumpe ist schon mehrere Jahrzehnte alt. Wärmepumpen entziehen, einfach gesagt, der Umwelt Wärme und geben diese an das Heizungssystem ab. Kern einer Wärmepumpe ist ein Kreislaufsystem, in dem sich eine schon bei niedriger Temperatur siedende Flüssigkeit befindet. Hierbei kann es sich zum Beispiel um Propan handeln. Die Flüssigkeit wird im Kreislauf zunächst verdampft, dann verdichtet, danach verflüssigt und schließlich wieder entspannt. Verdampft wird sie im Verdampfer, der die eigentlich sehr bescheidene Wärme der Umgebung (entweder der Außenluft, der Erdwärme oder von natürlichen Wasserspeichern wie Grundwasser) an die Flüssigkeit abgibt, die dadurch zu sieden beginnt und verdampft. In einem Kompressor wird dieser Dampf nun verdichtet und damit relativ heiß. Diese Hitze gibt der Dampf anschließend über einen Wärmetauscher an ein Heizmedium ab, meist das Heizungswasser der Heizungsanlage, wobei der komprimierte, heiße Dampf kondensiert. Durch das Kondensieren im Kondensator verflüssigt sich der Dampf wieder und wird

**So funktioniert die Wärmepumpe**

**Kreislauf:** Im Kreislauf der Wärmepumpe befindet sich eine Flüssigkeit mit sehr niedrigem Siedepunkt.

**Verdampfer:** Hier wird die Erd- oder Luftwärme auf die Flüssigkeit übertragen, die dabei verdampft.

**Verdichter:** Dies ist eine Art Pumpe, die den Dampf komprimiert und dabei weiter erhitzt (ähnlicher Effekt wie beim Aufpumpen eines Fahrradreifens).

**Verflüssiger:** Hier wird die Wärme des heißen Dampfes auf die Heiz- und Warmwasserleitungen übertragen. Dabei verflüssigt sich der heiße Dampf nach der Wärmeabgabe wieder.

**Expansionsventil:** Das unter Druck stehende Kältemittel wird hier eiskalt (ähnlicher Effekt wie beim Öffnen von Gasflaschen oder bei Sprays).

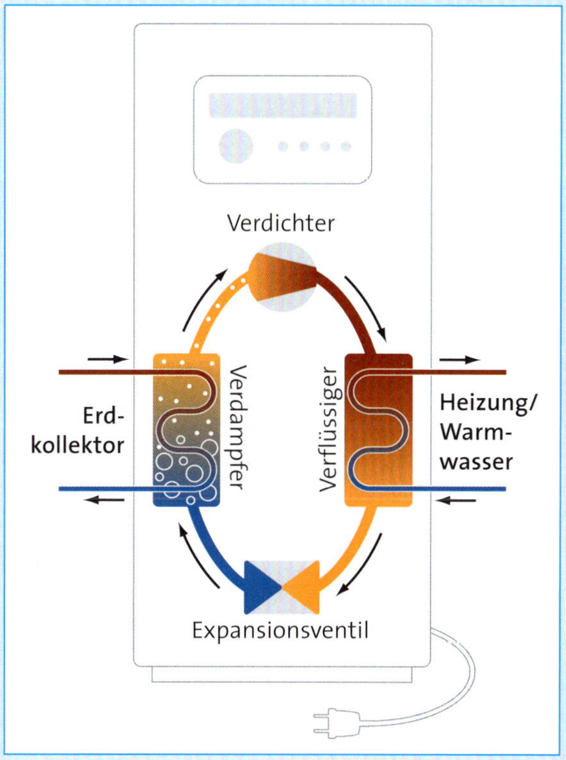


*Funktionsschema einer Wärmepumpe*

dann mit Durchlauf durch ein Expansionsventil entspannt, bevor der Kreislauf durch das Verdampfen im Verdampfer von neuem beginnt. Das heißt also, der niedrige Siedepunkt der verwendeten Flüssigkeit ist ein ganz wichtiges Hilfsmittel einer jeden Wärmepumpe.

Ein zweiter wichtiger Punkt für das möglichst optimale Funktionieren einer Wärmepumpe sind die Umgebungsbedingungen. Wärmepumpen können zum Beispiel mit der vorhandenen Außenluft in der Nähe des Hauses arbeiten und dieser Wärme entziehen. Sie können ferner über das Grundwasser Wärme aufnehmen oder aber über Erdkollektoren oder Erdsonden. Wenn Wärmepumpen über die Nutzung der Außenluft arbeiten, hat dies bei kalten Temperaturen natürlich erhebliche Nachteile. Denn je wärmer und konstanter die Umgebungstemperatur ist, desto effektiver kann eine Wärmepumpe arbeiten. Wärmepumpen mit Außenluftnutzung eignen sich weniger für die Nachrüstung von Bestandsbauten, sie sind nicht so effizient wie Erdkollektor- und Erdsondensysteme. Bevor sich diese Anlagen rentieren können, müssten Bestandsbauten nachträglich extrem gut gedämmt werden, um den Wärmebedarf drastisch zu reduzieren.

Die Pumpen werden elektrisch betrieben, das heißt mit Strom. Strom ist für den Betrieb einer Heizung aber eigentlich viel zu teuer. Daher ist es wichtig, dass die Wärmepumpe möglichst effektiv arbeitet, also bereits die aufgenommene Wärme eine möglichst hohe und

*So entzieht eine Wärmepumpe dem Erdreich Energie: links im Bild über senkrechte Sonden, rechts im Bild über horizontal verlegte Kollektoren.*

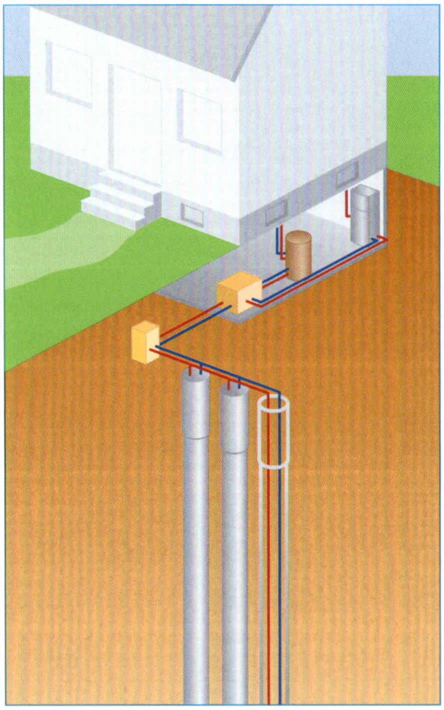

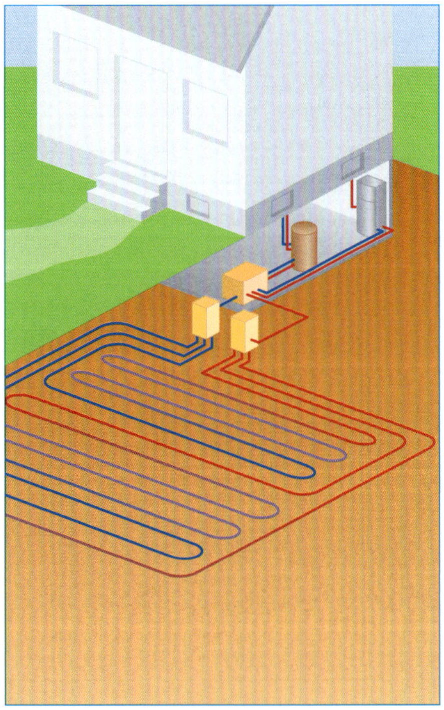

**Vorlauftemperatur**

Darunter versteht man die Temperatur, auf die das Heizwasser aufgeheizt werden muss, bevor es in den Heizkreislauf gepumpt wird. Während diese Vorlauftemperatur bei Fußbodenheizungen bei 25–35 °C liegt, muss das Wasser bei klassischen Heizungsanlagen mit Heizkörpern auf 55–75 °C erhitzt werden.

konstante Temperatur hat. Ferner ist es wichtig, dass diese Temperatur dann ihrerseits auf eine nicht zu hohe und konstante Übergabetemperatur gebracht werden muss. Daher eignen sich im Betrieb mit Wärmepumpen vor allem Fußboden- oder Wandheizungen, weil diese eine niedrige Vorlauftemperatur haben.

Kann man nun einerseits eine gute und konstante Wärmequelle für die Wärmepumpe nutzen, zum Beispiel über Erdsonden mit relativ hohen Temperaturen aus der Tiefe, und installiert andererseits im Haus eine Fußbodenheizung, dann ist der Eigenenergiebedarf einer Wärmepumpe in der Regel geringer, als wenn man eine schlechte Wärmequelle nutzen muss und eine klassische Heizungsinstallation hat.

Beim Modernisieren von Bestandsgebäuden kann man nicht einfach beliebig das Heizverteilungssystem wechseln, also etwa von alten Röhrenradiator-Heizkörpern auf eine Fußbodenheizung umsteigen. Dem stünden sehr aufwändige Umbauarbeiten des Bodenaufbaus entgegen, mit allen Konsequenzen für Raumhöhen, Treppenanpassungen bis zu Türdurchgangs- und auch Fensterbrüstungsmaßen. Und es ist auch nicht ganz einfach, einen bestehenden Garten komplett auszuheben, um Erdkollektoren zu verlegen. Selbst wenn man mit vertikalen Erdsonden arbeitet, müssen diese erst einmal gebohrt werden. Das heißt, dass man das Bohrgerät mit vernünftigem Aufwand überhaupt erst einmal in den Garten bekommen muss. Aber auch bei Erdsonden leidet ein angelegter Garten in erheblichem Umfang. Will man dies vermeiden, und will oder kann man keine Fußbodenheizung nachträglich installieren, muss man mit einer Luftwärmepumpe und einer klassischen Heizkörper-Wärmeabgabe arbeiten. Das kann zur Folge haben, dass aus der eigentlich interessanten Grundidee der Wärmepumpe schnell ein ungeeignetes System wird. Deswegen muss man sich bei Modernisierungsvorhaben schon sehr genau ansehen, ob eine Wärmepumpe mit vertretbarem Aufwand und Rentabilität im Ergebnis überhaupt nachzurüsten ist. Die heutigen Wärmepumpensysteme sind das nur bedingt, und es wird noch einiger Entwicklung bedürfen, bis es Wärmepumpen gibt, die sich auch für die Nachrüstung eignen.

Wenn Wärmepumpen eingesetzt werden, wird meist auch ein **Pufferspeicher** installiert. Das ist ein großer Warmwasserspeicher, der das Heizsystem über einen längeren Zeitraum mit warmem Wasser versorgen kann. Das entlastet die Wärmepumpe. Bei den Pufferspeichern gibt es auch Doppelspeicher, die den Heiz- und den Warmwasserbedarf für eine Weile decken können. Im Heizwasserspeicher ist dann oft ein kleinerer Trinkwasserspeicher eingebaut. Ferner gibt es die Schichtenspeicher (→ Seite 110), die eine besonders energieeffiziente Speicherung des warmen Wassers ermöglichen.

Beim Prinzip der Wärmepumpe ist letztlich entscheidend, wie viel elektrische Energie der Wärmepumpe zugeführt werden muss und welche Wärmemenge sie damit produzieren kann.

### Leistungszahl ϵ

Die Leistungszahl ϵ (wird in der Regel bei Elektrowärmepumpen genannt) gibt das Verhältnis zwischen der Wärmeleistung (kW), die ans Heiznetz abgegeben wird, und der aufgenommenen elektrischen Leistung der Wärmepumpe (kW) an.

Die Leistungszahl gilt jedoch nur für einen bestimmten Betriebspunkt, sie ändert sich permanent je nach Quellen- und Heizungsvorlauftemperatur. Die Leistungszahl ist um so besser, je kleiner die Temperaturdifferenz zwischen der Heizwassertemperatur (Vorlauftemperatur) und der Wärmequellentemperatur ist. Elektrowärmepumpen neuerer Bauart erzielen (je nach Wärmequelle) Leistungszahlen zwischen 3,5 und 5,5. Pro kWh Strom werden also 3,5–5,5 kWh Heizwärme erzeugt.

Die Leistungszahl lässt allerdings die Leistung elektrischer Hilfsaggregate, die nicht unmittelbar zum Wärmepumpen-Prozess gehören, unberücksichtigt (etwa Heizungsumwälzungspumpen, Grundwasser-Förderpumpen).

### Jahresarbeitszahl β

Sie betrachtet das Verhältnis von abgegebener Wärmeleistung (Heizwärme) zu aufgenommener Antriebsleistung über einen längeren Zeitraum (1 Jahr).

Das Verhältnis des Jahresertrags an Heizenergie (kWh/a) zur aufgewendeten Antriebs- und Hilfsenergie (kWh/a) ist somit die Jahresarbeitszahl ß, die den Wirkungsgrad übers Jahr angibt. Die Jahresarbeitszahl kann auch als Anlagennutzungsgrad verstanden werden. Sie eignet sich damit gut zur energetischen Bewertung der Gesamtanlage.

In der Praxis erreichen Wärmepumpen Werte von 2–4, moderne Wärmepumpen sollten eine Jahresarbeitszahl von 4 aufweisen oder übertreffen (→ test 6/2007 „Mit Strom Wärme pumpen“). Vorsicht aber bei Herstellerangaben von wesentlich größeren Arbeitszahlen!

## Wärmepumpe plus Solarkollektor

Einen großen Schritt in Richtung Energieeffizienz macht das Unternehmen Consolar, das im Jahr 2008 dabei ist, Wärmepumpen zu revolutionieren, indem es die Wärmepumpe mit Solarkollektoren zusammenbringt. Wichtiger

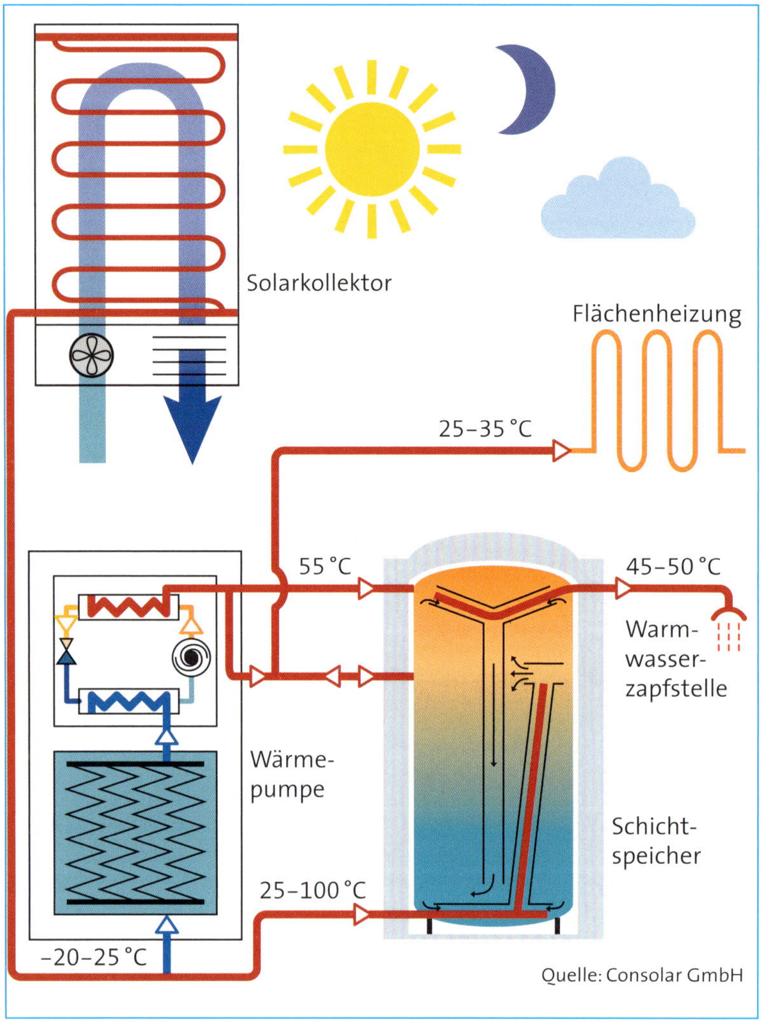


*Die Firma Consolar kombiniert in ihrem System „Solaera" die Prinzipien von Wärmepumpe und Solarkollektor, um die Energieeffizienz der Anlage deutlich zu erhöhen.*

Bestandteil der neuen Anlage, deren Entwicklung von der Deutschen Bundesstiftung Umwelt gefördert wird, ist ein Hybridkollektor. Dieser arbeitet nicht nur – wie bei bisherigen Wärmepumpen – unter Ausnutzung der Wärmeenergie der Außenluft, sondern die Außenluft wird in Kombination mit Solarkollektoren genutzt. Die Wärmepumpe nutzt unter anderem die Restwärme im Kollektor, um das Heizwasser zu erwärmen. Die theoretische Jahresarbeitszahl der Anlage soll zwischen 6 und 7 liegen und damit deutlich höher als bei bisherigen Anlagen. Dieses innovative System verbindet zwei Vorteile für die Nachrüstung bei Bestandsgebäuden: Es nutzt das Wärmepumpensystem auf Basis von Außenluftansaugung und arbeitet mit einer relativ hohen Temperatur.

Dadurch werden aufwändige Bohrungen in bestehenden oder nicht mit schwerem Bohrgerät erreichbaren Gärten vermieden, und bestehende Heizungsverteilsysteme können weiter genutzt werden.

Ferner hat das System einen Latentwärmespeicher, bei dem sich über das Einfrieren von Wasser zu Eis und umgekehrt das Auftauen von Eis zu Wasser sehr viel Energie auf kleinem Raum speichern lässt. Lässt man Wasser zu Eis gefrieren, wird beim Übergang von flüssig zu fest Wärme freigesetzt. Der Latentwärmespeicher nutzt die Kristallisationswärme beim Übergang von Wasser zu Eis, um Energie freizusetzen. Das System mit der Bezeichnung „Solaera" soll ab Frühjahr 2009 auf den Markt kommen.

Neben diesem innovativen System gibt es auch die Möglichkeit, **bivalente Systeme** einzusetzen, die Wärmepumpe also mit anderen Heizungssystemen zu kombinieren, statt sie als einziges System der „Nur-Wärmepumpe" einzusetzen. Der bivalente Einsatz ist allerdings nicht ganz so einfach. Denn entweder muss dann die Wärmepumpe bei einer festgelegten Temperaturgrenze automatisch abgeschaltet und durch ein anderes System ersetzt werden (alternative Betriebsweise), oder sie wird an einer solchen Temperaturgrenze immer durch ein anderes System unterstützt (parallele Betriebsweise), oder aber sie wird ab einer Temperaturgrenze nur noch bis zu einer weiteren Temperaturgrenze unterstützt und schaltet sich bei deren Überschreiten ab (teilparallele Betriebsweise).

Es ist optimal, wenn bivalente Systeme möglichst von einem Hersteller kommen, um die einzelnen Systeme ideal aufeinander abstimmen zu können. Dies wird bei Bestandsgebäuden aber meistens nicht machbar sein, da ein Heizungssystem ja in der Regel seit vielen Jahren bereits installiert ist. Eine Wärmepumpe kann zwar theoretisch auch mit allen möglichen anderen Systemen kombiniert werden, von der Öl- über die Gas- bis zur Holzpelletheizung, allerdings sollte eine solche Kombi-Installation unter Einbeziehung einer Bestandsanlage durch einen Fachingenieur geplant werden. Der Weg über eine von vornherein als Hybridsystem ausgelegte Anlage aus Solarkollektoren und Wärmepumpen, wie ihn Consolar geht, dürfte langfristig aber Vorteile haben, da bei diesem System auf bestehende Altanlagen gegebenenfalls ganz verzichtet werden kann.

Das zentrale Problem bei den Wärmepumpen ist ihr teilweise hoher **Stromverbrauch**. Zwar geben heute zahlreiche Stromlieferanten Sonderrabatte beim Betrieb von Wärmepumpen, aber Strom wird in Deutschland zum ganz überwiegenden Teil nach wie vor aus Kohle- und Atomkraftwerken gewonnen. Solange man Strom also über einen klassischen Anbieter bezieht, der Kohle- und Atomkraftwerke zur Stromproduktion betreibt, hat eine Wärmepumpe eine „ökologische Schwachstelle". Installiert man eine Wärmepumpe, sollte man also in jedem Fall mindestens auch zu einem Stromanbieter mit einem Stromangebot aus erneuerbaren Energien wechseln, um die eigene Wärmepumpenanwendung nicht von vornherein zu einem umwelttechnisch zweifelhaften Vorgehen zu machen.

Wichtig ist, vor der Planung einer Wärmepumpeninstallation **die Kosten** etwas genauer anzusehen. Wenn bei Bestandsgebäuden – trotz aller Schwierigkeiten – eine Erdsondentechnik angewandt werden soll, ist bereits eine solche Bohrung in aller Regel sehr teuer, manchmal genauso teuer wie die Wärmepumpenanlage selbst. Auch die Verlegung von Erdkollektoren ist nicht gerade billig. Mit niedrigen fünfstelligen Eurobeträgen sollten Sie auf alle Fälle rechnen.

Wer immer also eine Wärmepumpe anbietet, sollte alle Zahlen auf den Tisch legen, nicht nur die Kosten der Wärmepumpe selbst, sondern auch für notwendige Zusatzarbeiten wie Bohrungen oder Erdaushub und die Installationskosten der Anlage. Genauso wichtig sind die späteren Betriebs- und Wartungskosten. Gerade bei den Stromkosten ist dann Vorsicht geboten, wenn in Verkaufsgesprächen Äpfel mit Birnen verglichen werden. Strom als Energie zur Gebäudeheizung ist eine der unökonomischsten und unökologischsten Energieverwendungen überhaupt. Um eine definierte Wärmeenergie zu produzieren, ist Strom um ein Vielfaches teurer als Heizöl. Erwähnt man Ihnen gegenüber also, die Wärmepumpe benötige nur sehr wenig Energie, vergleichbar etwa einem Viertel oder Fünftel der bisherigen Energie, die durch Heizöl gedeckt werde, sagt das über tatsächlichen Kosten am Ende noch nicht allzu viel aus.

Wenn eine Wärmepumpe zur Nachrüstung für Sie ernsthaft in Betracht kommt, kann es sehr sinnvoll sein, sich einmal dort umzusehen, wo schon einige Erfahrungen mit Wärmepumpen gesammelt wurden. Das Bundesland Nordrhein-Westfalen zum Beispiel fördert die Technik sehr stark. So wurde auch durch den geologischen Dienst des Landes eine Erdwärmekarte auf CD-Rom entwickelt, die Verbraucher gegen eine Schutzgebühr erhalten können. Sie liefert wichtige Informationen zum oberflächennahen geothermischen Potenzial. Weitere Infos gibt es unter www.gd.nrw.de.

**Tipp:**
Die Beurteilung einer Wärmepumpe sollte nicht alleine über deren Wirkungsgrad getroffen werden, sondern über die Betrachtung des gesamten praxisrelevanten Betriebsbereichs und aller Wärmepumpen-Kennzahlen erfolgen.

**Tipp:** Lassen Sie sich bei Angeboten für Wärmepumpenanlagen immer restlos alle Kosten für die Gesamtanlage erklären und angeben, und fragen Sie auch nach den zu erwartenden Betriebskosten, zum Beispiel dem Verbrauch an elektrischem Strom.

Ferner hat das Land Nordrhein-Westfalen über die Internetplattform der Energieagentur Nordrhein-Westfalen einen kleinen digitalen „Wärmepumpen-Marktplatz" eingerichtet (www.waermepumpen-markplatz-nrw.de, auch zu erreichen über www.energieagentur.nrw.de), auf dem man sowohl Hersteller von Wärmepumpen finden kann, als auch Installationsbetriebe. Allerdings sind bei den Herstellern nicht alle benannt.

In anderen Bundesländern gibt es ähnliche Initiativen. In Baden-Württemberg etwa findet man diese unter www.erdwaerme.baden-wuerttemberg.de, in Bayern unter www.energie-forum-bayern.de.

Die Wärmepumpe wurde offiziell in das Marktanreizprogramm der Bundesregierung für Erneuerbare Energien (MAP) aufgenommen und wird im Bestand mit bis zu 3000 Euro gefördert. In Kombination mit einer Solaranlage sind weitere 750 Euro Förderung möglich.

Im Fazit lässt sich sagen:

- Die Jahresarbeitszahl einer Wärmepumpe sollte nicht nur theoretisch, sondern auch in der Praxis bei mindestens 4 liegen.
- Die Wärmepumpe sollte optimal auf das angeschlossene Heizsystem abgestimmt sein, im Idealfall also eine Flächenheizung mit niedriger Vorlauftemperatur.
- In der Wärmepumpe sollten keine klimaschädlichen Kältemittel eingesetzt sein.
- Die Wärmepumpe sollte konsequenterweise mit Strom aus erneuerbaren Energiequellen betrieben werden.

Erst wenn diese Kriterien erfüllt sind, kann die Wärmepumpe als eingeschränkt ökologisch betrachtet werden. Eine Zukunft im Rahmen von Gebäudemodernisierungen wird sie aber wohl erst haben, wenn die Entwicklungen weiter vorangetrieben werden und ähnliche Innovationsschübe bringen wie den von Consolar entwickelten.

Sehr interessant ist übrigens, dass die Anbieter von Ökostrom die Wärmepumpe durchaus kritisch sehen, im Gegensatz zu den Anbietern etwa von Kohle- oder Atomstrom, die Wärmepumpen über Sonderstromtarife sogar noch protegieren, weil sie im Strombedarf der Wärmepumpen natürlich ein großes Geschäft sehen. Und genau dies sollte mindestens skeptisch stimmen. Hier wird die Wärmepumpe von den Konzernen häufig zur ökologischen Wunderwaffe erklärt, während sich die selben Konzerne beispielsweise gegenüber der Photovoltaik sehr bedeckt halten. Kein Wunder, denn daran verdienen sie auch nicht, sondern hier müssen sie wegen der Regelungen des EEG sogar noch den teuren Solarstrom vom Verbraucher kaufen.

## Solarthermie

Unter „Solarthermie" versteht man im weitesten Sinne die Nutzung der Sonnenenergie zur Erwärmung von Brauch- bzw. Trinkwasser und Heizwasser. Im Wesentlichen handelt es sich hierbei um Sonnenkollektoranlagen. Das Grundprinzip von Sonnenkollektoren ist einfach. Im Grunde handelt es sich darum, dass eine Trägerflüssigkeit – zum Beispiel Wasser, häufig unter Zugabe von Kälteschutzmitteln – der Sonnenbestrahlung ausgesetzt wird. Dadurch erwärmt sich das Trägermedium und gibt diese Wärme an das Brauch- oder Heizwasser ab. In den allermeisten Fällen wird mit Hilfe der Solarthermie das Brauchwasser erwärmt.

Es gibt verschiedene Kollektorarten, wobei zur Zeit der Flachkollektor und der Röhrenkollektor am häufigsten eingesetzt werden.

## So gelangt die Sonnenenergie vom Kollektor in den Speicher

Zu einer thermischen Solaranlage gehören stets Kollektor, Regelung und Speicher. Sie produziert Wärme und unterscheidet sich so völlig von einer Anlage mit Solarzellen, die Sonnenlicht in Strom umwandelt (Photovoltaik, → Seiten 89ff.).

**Arbeitsweise:** Auf dem Dach sammelt der Kollektor die Sonnenstrahlung und wandelt sie in Wärme um. Den höchsten Ertrag erzielt er, wenn die Fläche nach Süden ausgerichtet und das Dach zwischen 25 und 60 Grad geneigt ist. Gut gedämmte Rohrleitungen, in denen ein Mix aus Wasser und Frostschutzmittel im Kreis gepumpt wird, verbinden Kollektor und Speicher. Die Zirkulationspumpe wird automatisch eingeschaltet, wenn die Temperatur im Kollektor um einige Grad höher ist als unten im Speicher. Dort wird die Wärme, die das Gemisch im Kollektor aufgenommen hat, über einen Wärmeübertrager an das Speicherwasser abgegeben. Hat es seine Soll-Temperatur (z.B. 65 Grad) erreicht, schaltet die Pumpe ab.

**Kollektor:** Das Sonnenlicht durchdringt eine Glasscheibe und fällt auf den Absorber, der aus einem Material mit hoher Wärmeleitfähigkeit, meist Kupfer, besteht. Die Absorberoberfläche ist selektivbeschichtet: Sie soll so viel Sonnenstrahlung wie möglich absorbieren und so wenig Wärme wie möglich abstrahlen. Die Glasscheibe schützt den Absorber, verhindert aber auch, dass die gewonnene Wärme an die Umgebung abgegeben wird (Gewächshauseffekt). Das Gemisch aus Wasser und Frostschutzmittel fließt durch den Absorber, nimmt dort die Solarwärme auf und transportiert sie in den Speicher. Das abgekühlte Gemisch wird zurück zum Kollektor gepumpt.

**Vakuumröhrenkollektor:** Im Unterschied zum Flachkollektor besteht er aus einem Gestell mit mehreren nebeneinander liegenden Glasröhren, in denen sich jeweils ein Absorberstreifen mit Leitungsrohr befindet. Aus den an beiden Seiten verschlossenen Glasröhren wird die Luft so weit abgesaugt, dass sich in ihnen keine Luftströmung mehr bilden kann und so relativ wenig Energie verloren geht. Das innere Leitungsrohr wird vom Wasser-Frostschutz-Gemisch direkt durchströmt oder ist verschlossen und zu einem Drittel mit einer Flüssigkeit gefüllt, die bei Wärmezufuhr aufgrund des Unterdrucks im Rohr bei Temperaturen von 20 bis 30 Grad verdampft. Der Dampf steigt im Leitungsrohr auf, gibt die Wärme durch Kondensation am gekühlten Rohrende außerhalb des Glaskolbens ab und fließt im Rohr zurück. Die Bauweise nennt sich „Wärmerohr" oder „Heat Pipe".

**Speicher:** Der korrosionsgeschützte, wärmegedämmte Speicher muss das Wasser mithilfe von Wärmeübertragern erwärmen, speichern, in verschiedenen Wärmezonen schichten und verhindern, dass die Wärme rasch verloren geht. Die Nachheizung stellt sicher, dass bei ungenügender Solarstrahlung eine ausreichende Menge Warmwasser bereitsteht.

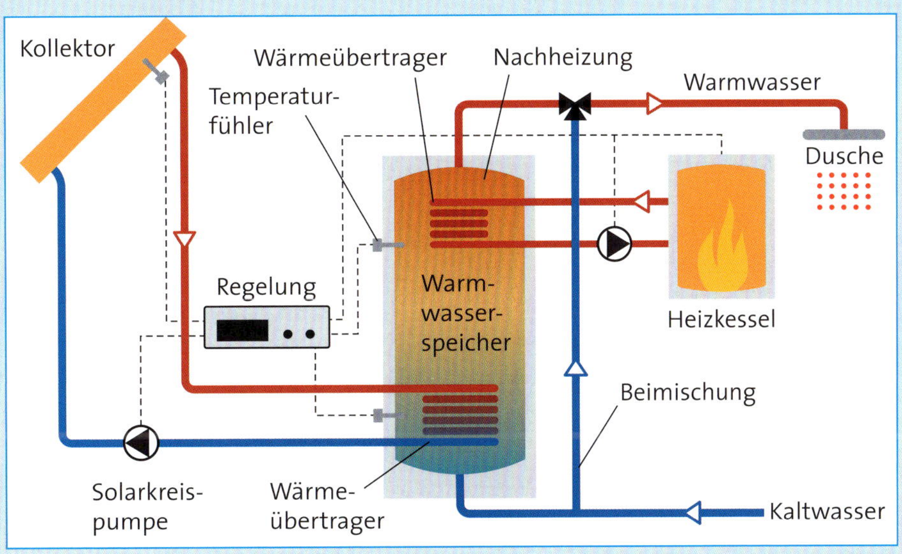

*Flachkollektor zur Warmwasserbereitung auf dem Dach eines älteren Wohnhauses*

Bei einem **Flachkollektor** wird die Sonneneinstrahlung durch eine transparente Fläche, zum Beispiel Glas, auf ein Absorberfeld geleitet. Diese meist schwarze Fläche aus einem gut wärmeleitenden Material, häufig Kupfer, wandelt die Sonnenstrahlung in Wärme. Damit die so gewonnene Wärme nicht allzu schnell wieder in die Umgebung entweichen kann, befindet sich über der Absorberfläche die Glasschicht und unterhalb der Absorberfläche eine Wärmedämmung. Unmittelbar unter dem Absorber befinden sich Wärmeträgerkanäle, in denen sich das Wärmeträgermedium (meist Wasser, mit Frostschutzmittel versetzt) befindet. Dieses nimmt die Wärme vom Absorber auf und trägt sie in einen Wärmespeicher. Beim Wärmespeicher handelt sich meist um einen sehr gut gedämmten Wassertank, der das Wasser lange warm halten kann. So steht es auch zur Verfügung, wenn die Sonne gerade nicht scheint. Dies allerdings natürlich nur für einen begrenzten Zeitraum, denn irgendwann kühlt natürlich auch das wärmste Wasser in einem Wärmespeicher ab, wenn es nicht durch neue Sonnenwärme nachgeheizt wird. Hinzu kommt, dass in vielen Gebäuden bei Modernisierungen Warmwasserzirkulationsleitungen installiert werden. Das heißt, das Wasser zirkuliert permanent in den Warmwasserrohren, um bei Warmwasserbedarf sofort an der Zapfstelle zur Verfügung zu stehen. Durch diese Zirkulation kühlt das Wasser aber natürlich auch schneller ab.

Beim **Röhrenkollektor** handelt es sich in den meisten Fällen um Vakuum-Glasröhren. Durch das Vakuum kann eine optimale Dämmung des Rohres und damit eine hohe Nutzung der gewandelten Sonnenenergie erfolgen. (Es gibt allerdings auch Flachkollektoren mit dieser Technik). In der Vakuumglasröhre sitzt eine Absorberfläche. In dieser Absorberfläche wiederum liegt ein Rohr-in-Rohr-System. Durch das innere Rohr strömt das kalte Trägermedium ein und nimmt dann beim Rückfluss durch das äußere Rohr die Wärme von der Absorberfläche auf und leitet diese weiter, zum Beispiel zu einem Wärmespeicher.

Eine weitere Konstruktionsvariante bietet die **Heatpipe-Technik**. Bei dieser Konstruktion befindet sich im Absorber der Vakuumglasröhre nur ein Rohr, auf dessen Innenflächen ein dünnes Trägermedium liegt, zum Beispiel Wasser oder Alkohol. Erhitzt sich das Rohr nun, verdampft das Trägermedium, und der Dampf strömt zu einer Wärmeabnahmestelle am Rohrkopf. Dort gibt der Dampf die Wärme durch Kondensation ab, erkaltet dadurch wieder und schlägt

*Röhrenkollektor zur Warmwasserbereitung auf dem Dach eines älteren Wohnhauses*

sich in flüssigem Zustand erneut an den Innenflächen des Rohrs nieder.

Schließlich gibt es noch **Speicherkollektoren**. Bei diesen Systemen ist der Kollektor sozusagen gleichzeitig auch der Wärmespeicher. Diese Systeme sind allerdings eher selten. Häufiger werden Flach- und Röhrenkollektoren eingesetzt, die dann an ein Speichersystem angeschlossen werden.

Auch bei Kollektoranlagen ist der Norm-Nutzungsgrad eine entscheidende Größe. Er gibt an, welcher Anteil der erfolgten Einstrahlung in Wärmeleistung gewandelt und über den Absorber dem Trägermedium zugeführt werden kann. Sehr wichtig ist in diesem Zusammenhang die Dämmung des Kollektors. Denn selbst, wenn die Absorberfläche viel Strahlung aufnimmt und in Wärme wandeln kann, ist entscheidend, dass diese Wärme möglichst schlecht aus dem Kollektor entweichen kann, außer – gewollt – über das Trägermedium. Denn selbst an sehr kalten, aber klaren Wintertagen kann in Kollektoren durch Sonneneinstrahlung Wärme produziert werden. An heißen Sommertagen hingegen spielt die Dämmung der Anlagen keine so große Rolle, weil das Entweichen von Wärme in die Umgebungsluft dann weniger relevant ist.

Ein sehr guter **solarer Nutzungsgrad** liegt bei 40–50 Prozent, also deutlich höher als bei heutigen Photovoltaikanlagen.

Kollektoren werden heute bereits oft zur unterstützenden Heizwassererwärmung verwendet, anfangs wurden sie nur für den Bereich der Brauchwassererwärmung genutzt. Hier können sie durchaus relevante Wärmeanteile liefern. Eine vierköpfige Familie zum Beispiel, die einen auf 400 Liter Fassungsvermögen ausgelegten **Warmwasserspeicher** hat, kann mit einer Kollektorfläche von etwa 6 Quadratmetern den Warmwasserbedarf – über das Jahr gesehen – zu etwa 60 Prozent über Solarenergie decken.

Bei der Nachrüstung ist allerdings wichtig, das Speichervolumen für Warmwasser entsprechend auszudehnen, da die Wärmegewinnung und der Wärmebedarf zeitlich weit auseinander liegen können. So will man natürlich auch dann heiß duschen können, wenn die Sonne gerade nicht scheint, und man will natürlich auch vorsorgen, falls die Sonne ein paar Tage lang nicht scheint. Verzieht sie sich sogar für eine ganze Weile hinter Wolken, ist es wichtig, dass das Brauchwasser weiterhin auch klassisch über die bestehende Heizungsanlage erwärmt werden kann. Daher sind viele Warmwasserspeicher, die in Kombination mit Solarkollektoren eingesetzt werden, so aufgebaut,

**So groß sollten Kollektor und Speicher sein**

**Anhaltswerte für die Dimensionierung einer Solaranlage für Warmwasser**

| Anzahl der Personen im Haushalt | Kollektorfläche in $m^2$ | | Speichergröße in Liter |
|---|---|---|---|
| | Flachkollektor | Vakuumröhrenkollektor | |
| 1 bis 2 | 3 bis 4 | 2 bis 2,5 | 250 bis 300 |
| 3 bis 4 | 5 bis 6 | 3,5 bis 4,5 | 350 bis 400 |
| 5 bis 6 | 7 bis 9 | 5 bis 7 | 450 bis 550 |
| 7 bis 8 | 10 bis 12 | 7,5 bis 9 | 600 bis 800 |

Die Anlage muss größer sein, wenn Spül- und Waschmaschine mit solar erwärmtem Wasser versorgt werden sollen.

dass sowohl der Wärmetauscher der Solarkollektoranlage als auch der Wärmetauscher der Heizungsanlage mit dem Wasserspeicher kombiniert sind, um beide Erwärmungsarten nutzen zu können. Der Speicherinhalt wächst dabei auf das Doppelte sonst üblicher Warmwasserspeichervolumen, wenn diese ohne Solarkollektoren arbeiten. 400 Liter für eine vierköpfige Familie sollte man auf alle Fälle rechnen. Es gibt aber auch deutlich größere Speicher.

Die Speicherung hat den Nachteil, dass das Wasser im Speicher mit der Zeit abkühlt. Daher muss es immer wieder aufgewärmt werden. In einem klassischen, aufrecht stehenden Speicher ist es in der Regel so, dass unten das frische Wasser eingeführt wird und oben das warme Wasser entnommen wird. Das frische Wasser unten, über solare Unterstützungen erwärmt, kann so aufsteigen und später oben als Warmwasser entnommen werden. Das Problem hierbei ist, dass es natürlich eine ganze Weile dauern kann, bis nach der Entnahme von Warmwasser wieder genug neues Warmwasser zur Verfügung steht. Bei einem **Schichtenspeicher** versucht man daher, die Temperaturen der solaren Wassererwärmung und die in den einzelnen Wasserschichten im Speicher möglichst optimal aufeinander abzustimmen. Während bei normalen Speichern das durch die Solarenergie erwärmte Frischwasser einfach unten in den Speicher einfliest und dort mit dem vorhandenen, gegebenenfalls aber kälteren Wasser zusammenfliest, wird das vorgewärmte frische Wasser beim Schichtenspeicher zunächst auf exakt die Wasserschicht geführt, die seiner Temperatur entspricht, was deutlich energieeffizienter für einen jeweils optimal ergänzten Warmwasservorrat sorgt.

Zwischen Speicher- und Kollektoranlage befinden sich die **Steuerungseinheit** sowie die Pumpe, die benötigt wird, um den Kreislauf zwischen Kollektoranlage und Speicher sicherzustellen. Das Zusammenspiel zwischen Kollektoranlage, Steuerung und Speicher ist sehr wichtig für die Gesamteffizienz der Anlage. Das wird an einem einfachen Beispiel schnell anschaulich: Sinkt die Temperatur im Warmwasserspeicher unter die eingestellte Temperaturgrenze, muss das Wasser nachgewärmt werden. Liegt die Temperaturgrenze beispielsweise bei 45 °C, aber der Solarkollektor könnte zu diesem Zeitpunkt nur Wasser mit 35 °C liefern, wäre es geradezu kontraproduktiv, dieses Wasser in diesem Moment einzusetzen, weil es eher zur Abkühlung als zur Erwärmung des Warmwassers im Speicher beitragen würde. Dann muss die klassische Erwärmung über die Heizung erfolgen.

Das Problem bei der Nutzung von Solarkollektoranlagen ist, dass sie vorrangig dann Wärme liefern, wenn sie nicht unbedingt benötigt wird, beispielsweise in den Nachmittagsstunden. Im Speicher kann man die Wärme zunächst gut speichern und abends zeitversetzt nutzen. Aber jetzt entsteht das Folgeproblem: In dem Moment nämlich, in dem man das Warmwasser aus dem Speicher abends abruft, strömt kaltes, frisches Wasser in den Speicher nach, das dann sofort erwärmt werden muss, wenn der Speicher unterdimensioniert ist. Da die Solarkollektoranlage dies abends oder nachts nicht leisten kann, übernimmt das dann die klassische Heizung und erwärmt das frisch nachströmende Brauchwasser bis auf die gewünschte Temperatur. Auf dieser Temperatur hält die Heizung das Wasser im Tank so lange, bis irgendwann am Vormittag die Solarkollektoranlage wieder genug Wärme liefern kann, um die Heizung abzulösen und für die Nacherwärmung über den Tag zu sorgen. Um dieses Problem zu umgehen, wird das bei der Planung und Installation der Anlage berücksichtigt, zum Beispiel durch einen großen Warmwasserspeicher und eine differenzierte Steuerung, wann die Heizung nacherwärmt und wann nicht.

Solarkollektoranlagen mit Speichern können durchaus mit bestehenden Heizkesseln kombiniert werden. Nur der alte Speicher muss in diesen Fällen gegen einen neuen ausgetauscht werden. Außerdem muss die bestehende Heizungsanlage an die Steuerung der Gesamtanlage mit angeschlossen werden, damit immer Warmwasser zur Verfügung steht.

Die Stiftung Warentest testet bereits seit 20 Jahren Solarkollektoranlagen. Ein Blick auf die Testergebnisse kann bei den Überlegungen zur Anlagenauswahl vielleicht helfen (→ www.test.de).

Immer häufiger werden Solarkollektoren eingesetzt, um neben der Warmwasserproduktion zusätzlich die Heizung zu unterstützen. Diese Anlagen funktionieren vom Prinzip her sehr ähnlich wie die Solarkollektoranlagen für die Brauchwassererwärmung, nur dass das erwärmte Wasser aus den Solarkollektoren dann auch das Heizwasser erwärmt. Je nach benötigten Vorlauftemperaturen werden dazu kombinierte Speicher installiert, beispielsweise als Doppelspeicher für Heizwasser und Warmwasser. Diese Technologie kann heute als technisch ausgereift bezeichnet werden, wie aktuelle Testergebnisse belegen. Die solarthermische Nutzung für die Raumwärme wird meist in Kombination mit einer bestehenden Heizungsanlage genutzt, beispielsweise einer Gas- oder Ölbrennwertanlage, um diese in begrenztem Umfang zu unterstützen. Die benötigte Heizleistung kann noch nicht alleine über die Solarthermie erbracht werden. Es gibt allerdings interessante Ansätze in diesem Bereich, die versuchen, den Anteil der Solarthermie am Heizenergiebedarf auf über 50 Prozent auszuweiten. Das Konzept hierbei ist, dass ein riesiger Pufferschichtenspeicher in ein Gebäude integriert wird, durchaus 10 Kubikmeter und mehr, um eine sehr hohe Deckung des Heizenergiebedarfs durch Solarthermie zu erreichen. Während dies bei Neubauten von vornherein gut planbar ist, sieht das im Bestand natürlich schon ganz anders aus, denn nur der Tankeinbau kann schon eine Herausforderung sein. Erste interessante Beispiele dieser „Sonnenhaus"-Bauweise wurden in Bayern bereits realisiert (→ www.sonnenhaus-institut.de).

Fast alle bekannten Anbieter, die Solarkollektoranlagen für die Brauchwassererwärmung offerieren, bieten auch kombinierte Anlagen für Brauch- und Heizungswasser an, allerdings meist zu deutlich höheren Preisen. Wichtig ist bei solchen Anlagen immer, die optimale und störungsfreie Steuerung in Kombination mit einer bestehenden oder neu installierten herkömmlichen Heizungsanlage zur Erwärmung des Heizwassers sicherzustellen.

## Auch das Heizungswasser erwärmen

Ausreichend groß dimensionierte Solaranlagen können mit der auf dem Dach erzeugten Wärme nicht nur das Trink- bzw. Brauchwasser erwärmen, sondern auch die Raumheizung unterstützen. Die prinzipielle Arbeitsweise sieht hier genauso aus wie bei der reinen Warmwasserbereitung (→ Seite 107).

**Kombispeicher** sind allerdings eine Besonderheit. Sie dienen als Wärmespeicher für die Solaranlage, zur Warmwasserbereitung und gegebenenfalls auch als Pufferspeicher für den Heizkessel. Das ist sinnvoll, damit der Heizkessel, z.B. ein Holzkessel, nicht so oft ein- und ausschalten muss. Bei Anlagen mit Rücklaufanhebung (→ Zeichnung) liefert der Kessel die Wärme für die Raumheizung direkt in den Heizkreislauf. Ist aber die Speichertemperatur höher als die Rücklauftemperatur des Heizkreises, wird der Rücklauf durch den Speicher geführt. Das Heizwasser wird dort vorgewärmt, bevor es ggfs. im Heizkessel auf die benötigte Temperatur erhitzt wird. Dieser Umweg spart Öl oder Gas. Das Trink- bzw. Brauchwasser strömt durch einen Wärmeübertrager (Bereitschaftsvolumen im oberen Teil des Speichers).

**Kombispeicher mit integriertem Gasbrenner** ersetzen Heizkessel und Warmwasserspeicher. Vorteile: günstige Montagekosten, weniger Installationsfehler und Platz sparende Bauweise.

**Tank-in-Tank-Speicher** können eine Alternative zu Wärmeüberträgern sein, die nach dem Durchflussprinzip arbeiten: Im großen Speicher befindet sich ein zweiter, kleinerer für das Trinkwasser, der vom umgebenden Heizwasser erwärmt wird.

**Eine Steuerung** regelt den Solarkreislauf zwischen Kollektor und Speicher und den Heizkreislauf zwischen Speicher und Heizflächen beziehungsweise den Zapfstellen für Warmwasser. Reicht die Solarenergie nicht, muss konventionell nachgeheizt werden. Der Speicher ist deshalb stets mit einem Wärmeerzeuger für Öl, Gas oder Holz verbunden, wenn er nicht selbst über einen integrierten Brenner verfügt.

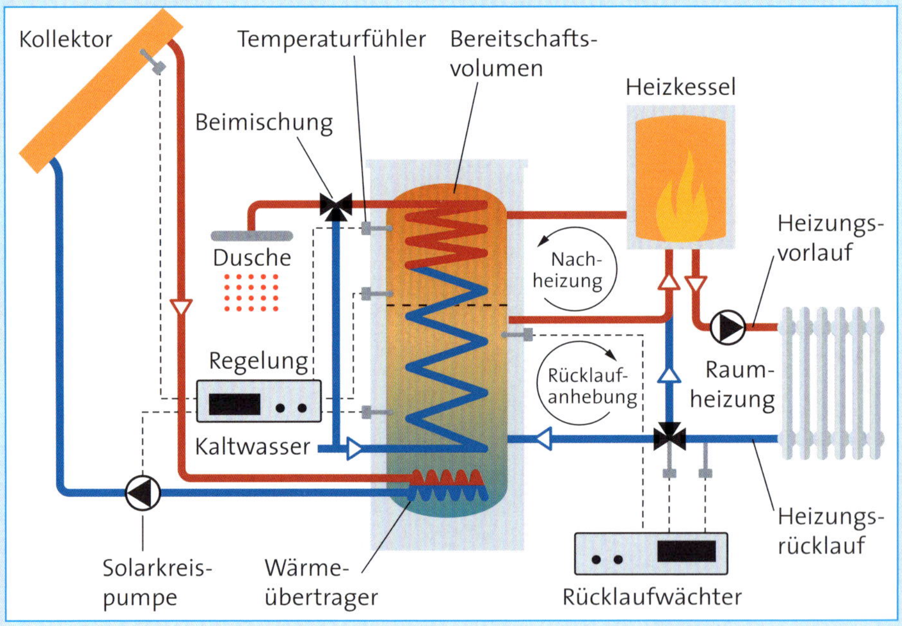

## Geothermie

Unter dem Schlagwort Geothermie versteht man die Nutzung von Erdwärme zur Energiegewinnung. Die Oberflächengeothermie umfasst Erdsonden bis in Tiefen von maximal einigen Hundert Metern, die Tiefengeothermie geht teilweise in eine Tiefe von mehreren Tausend Metern. Das Prinzip ist aber durchaus ähnlich. Man versucht, die Erdwärme nutzbar zu machen, indem man sie auf ein Trägermedium (fast immer Wasser) überträgt und dieses dann zur Nutzung an die Oberfläche holt. Das hört sich zunächst einfach an, ist letztlich aber eine sehr komplizierte Angelegenheit.

Für einzelne Einfamilienhäuser kommt die Tiefengeothermie nicht in Frage. Sie ist viel zu aufwändig und teuer. Auch die zu erzielende Energieausbeute ist für Einzelhäuser völlig überdimensioniert. Tiefengeothermie ist daher im Wesentlichen dem Kraftwerksbau vorbehalten. Eine besonders geeignete Region ist der Oberrheingraben von Basel und Freiburg im Süden über Straßburg bis nach Karlsruhe im Norden. Sowohl am südlichen wie am nördlichen Ende gab es Versuche zum Bau von Geothermiekraftwerken. In Basel wurde der Versuch vorläufig abgebrochen, nachdem in der ohnedies erdbebengefährdeten Region aufgrund der Bohrungen leichte Erdbeben mit Schäden an Hunderten Häusern auftraten. In Landau in der Südpfalz hingegen, direkt gegenüber Karlsruhe gelegen, konnte man das erste Geothermiekraftwerk in Betrieb nehmen.

Heute gibt es in Deutschland über 30 Erdwärmeanlagen mit einer thermischen Gesamtleistung von rund 100 Megawatt, weitere befinden sich im Bau.

*Heizenergie aus dem Inneren der Erde: Das erste Geothermiekraftwerk Deutschlands in Landau*

## Brennstoffzellen

Die Brennstoffzelle gehört zu den innovativsten Entwicklungen in der Gebäudetechnik in den letzten Jahrzehnten. Ihr Prinzip ist eigentlich sehr alt und geht auf eine Erfindung aus dem Jahr 1839 zurück. Eine klassische Brennstoffzelle besteht – verkürzt gesagt – aus zwei Elektroden (Anode und Kathode), die durch eine Membran voneinander getrennt sind. Auf der Anodenseite befindet sich Wasserstoff, auf der Kathodenseite Sauerstoff. Die Membran lässt nur positiv geladene Wasserstoffionen passieren. Diese reagieren mit den Sauerstoffmolekülen auf der anderen Seite der Membran. Es entsteht ein Elektronenungleichgewicht (Elektronenüberschuss auf der Anodeseite – Elektronenmangel auf der Kathodenseite), wodurch sich ein Pluspol (Kathode) und ein Minuspol (Anode) bilden, an denen man elektrische Energie abnehmen kann. Als „Abfall" bleibt nichts weiter übrig als Wasser bzw. Wasserdampf auf

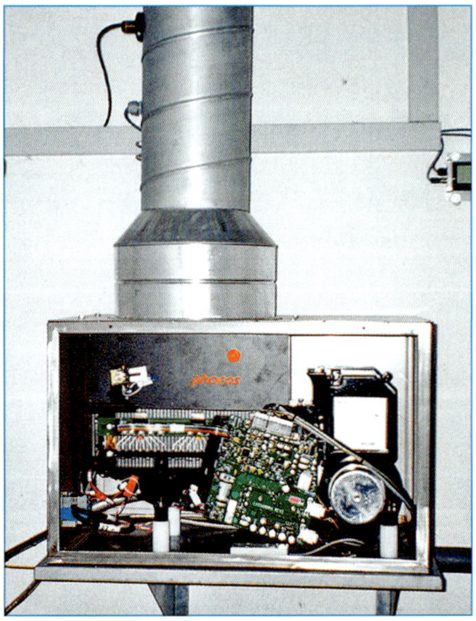

*Solardach des Rappenecker Hofes im Hochschwarzwald (links) und ...*

*... Steuerungskasten der PEM-Brennstoffzelle (rechts). Die Kombination beider Systeme macht den sehr abgelegenen Hof weitgehend energieautark und unabhängig von der öffentlichen Energieversorgung.*

der Anode. In der Haustechnik sind heute Weiterentwicklungen wie die Protonenaustauschermembran-Brennstoffzelle (PEMFC) in ersten Einsätzen.

Die Brennstoffzelle soll in Zukunft nicht nur für die Heizungs- und Warmwasserversorgung eingesetzt werden, sondern auch für die häusliche Stromerzeugung, das heißt, es ist gut möglich, dass man in Zukunft sehr viel unabhängiger wird von überregionalen Energieanbietern.

Nicht alle Pilotanlagen von PEM-Brennstoffzellen für die Haustechnik arbeiten mit dem Einsatz von Wasserstoff nur aus Wasser. Häufig wird Erdgas zugeführt und aus diesem zusammen mit Wasser der benötigte Wasserstoff gewonnen. Will man eine wirklich konsequente Erneuerbare-Energien-Kette schaffen, müsste der Wasserstoff langfristig aber durch Einsatz erneuerbarer Energiequellen aus Wasser gewonnen werden. Erst eine solche konsequente Erneuerbare-Energien-Technik wäre möglicherweise für die Nachrüstung im Gebäudebestand wirklich interessant.

# Lüftungsanlagen

Je dichter die Außenhülle eines Gebäudes ist, umso wichtiger wird die Frage der Lüftung, denn die Fugen-Lüftung durch Wandanschluss- oder Fenster- und Türfugen entfällt nach einer umfassenden Dämmung meist. Daher muss nicht selten durch ein Belüftungssystem für eine ausreichende Frischluftnachfuhr gesorgt werden.

Das Frischluftvolumen, das für eine gute Durchlüftung der Räume benötigt wird, kann entweder für den Bedarf pro Person und Zeiteinheit angegeben werden oder nach Wohnungs- bzw. Gebäudevolumen und dessen kompletten Luftaustausch pro Zeiteinheit. Als Zeiteinheit wird meist eine Stunde angegeben, in Hora „h". Der Luftvolumenwechsel wird entsprechend in Kubikmeter pro Stunde ($m^3/h$) angegeben.

Die einfachsten **ungeregelten** dezentralen Lüftungen sind Lüftungsschlitze im Fensterrahmen zum Luftnachzug, die man öffnen oder schließen kann. Eine etwas weitergehende Stufe sind dezentrale Anlagen, die über Zuluftöffnungen im Fensterrahmen verfügen und die Temperaturdifferenz zwischen innerer und äußerer Luft nutzen, um einen Luftnachstrom sicherzustellen. Die Abluft wird dann über einen einfachen Abluftschacht ohne mechanische Unterstützung, nur mittels der Luftzugwirkung im Schacht, abgeführt. Solche Lüftungsanlagen lassen sich allerdings nur schwer regeln und kontrollieren. Ihre Wirkung ist stark abhängig von den Jahreszeiten und Umgebungsbedingungen.

Deutlich weiter gehen die **geregelten Lüftungsanlagen**. Sie arbeiten fast immer mit Ventilatoren zur aktiven Ansaugung von Frischluft und zur Abführung von Abluft. Dadurch kann man das gewünschte Austauschvolumen der Luft steuern und kontrollieren. Bei dezentraler Installation können beispielsweise unterhalb der Fensterbank eine Zuluft- und eine Abluftöffnung installiert werden, wobei der Luftstrom beachtet werden muss, den der Heizkörper des Raumes erzeugt. Man spricht hierbei auch von der „Luftwalze". Kalte Raumluft vor dem Fenster wird durch den Heizkörper erwärmt, sie steigt auf, zieht in hintere Raumbereiche, kühlt ab, sinkt ab und strömt in Bodennähe wieder zurück zum Heizkörper. Daher ist der Zulufteintritt meistens nach unten gerichtet, zum Heizkörper hin, damit die einströmende Luft direkt erwärmt wird und in Form der Luftwalze durch den Raum strömt. Der Abluftaustritt wird hingegen so zum Raum hin orien-

**Die E DIN 1946-6 gibt folgende Luftvolumenströme vor:**

| Wohnungsgröße | Geplante Belegung | Planmäßige Außenluftvolumenströme (freie Lüftung) | Planmäßige Außenluftvolumenströme (mechanische Lüftung) |
|---|---|---|---|
| $\leq 50\ m^2$ | bis 2 Personen | $60\ m^3/h$ | $60\ m^3/h$ |
| 50 bis $80\ m^2$ | bis 4 Personen | $90\ m^3/h$ | $120\ m^3/h$ |
| $> 80\ m^2$ | bis 6 Personen | $120\ m^3/h$ | $180\ m^3/h$ |

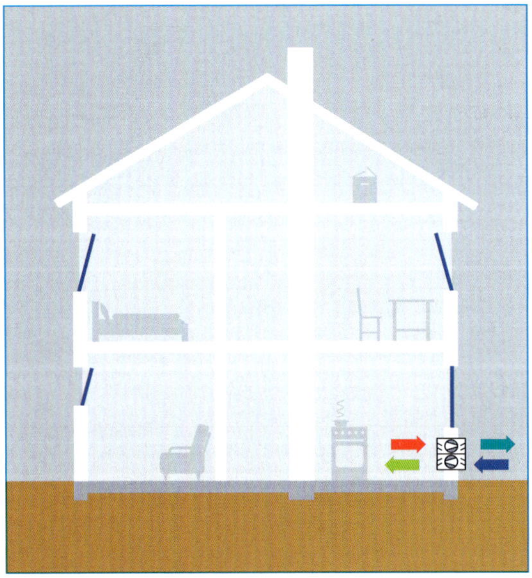

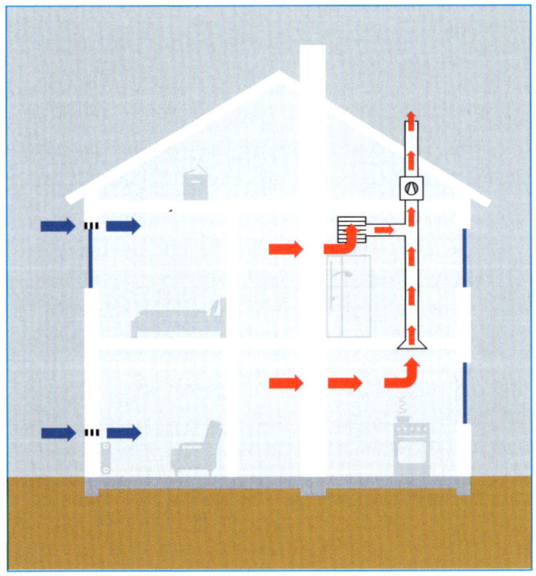

tiert, dass verbrauchte Luft möglichst direkt abgezogen werden kann. Man spricht bei solchen Lüftungsanlagen bisweilen auch von **Schalldämmlüftern**, weil sie ursprünglich aus Schallschutzgründen konstruiert worden sind. Es sollte eine Lüftung ermöglicht werden, ohne dabei ein Fenster öffnen und damit eine erhebliche Lärmbelästigung von draußen ertragen zu müssen.

Bei Modernisierungen kann das Problem für den Einbau solcher Anlagen darin bestehen, dass unterhalb des Fensters nicht genug Platz ist, um eine solche Lüftungsanlage aufzunehmen. Dann muss entweder die Brüstungswand unterhalb des Fensters in der Höhe verringert werden, um zwischen Brüstung und Fenster Raum für die Installation einer Lüftungsanlage zu schaffen, oder das Fenster muss etwas hochgesetzt werden, um darunter Platz für eine Lüftungsanlage zu schaffen. Beides ist häufig nicht gewünscht.

Neben diesen in die Fenster integrierten Lösungen gibt es auch Systeme, die über eigene Wandöffnungen installiert werden. Die Zuluftöffnungen werden dabei beispielsweise an die Außenwände von Wohnräumen gesetzt und die Abluftöffnungen in Räume, die besondere Luftbelastungen tragen, zum Beispiel die Küche oder das Bad. Dies hat auch den Sinn, dass Küchen- oder WC-Gerüche durch eine Lüftungsanlage nicht durch das ganze Haus getragen werden. Bei solchen Systemen ist allerdings zu beachten, dass der Luftstrom ungehindert von einem Zimmer zum nächsten ziehen können muss. Zimmertüren müssen dann beispielsweise Lüftungselemente haben. Das wiederum kann den Schallschutz im Haus beeinträchtigen und unterschiedliche Temperaturregelungen in den einzelnen Räumen erschweren. Ferner wird mit einem einfachen, dezentralen Einzug von Außenluft natürlich auch ganz einfach kalte Luft in einen Raum gezogen.

Die gründlichere und „große“ Lösung ist eine Lüftungsanlage, die die Frischluft über eine zentrale Außenluftansaugung zieht, diese über einen Wärmetauscher vorwärmt und die warme,

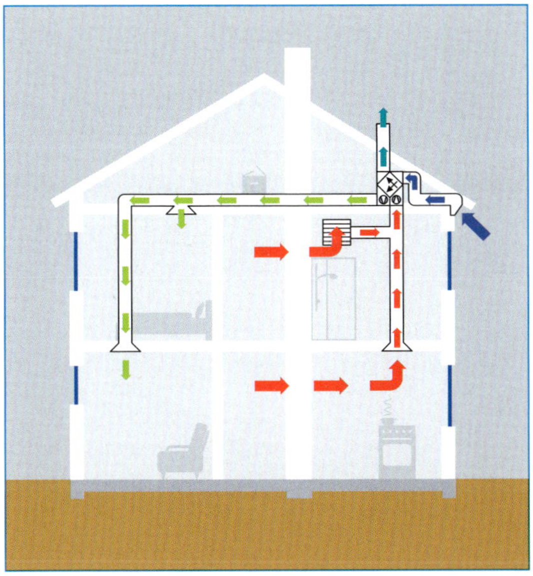



***Links:** Dezentrales Lüftungssystem*
***Mitte:** Abluftanlage*
***Rechts:** Zentrale Be- und Entlüftungsanlage*

aber frische Luft dann in die Räume verteilt. Zentrale Absaugvorrichtungen in Küche und Bad oder auch dezentrale Absaugvorrichtungen in jedem Raum sorgen für den ungehinderten Luftstrom.

Eine optimal ausgelegte Lüftungsanlage mit zentraler Luftansaugung, Luftvorwärmung, zum Beispiel durch Erdwärme, Wärmetauscher und gesteuerter Verteilung kann die Aufgabe einer Heizung mit übernehmen. Vor allem bei sehr gut gedämmten Häusern wie Passivhäusern macht man sich diese Eigenschaft zunutze. Lüftungsanlagen können auch mit Luft-Wärme-Pumpen kombiniert werden, wobei die warme Abluft durch die Wärmepumpe genutzt wird.

Während bei einem Neubau viele Dinge von vornherein geplant werden können, sieht dies bei einer Modernisierung ganz anders aus. Wenn es nicht möglich ist, die Lüftungsrohre unsichtbar (zum Beispiel oberhalb von abgehängten Decken) durch das Haus zu führen, kann das das Aus für eine zentrale Lüftungsanlage bedeuten, wenn man nicht bereit ist, sichtbare Rohrabschnitte als Teil der Innenarchitektur zu akzeptieren.

Dann sollten dezentrale Alternativen und ihr Einfluss auf die Innenraumtemperatur sehr genau überprüft werden. Es ist sinnvoll, beim Einbau komplexerer Lüftungsanlagen einen Haustechnikingenieur einzuschalten, damit er den Bedarf errechnen und eine Abstimmung vorgeben kann. Er sollte auch das Zugluftverhalten analysieren. Lüftungsanlagen sollen auf keinen Fall zu unangenehmem Luftzug innerhalb eines Hauses führen.

Wenn man eine Lüftungsanlage wählt, heißt dies übrigens nicht, dass man nicht mehr lüften kann. Selbstverständlich kann man jederzeit die Fenster öffnen. Wärmeverluste spielen zum Beispiel an warmen Sommertagen überhaupt keine Rolle, so dass man jederzeit selber entscheiden kann, welche Lüftungsart man bevorzugt, ob kontrolliert oder unkontrolliert, ob über die Lüftungsanlage oder über die Fenster.

**Tipp: Wärme aus der Abluft**

85 Prozent und mehr der Wärmeenergie aus der warmen Abluft kann bei der zentralen Be- und Entlüftungsanlage ein Gegenstromwärmetauscher rückgewinnen und damit die frisch einströmende Außenluft aufwärmen.

# Kosten, Amortisation und Fördermittel

*Für die meisten Verbraucher ist die entscheidende Frage vor einer Modernisierung die nach der Amortisierung einer solchen Maßnahme, also wann die investierten Kosten sich durch die erreichten Einsparungen „rechnen". Solange diese Frage nicht geklärt ist, ist die Bereitschaft zur Modernisierung meist nur gering.*

# Wann rechnen sich die Investitionen?

Es gibt eine unüberschaubare Zahl von Modell-Amortisationsrechnungen, die – ja nachdem, wer die Rechnung vorgelegt hat – entweder eine sehr schnelle Amortisation versprechen oder aber eine sehr langfristige. Um sich ein objektives Bild machen zu können, ist der einzige Weg, sich den Individualfall genauer anzusehen. Hierbei stellt man schnell fest, dass die Dauer der Amortisation beispielsweise auch stark mit dem eigenen Heizverhalten zu tun hat. Wer eine Bestandsimmobilie heute schon sehr sparsam heizt und einen sehr kontrollierten Warmwasserverbrauch hat, wird mit einer deutlich längeren Amortisationszeit rechnen müssen als diejenigen, die einen verschwenderischen Energieverbrauch pflegen. Auch hier kann also nur ein Beispiel gegeben werden, das als Modell für die eigene Amortisationsrechnung dienen kann. In unserem Beispiel sollen die drei Felder „Strombedarf", „Heizbedarf" und „Warmwasserbedarf" näher beleuchtet werden. Hierzu kehren wir zu unserem Ausgangsbeispiel aus dem Kapitel „Die eigene Energiebilanz" zurück.

## Kosten und Amortisation

Wir sind wieder bei dem freistehenden Einfamilienhaus, Baujahr 1980, das bereits einzelne Vorgaben aus der ersten Wärmeschutzverordnung von 1977 einhalten musste. So verfügt das Haus über ein Außenmauerwerk in Poroton-Ziegelstein mit der Stärke 36,5 cm und Fenster mit Doppelverglasung in Holzrahmenbauweise. Es hat eine Ölzentralheizung und etwa 120 Quadratmeter zu beheizende Wohnfläche und wird momentan von zwei Erwachsenen und drei Kindern bewohnt. Als erstes sehen wir uns die Amortisationsrechnung das Heizöl betreffend an. Der Einfachheit halber lassen wir die Wartungs- und Reparaturkosten bei unserer Betrachtung verschiedener Heizsysteme außen vor, genauso finanzielle Förderungen für bestimmte Heizungssysteme, die lediglich die Investitionskosten für die Anlage beim Umstieg auf regenerative Energieträger etwas reduzieren.

Außer bei der Amortisationsrechnung für Photovoltaikanlagen (→ Seite 126) wird bei den Amortisationsrechnungen bewusst auf die Anrechnung staatlicher Fördermaßnahmen verzichtet. Die Ausnahme wird möglich, weil beim Erneuerbare-Energien-Gesetz, das die Vergütung von elektrischem Strom aus Photovoltaik regelt, die einmal zugesagten Fördergelder über 20 Jahre verbindlich stabil bleiben. Ferner hängt die Amortisationszeit hier nicht vom persönlichen Verbrauch ab, sondern von der Strommenge, die ins öffentliche Stromnetz eingespeist wird. Daher wird die Größe einer solchen Anlage meist auch nicht nach dem Verbrauch des Haushalts ausgerichtet, sondern an ihrer Einspeiseleistung. Unter diesen Voraussetzungen ist eine Amortisationsrechnung mit Berücksichtigung der staatlichen Förderung sinnvoll.

Bei den anderen Maßnahmen, also vor allem der Heizungsanlagentechnik und der Gebäudedämmung, sieht das ganz anders aus. Hier hängen Amortisationsrechnungen sehr stark vom individuellen Bedarf ab. Ferner können sich die Förderbedingungen sehr rasch ändern – beispielsweise der jeweils aktuelle Programmzinssatz der KfW-Förderbank.

Daher ist es in diesen Fällen sinnvoll, Amortisationszeiten zunächst ohne Berücksichtigung staatlicher Zuschüsse zu berechnen und diese Betrachtung, je nach Überlegungs- oder Planungsstand, dann jeweils aktuell sehr konkret anzupassen.

## Amortisation bei einer Erneuerung der Raumheizung

Wie in Kapitel „Die eigene Energiebilanz" errechnet, beträgt der gegenwärtige Verbrauch an Öl für die Raumheizung 1840 Liter pro Jahr. Dieser Verbrauch kann natürlich von Haus zu Haus und Verbraucher zu Verbraucher sehr unterschiedlich sein. Daher ist es wichtig, dass Sie sich einen eigenen Überblick über Ihren eigenen Verbrauch verschaffen.

Würde die Modellfamilie von der Ölzentralheizung auf eine **Holzpelletanlage** umsteigen, hieße dies, dass mindestens 15 000 Euro für eine neue Holzpelletanlage samt Pelletlager und Zuführung investiert werden müssten. Hinzu käme, dass der Betrieb auch dieser Anlage natürlich nicht kostenfrei erfolgen würde, sondern die Holzpellets eingekauft werden müssen. Geht man davon aus, dass dem Heizwert von einem Liter Öl im statistischen Mittel 2,0 Kilogramm Holzpellets entsprechen, kann man die Kosten kalkulieren:

**Beispiel: Amortisationsrechnung für eine Holzpelletanlage**

Die Modellfamilie benötigt etwa 1840 Liter Öl für die Raumerwärmung.

Für das Öl zahlt die Familie gegenwärtig 0,80 Euro pro Liter. Für die 1840 Liter Jahresbedarf sind also 1472 Euro aufzubringen.

Multipliziert man die 1840 Liter Öl mit 2,0 (Umrechnungsfaktor Heizwert), ergibt dies einen Bedarf von 3680 Kilogramm Holzpellets, die alternativ benötigt würden, um die gleiche Menge an Wärme zur Verfügung zu stellen.

Geht man von einem Holzpelletpreis von 200 Euro pro Tonne aus, müssen für diese Pelletmenge also 736 Euro gezahlt werden.

Das heißt, der Betrieb der Holzpelletanlage ist in unserer Modellrechnung zu den aktuellen Rahmenbedingungen nur 736 Euro pro Jahr preiswerter als der Betrieb der Ölheizung.

Bei Investitionskosten von 15 000 Euro für eine neue Holzpelletheizung in einem Einfamilienhaus wären diese in unserer Modellrechnung nach rund 20 Jahren durch die eingesparten Brennstoffkosten ausgeglichen. Natürlich gilt: Je teurer Heizöl im Vergleich zu Holzpellets wird, desto schneller lohnen sich die Investitionen.

Nehmen wir also an, der Ölheizungskessel muss ohnehin gerade ausgetauscht werden, und man steht nun vor der Alternative, entweder einen neuen Ölheizkessel zu installieren oder eine Holzpelletanlage.

Während ein neuer Ölheizkessel mit Brenner 5 000 Euro kosten soll, stehen dem Investitionskosten für eine Holzpelletanlage von 15 000 Euro entgegen. Das heißt, für die Modellfamilie wird sich eine Holzpelletanlage gegenüber ihrer bestehenden und mit neuem Heizkessel (die ja auch schon etwas sparsamer mit dem Öl umgehen werden als alte Brenner) wieder lange funktionsfähigen Ölheizung bestenfalls langfristig rechnen, solange sich die Ölpreise nicht massiv nach oben entwickeln und die Holzpelletpreise gleichzeitig annähernd stabil bleiben.

Die Familie hätte nun noch die Alternativen, zum Beispiel entweder auf Gas umzusteigen oder aber eine Wärmepumpe installieren zu lassen.

Würde die Familie auf **Gas** umsteigen, müsste sie zunächst einen Hausanschluss legen lassen. Die Kosten sind je nach Kommune und Versorgungsunternehmen sehr unterschiedlich. Genauso unterschiedlich sind die Gaspreise selbst, wie bundesweite Vergleiche immer wieder ergeben. Wer also von Öl auf Gas umsteigen möchte, darf nicht nur alleine die Kosten für einen neuen Gasbrenner einkalkulieren (der Kessel kann mitunter weitergenutzt werden), sondern er muss auch die Kosten für den Gasanschluss und den Gaspreis beim regionalen Versorgungsunternehmen vorher exakt erfragen.

Man kann dann für die Vergleichsrechnung davon ausgehen, dass der Mengenbedarf an Gas für die Raumwärmeproduktion sehr einfach in ein Verhältnis zum Ölverbrauch zu setzen ist: Für eine Heizwärmeproduktion von 10 Kilowattstunden benötigt man zirka einen Liter Öl (Heizwert Öl = 10,2 kWh/l) oder einen Kubikmeter Heizgas (= 10,4 kWh/m$^3$); man kann also „Liter Öl" in „Kubikmeter Heizgas" umrechnen. Unsere Modellfamilie hat einen Bedarf von 1 840 Liter Öl pro Jahr, das entspricht umgerechnet etwa 1 840 Kubikmeter Heizgas. Da der Gaspreis aber nicht durch Angebot und Nachfrage an den Märkten reguliert wird, sondern – unbegründet und unverständlich – an den Ölpreis gekoppelt ist, steigt er grundsätzlich dann mit, wenn der Ölpreis anzieht. Im Gegensatz zur Ölbevorratung kann man als Verbraucher aber keinen Gasvorrat anlegen, wenn der Preis gegebenenfalls doch gerade einmal etwas niedriger liegt, sondern man bezieht Gas in der Regel immer dann aus der Leitung, wenn man es gerade braucht. Das kann finanzielle Vor- und Nachteile haben. Der Vorteil ist, dass man nie größere Mengen einkaufen muss, der Nachteil ist, dass man kein „Schnäppchen" machen kann, sondern immer dem gerade aktuellen Preis ausgeliefert ist. Eine Umstellung auf Gas kann also auch ein gewagtes Geschäft sein. Zur Bereitstellung der gleichen Menge an Heizwärme fällt die $CO_2$-Bilanz von Gas allerdings etwas besser aus als die von Öl.

Als weitere Alternative böte sich die Installation einer **Wärmepumpe** an. Allerdings sind auch Wärmepumpen nicht gerade in höchstem Maße energieeffizient. Wie im Kapitel „Wärmepumpen" bereits erwähnt, ist nicht unbedingt jede Art von Wärmepumpe in einem Bestandsgebäude installierbar. Müssen etwa Bohrungen oder großflächiger Erdaushub für die Verlegung von Erdsonden bzw. Erdkollektoren erfolgen, kann allein dies ganz schnell einen fünfstelligen Betrag kosten. Meist ist es auch gar nicht machbar, ohne den Garten stark in Mitleidenschaft zu ziehen. Dann kostet auch dessen Wiederherstellung Geld. Häufig ist der Garten mit schwerem Bohrgerät aber auch schlicht nicht erreichbar.

Bei Nachrüstungen dürfte daher meist eine Wärmepumpe mit Außenluftbetrieb in Frage kommen. Für eine solche Anlage ist mit Kosten zwischen 15 000 und 20 000 Euro zu rechnen. Angenommen, die Modellfamilie hat in ihrem Haus bereits eine bestehende Fußbodenheizung, die an eine Wärmepumpe gekoppelt werden könnte, so dass die nachträgliche Installation überhaupt sinnvoll umzusetzen wäre, dann bliebe der Blick auf die Betriebskosten einer solchen Anlage.

**Berechnung**

Für eine Heizwärmeproduktion von 10 Kilowattstunden benötigt man zirka einen Liter Öl (Heizwert Öl = 10,2 kWh/l) oder einen Kubikmeter Heizgas (= 10,4 kWh/m$^3$); man kann also „Liter Öl" in etwa mit „Kubikmeter Heizgas" gleichsetzen.

**Beispiel: Amortisationsrechnung für eine Wärmepumpe mit Außenluftbetrieb**

Unsere Modellfamilie benötigt bislang 18 400 Kilowattstunden Heizleistung pro Jahr.

Zur Produktion von 10 Kilowattstunden Heizenergie ist etwa ein Liter Öl notwendig, der momentan 0,80 Euro kostet.

Setzt man statt Öl Strom zur Heizenergieproduktion ein, muss man schon sehr genau rechnen, um die Kosten zu erkennen. Eine Kilowattstunde Strom kostet derzeit gemittelt 0,20 Euro.

10 Kilowattstunden Heizenergie aus Strom würden (bei einer Umwandlung zu 100 %) 10 x 0,20 Euro kosten, also 2,00 Euro.

Das heißt, eine Wärmepumpe müsste schon rund dreimal so effizient wie ein Ölbrenner arbeiten, um einen Vorteil bei den laufenden Betriebskosten zu erreichen. Entnimmt man zum Beispiel einem Wärmepumpenprospekt, dass die Anlage viermal effizienter als eine Ölheizung sei, kann man dies nur hoffen, um nicht am Ende höhere Verbrauchskosten zu haben. Daher ist die Jahresarbeitszahl von Wärmepumpen so wichtig. Wie bereits geschildert (→ Seite 103) gibt sie an, wie viel Energie in das System gegeben werden muss zur Produktion einer bestimmten Heizleistung. Dadurch wird ersichtlich, warum eine Jahresarbeitszahl von 4 mindestens notwendig ist, um im aktuellen Vergleich mit einer Ölbrennerheizung von einem sinnvollen Betrieb zu sprechen.

Bliebe als letzte Möglichkeit noch die Installation eines **Holzofens**. Soll dieser allerdings nicht nur mit Scheitholz beschickbar sein, sondern auch mit Holzpellets, und soll er auch weitere Räume beheizen, schnellen auch hier die Investitionskosten schnell auf die Höhe der bereits bei der Holzpelletanlage genannten Kosten. Zusätzlich muss geprüft werden, ob der Kaminzug überhaupt dafür geeignet ist. Auch hier ist dann eine Amortisation in einem überschaubaren Zeitraum mehr als fraglich.

Wie man sieht, ist es bei nüchterner Betrachtung keinesfalls so, dass sich der Systemwechsel von einem Energieträger zu einem anderen zügig amortisiert! Die schnellste Amortisation ist heute meistens noch bei einem Austausch eines alten Ölbrenners und Heizkessels gegen einen neuen zu erreichen. Durch den dann besseren Wirkungsgrad beim Verbrennen des Öls zur Warmwasserbereitung und Heizung kann sich die Investition durch den geringeren Ölbedarf in einem überschaubaren Zeitraum rechnen.

Vielleicht will man aber gerade nicht nur einen Austausch des Brenners und Kessels vornehmen, da man so ja letztlich doch am Öl- oder Gashahn hängen bleibt, was beides langfristig betrachtet sicher keine zukunftsfähigen Energieträger sind. Es ist also gar nicht so einfach, eine – auch finanziell – wirklich überzeugende Alternative zu finden. Woran liegt das? Unter anderem daran, dass es bei Amortisationsrechnungen hinsichtlich der Heizenergie sehr wichtig ist, auch die Gebäudehülle im Auge zu behalten. Wie noch zu sehen sein wird, ist es sogar deutlich Erfolg versprechender, die Heizenergiekosten durch eine gute Dämmung der Gebäudehülle zu senken, als durch den Wechsel des Energieträgers.

Entscheidend ist natürlich auch die weitere Entwicklung der Energiepreise. Diese wird letztlich den mit Abstand wichtigsten Einfluss auf die Amortisationszeiten unterschiedlicher Energiesys-

**Der wirkungsvollste Modernisierungsansatz liegt heute bei älteren Gebäuden in der Reduktion des bestehenden Heizenergiebedarfs, also der Dämmung der Gebäudehülle.**

teme haben. Ein Barrel Öl (159 Liter) kostete im Jahr 1999 lediglich 10 US-Dollar. Heute, im Jahr 2008, kostet er bereits über 140 US-Dollar! Die Vereinigung der erdölexportierenden Länder (OPEC) geht zurzeit davon aus, dass etwa im Jahr 2024 die Nachfrage nach Öl weltweit größer sein wird als die möglichen Fördermengen. Sollte es zu diesem Szenario in absehbarer Zeit tatsächlich kommen und der Ölpreis dadurch weiter drastisch steigen, werden sich die Amortisationszeiten bei der Gebäudemodernisierung erheblich verkürzen. Was noch 1999 ökonomisch vollkommen uninteressant war, sieht heute schon ganz anders aus, vor allem, wenn man die absehbare Entwicklung der fossilen Energieträger in den nächsten 20–30 Jahren betrachtet.

## Amortisation bei neuer Dämmung der Gebäudehülle

Während Öl- und Gaskessel einer permanenten Beanspruchung unterliegen, von Zeit zu Zeit gewartet werden müssen und trotzdem nach einer gewissen Betriebsdauer möglicherweise nicht mehr störungsfrei arbeiten und dann ausgewechselt werden müssen, wird eine Fassade eher gar nicht gewartet oder ausgewechselt, bestenfalls einmal von außen neu gestrichen. Wie bereits geschildert (→ Seiten 12 ff.), haben die mit Abstand meisten Hausfassaden in der Bundesrepublik Deutschland gar keinen oder nur einen ganz geringen Wärmeschutz. Das wirkt sich aus heutiger Sicht geradezu verheerend auf den Heizenergieverbrauch von Bestandsgebäuden aus. Man kann heute von einem durchschnittlichen Verbrauch von 18–25 Liter Öl bzw. Kubikmeter Gas pro Quadratmeter Wohnfläche und Jahr nur für die Heizung ausgehen. Alleine durch eine effiziente Dämmung der Gebäudehülle lässt sich dieser Betrag auf ca. 7–9 Liter drücken, also eine Reduktion um die Hälfte bis zwei Drittel erreichen. In Einzelfällen wurde in Bestandsgebäuden nach Modernisierun-

### ✓ Beispiel: Amortisationsrechnung für eine neue Gebäudedämmung

Für die Dämmung einer Gebäudehülle sollte man bei freistehenden Einfamilienhäusern mit 15 000 bis 25 000 Euro rechnen, allerdings ohne den Wechsel der Fensterelemente und ohne das Honorar für einen beauftragten Planer. Nimmt man diese beiden Posten hinzu, sollte man mit mindestens 30 000 bis 35 000 Euro rechnen.

Unsere Modellfamilie mit ihrem gegenwärtigen Bedarf von 1840 Litern Öl pro Jahr für die Raumheizung zahlt dafür bei einem Literpreis von 0,80 Euro 1472 Euro Heizkosten.

Wird das Gebäude nun so gedämmt, dass es statt 1840 Liter nur noch ein Drittel der Heizenergie benötigt, also nur noch rund 613 Liter Öl, dann reduzieren sich dadurch auch die Kosten des Betriebs auf ein Drittel, also auf knapp 490 Euro pro Jahr für das Heizöl zur Raumerwärmung. Es wird beim gegenwärtigen Ölpreis also eine Ersparnis von 982 Euro jährlich erzielt.

Um mit diesem jährlich eingesparten Betrag eine Amortisierung der Investition von zum Beispiel 30 000 Euro zu erreichen, benötigt man allerdings rund 30,5 Jahre, wenn man von einem konstanten Ölpreis ausgeht, was aber eher unwahrscheinlich ist.

gen bereits ein Verbrauch von nur 3 Litern erreicht. Dies ist allerdings nur mit sehr hohem Aufwand zu schaffen, 7–9 Liter hingegen sind relativ mühelos erreichbar – und das ohne Eingriff in die Heizungstechnik, nur durch Reduktion des Heizenergiebedarfs. Das heißt, der wirkungsvollste Modernisierungsansatz liegt in der Reduktion des bestehenden Heizenergiebedarfs, also der Dämmung der Gebäudehülle.

Der Schlüssel zu einer zügigen Amortisation der Investitionskosten einer Modernisierung liegt demnach in einer möglichst effektiven und dabei kostengünstigen Gebäudehüllendämmung. Hier können sich sinnvolle Einsparungen bezahlt machen.

Während allerdings die Gebäudetechnik schnell überholt oder gar veraltet sein kann, ist das bei der Dämmung der Gebäudehülle anders. Wenn man eine gute Qualität mit maximaler Dämmstärke wählt, ist dies eine langfristige Investition. Die Fehler in der Vergangenheit lagen eher in zu gering gewählten Dämmstärken von teilweise nur 8 oder 10 Zentimetern. Unter 20 bis 25 Zentimeter Stärke sollte man eine Dämmung möglichst nicht mehr planen.

Man sieht an dem Rechenbeispiel auf Seite 124 wieder deutlich, welchen Einfluss das Bewohnerverhalten auf Amortisationszeiten hat. Nehmen wir an, das Haus würde nicht durch unsere Modellfamilie bewohnt, sondern durch eine andere, die statt 1840 Litern Öl 2500 Liter pro Jahr verbraucht, läge die Ersparnis durch die Dämmung bereits bei 1333,33 Euro pro Jahr. Je höher der jährliche Verbrauch und je wirkungsvoller die neue Wärmedämmung, desto schneller amortisiert sich auch die Investition.

Und in der Realität kann man in den nächsten Jahrzehnten von deutlich steigenden Ölpreisen ausgehen, sodass der Zeitpunkt der Amortisation noch näher rückt.

## Amortisation bei solarthermischer Warmwasserbereitung

**Beispiel: Amortisationsrechnung für eine solarthermische Warmwasserbreitungsanlage**

Bei unserer Modellfamilie werden jährlich 1080 Liter Öl zur Beheizung des Warmwassers verheizt. Bei einem Ölpreis von 0,80 Euro pro Liter ergibt dies Kosten von 864 Euro pro Jahr.

Für eine ausreichend dimensionierte Solarkollektoranlage samt neuem, größerem Warmwasserspeicher sind 3500–5500 Euro zu zahlen, die Kosten für Montage und Einbau von 600–1200 Euro kommen noch hinzu, sodass man realistisch mit Gesamtkosten von 6000 Euro kalkulieren kann.

Aus Erfahrung weiß man, dass mit aktuellen Sonnenkollektoren in einem durschschnittlichen Familienhaushalt 55–60 % der benötigten Energie zur Warmwasserbereitung ersetzt, das heißt eingespart werden können.

In unserem Modellfall wären das bei 60 % Einsparung also 518,40 Euro Einsparung jährlich.

Auch ohne die Unterstützung durch mögliche Fördergelder (zum Beispiel vom Bundesamt für Wirtschaft www.bafa.de) hätte sich die Investition nach knapp 11,6 Jahren bezahlt gemacht. Wenn man bedenkt, dass die Energiepreise eher steigen werden, ist ein Amortisationszeitpunkt innerhalb von 10 Jahren durchaus realistisch.

Auch hier gilt wieder: Verbraucht man deutlich mehr Warmwasser als die Modellfamilie in unserem Beispiel, können sich die Amortisationszeiten drastisch verkürzen. Daher ist es so wichtig, den Verbrauch und die Amortisationszeit immer individuell durchzurechnen.

## Amortisation durch Einspeisevergütung von Strom

**Die Amortisationszeit von Photovoltaikanlagen liegt bei privaten Haushalten immer noch schnell bei über 20 Jahren.**

Bei der Installation einer Photovoltaikanlage kann man die Amortisationszeit relativ exakt kalkulieren, da es sich hierbei in den seltensten Fällen um Anlagen handelt, die den eigenen Strombedarf decken, sondern meist um Anlagen, deren Ertrag ins Stromnetz eingespeist und dann mit einem gesetzlich

**Beispiel: Amortisationsrechnung für eine Photovoltaikanlage**

Die aktuelle Einspeisevergütung für Anlagen, die im Jahr 2008 installiert werden, beträgt 46,75 Cent pro Kilowattstunde bei einer Leistung bis zu 30 Kilowatt. Bei einer Leistung von 30 bis 100 Kilowatt gibt es 44,48 Cent/kWh, darüber 43,99 Cent/kWh. Dieser Preis wird den Stromlieferanten 20 Jahre lang garantiert.
Der Lieferant nimmt bei einem Ertrag von 1 000 Kilowattstunden aus einer kleinen Anlage theoretisch also 467,50 Euro pro Jahr ein, in 20 Jahren sind das 9 350 Euro.

Man kann davon ausgehen, dass die Installation einer Photovoltaikanlage mit einer Leistung von 1 Kilowatt bis 9 000 Euro kostet, eine Anlage mit 2 Kilowatt zwischen bis 15 000 Euro und größere Anlagen leicht bis zu 25 000 Euro.

Geht man bei einer 1-Kilowatt-Anlage von einem Ertrag von 750 Kilowattstunden pro Jahr aus, kann man einen groben Überschlag der Amortisationszeiten machen.

Eine Anlage mit 1 Kilowatt Leistung und 750 Kilowattstunden Ertrag pro Jahr bringt einen Erlös von 350,63 Euro pro Jahr, in 20 Jahren also 7 012,5 Euro.
Bei Investitionskosten von 9 000 Euro wird der Amortisationszeitpunkt nach knapp 26 Jahren erreicht.

Eine Anlage mit 2 Kilowatt Leistung und 1 500 Kilowattstunden Ertrag pro Jahr bringt einen Erlös von 701,25 Euro pro Jahr, in 20 Jahren also 14 025 Euro.
Bei Investitionskosten von 15 000 Euro wird der Amortisationszeitpunkt nach rund 21 Jahren erreicht.

verordneten Preis von den großen Stromversorgern zu vergüten ist.

Man stellt schnell fest, dass die Amortisationszeit von Photovoltaikanlagen immer noch recht lange ist.

Um im Detail auszurechnen, ob sich eine solche Investition lohnt, muss man natürlich auch weitere potentielle Kosten berücksichtigen. Hierzu zählen vor allem die Instandhaltungs- und Wartungskosten der Anlage. Ferner sollte man die regionalen durchschnittlichen Größen der Sonneneinstrahlung genau kennen. Kommunale Förderungen oder auch Förderungen auf Landes- und Bundesebene (→ Seiten 127 ff.) können hingegen entlastend eingerechnet werden.

Für Anlagen, die im Jahr 2009 installiert werden, sind neue Einspeisevergütungen beschlossen worden, die eine schnellere Absenkung der Fördermaßnahmen vorsehen als ursprünglich geplant. Auch solche Entscheidungen können einem bei Amortisationsrechnungen dazwischenkommen und müssen daher beachtet werden, weil dies längere Amortisationszeiten bedeutet. Demnach werden die Vergütungen für Solarstrom 2009 und 2010 um jährlich 8 Prozent gesenkt und ab 2011 um jährlich 9 Prozent.

## Wo es Fördermittel gibt

Es würde den Rahmen unseres Buches sprengen, alle Fördermittel aufzuzählen und zu erläutern, die die Kommunen und Länder anbieten. Im Anhang (→ Seite 218) finden Sie aber eine Übersicht aller Landesförderbanken, die entsprechende Programme in irgendeiner Form auf Länderebene fördern. Hinsichtlich der kommunalen Programme sollte man Kontakt mit der Kommune oder dem Landkreis vor Ort aufnehmen und nachfragen, ob es dort ebenfalls Förderungen für Modernisierungen und den Einsatz erneuerbarer Energien gibt.

Die Förderprogramme auf Bundesebene stellen wir Ihnen in diesem Kapitel vor. Mehrere Institutionen fördern unterschiedliche Modernisierungsansätze. Federführend sind die KfW-Förderbank in Frankfurt am Main und das Bundesamt für Wirtschaft und Ausfuhrkontrolle in Eschborn bei Frankfurt am Main.

## Die Programme der KfW-Förderbank

Die Kreditanstalt für Wiederaufbau (KfW) wurde nach dem Zweiten Weltkrieg gegründet, um Wiederaufbaumaßnahmen vor allem der Wirtschaft in Deutschland zu finanzieren. Man könnte meinen, ein solch begrenzter Auftrag müsse auch eine enge zeitliche Befristung zur Folge haben. Das Gegenteil ist der Fall, denn es hat sich gezeigt, dass das Geschäftsmodell der KfW aktueller und notwendiger ist denn je. Die KfW-Bank ist im Besitz des Bundes und wurde in drei Geschäftsbereiche gegliedert, einer davon ist die KfW-Förderbank, die verschiedene Förderprogramme auch für Verbraucher auflegt, die sonst vom Bankenmarkt nicht aufgegriffen würden. So ist sie unter anderem im Bereich Gebäudemodernisierung aktiv, indem sie zinsgünstige Kredite und auch Zuschüsse vergibt, die für viele Modernisierer interessant sein können. Das $CO_2$-Gebäudesanierungsprogramm der KfW-Förderbank gibt es als Kredit- und als Zuschussprogramm.

### Das KfW-$CO_2$-Gebäudesanierungsprogramm als Kredit

Beim Kreditprogramm unterscheidet die KfW-Förderbank zwischen zwei Maßnahmenkategorien:

In der **Kategorie A** geht es um die Modernisierung eines Bestandsgebäudes auf Neubauniveau bzw. sogar darüber hinaus. Gefördert werden nach dieser Kategorie alle Maßnahmen an Wohngebäuden, die bis zum 31.12.1983 fertiggestellt wurden, egal, ob auf dem Gebiet der ehemaligen DDR oder in Westdeutschland. Man kann zwar davon ausgehen, dass Immobilien in der DDR bis 1989 einen deutlich schlechteren energetischen Zustand hatten und also auch spätere Baujahre als nur die bis 1983 ebenfalls über diese Kategorie gefördert werden müssten, aber die Regelung der KfW ist für Ostdeutschland genauso verbindlich wie für die alten Bundesländer. Gefördert werden in diesem Maßnahmenpaket Modernisierungsmaßnahmen, die dazu führen, dass der Primärenergiebedarf des modernisierten Gebäudes dem Niveau der Energieeinsparverordnung für Neubauten entspricht oder dieses sogar um 30 Prozent unterschreitet.

In der **Kategorie B** geht es um die Förderung bestimmter Maßnahmenpakete für Gebäude, die bis zum 31.12.1994 errichtet wurden.

Das heißt: Die KfW-Förderbank fordert einen gewissen Umfang an Modernisierungsmaßnahmen von denen, die in den Genuss eines zinsgünstigen Darlehens kommen wollen.

Förderfähig sind alle durch die Modernisierung unmittelbar bedingten Kosten, einschließlich der Beratungs- und Planungsleistungen. Wer allerdings schon die Förderung des Bundesamts für Wirtschaft und Ausfuhrkontrolle für eine Energieberatung beantragt hat, kann diese Energieberatung nicht ein zweites Mal durch die KfW-Förderbank mitfinanzieren lassen.

**Förderfähige Investitionskosten** sind neben den Beratungs- und Planungskosten beispielsweise Materialkosten, Kosten für notwendige Nebenarbeiten, Einbau- und Verarbeitungskosten sowie Rückbau- und Entsorgungskosten. Voraussetzung ist allerdings, dass alle Arbeiten durch Fachplaner bzw. Fachunternehmen ausgeführt werden.

Wer in Eigenleistung modernisieren will, erhält keine Förderung durch die KfW-Förderbank, auch keine Förderung der Materialkosten. Diese Regelung ist deswegen vorgesehen, weil mit dem Programm parallel auch eine Wirtschaftsförderung erfolgen soll. Unabhängig von diesem Gesichtspunkt ist die Einschaltung von Fachbetrieben für

**Tipp:** Um eine Förderung der KfW zu erhalten, darf man vor der Förderzusage mit dem Modernisierungsvorhaben noch nicht begonnen haben.

die Ausführung der Arbeiten aber ohnehin sinnvoll. Pfusch am Bau macht eben auch vor Modernisierungen nicht halt. Ein spezialisiertes Fachunternehmen mit gut ausgebildetem Personal wird in aller Regel bessere Qualität liefern als ein fachfremdes Unternehmen mit unerfahrenem Personal.

Gefördert werden 100 Prozent der förderfähigen Investitionskosten, allerdings bei einem maximalen Kreditbetrag von 50 000 Euro pro Wohneinheit; bei einem Einfamilienhaus also 50 000 Euro, bei einem Zweifamilienhaus 100 000 Euro etc. Der Kredit wird nicht direkt durch die KfW-Förderbank, son-

**Von der KfW in der Kategorie B des KfW-$CO_2$-Gebäudesanierungspgrogramms geförderte Maßnahmepakete für Gebäude, die bis zum 31.12.1994 errichtet wurden.**

| Maßnahmepaket | Modernisierungsmaßnahmen | |
|---|---|---|
| 0 | • Wärmedämmung der Außenwände **und**<br>• Wärmedämmung des Daches **und / oder** der obersten Geschossdecke **und**<br>• Wärmedämmung der Kellderdecke, von erdberührten Außenflächen beheizter Räume **oder** von Wänden zwischen beheizten oder unbeheizten Räumen **und**<br>• Erneuerung der Fenster | Bei all diesen Maßnahmepaketen sind immer alle Elemente zu wechseln, also nicht nur einzelne Fenster oder einzelen Außenwände oder Dachflächen. Ferner sind dabei mindestens die Vorgaben der Energieeinsparverordnung für die Nachrüstung von Gebäuden einzuhalten. |
| 1 | • Austausch der Heizung **und**<br>• Wärmedämmung des Daches **und / oder** der obersten Geschossdecke **und**<br>• Wärmedämmung der Außenwände | |
| 2 | • Austausch der Heizung **und**<br>• Wärmedämmung des Daches **und / oder** der obersten Geschossdecke **und**<br>• Wärmedämmung der Kellerdecke, von erdberührten Außenflächen beheizter Räume **oder** von Wänden zwischen beheizten und unbeheizten Räumen **und**<br>• Erneuerung der Fenster | |
| 3 | • Austausch der Heizung **und**<br>• Erneuerung der Fenster **und**<br>• Wärmedämmung der Außenwände | |
| 4 | • Wärmedämmung der Außenwände<br>• Wärmedämmung des Daches **und / oder** der obersten Geschossdecke<br>• Wärmedämmung der Kellderdecke, von erdberührten außenflächen beheizter Räume **oder** von Wänden zwischen beheizten oder unbeheizten Räumen<br>• Erneuerung der Fenster<br>• Austausch der Heizung<br>• Einbau einer Lüftungsanlage | Beim Maßnahmepaket 4 müssen mindestens drei der Einzelmaßnahmen umgesetzt werden, die von einem Sachverständigen empfohlen werden sollten und im Antrag durch ihn zu bestätigen sind. |

dern über die Hausbank vergeben, die für diesen Kredit gegenüber der KfW-Förderbank auch haftet. Das Darlehen wird zum aktuellen Programmzinssatz der KfW vergeben, der am Tag der Förderzusage gilt. Der Zinssatz ist für die ersten zehn Jahre fest.

**Zwei Kreditlaufzeiten** stehen zur Verfügung: Einmal bis zu 20 Jahre mit mindestens einem bis höchstens drei tilgungsfreien Jahren; oder aber 30 Jahre Laufzeit mit mindestens einem und höchstens fünf tilgungsfreien Jahren.

Der Kredit kann komplett oder in Teilbeträgen abgerufen werden, er muss allerdings spätestens 12 Monate nach der Darlehenszusage abgerufen sein. Das heißt, man muss zügig an ein Vorhaben gehen und kann das Geld nach Abruf nicht einfach noch einmal zwei Jahre irgendwo anders zu interessanten Zinsen anlegen.

Spätestens drei Monate nach Abruf muss es in das Modernisierungsvorhaben investiert sein, also müssen Rechnungen damit bezahlt worden sein. Um eine Förderung zu erhalten, darf man vor der Förderzusage aber mit dem Modernisierungsvorhaben noch nicht begonnen haben. Nun könnte die berechtigte Frage auftreten, wie man einen solch' schnellen Mittelabfluss samt Gebäudeuntersuchung und Modernisierungsplanung überhaupt schaffen soll. Die KfW-Förderbank sieht aber Energieberatungsleistungen und Planungsleistungen nicht als Vorhabensbeginn an. Das heißt, man hat für diese Phase Zeit. Sinnvoll ist auf alle Fälle, sich schon vor dem Einschalten von Baufachleuten über die Förderfähigkeit des eigenen Vorhabens und der vorgeschalteten Beratung und Planung zu informieren. Da die KfW-Förderbank aber sehr dezidierte Angaben zu den geplanten Modernisierungen haben möchte, können die Anträge gegebenenfalls mit den später beauftragten Fachleuten durchgearbeitet werden. Gute Energieberater kennen die Materie und können die Antragsbogen mit dem Antragsteller gemeinsam ausfüllen. Dies ist ein wichtiger Teil der Beratungsleistung, denn die KfW-Förderbank erwartet teilweise festgelegte Mindest-Wärmedurchgangskoeffizienten bestimmter Bauteile ebenso wie detaillierte Angaben zur Heizung.

**Achtung:** Wer in Eigenleistung modernisieren will, erhält keine Förderung durch die KfW-Förderbank, auch keine Förderung der Materialkosten.

Bei besonderen energetischen Verbesserungen nach der Kategorie A, also einer Modernisierung auf Neubauniveau, gewährt die KfW-Förderbank sogar **Tilgungszuschüsse**.

- 5 Prozent Tilgungszuschuss gibt es, wenn die Neubauwerte des Jahres-Primärenergiebedarfs und des Transmissionswärmeverlusts nach Paragraf 3 der Energieeinsparverordnung nach der Modernisierung unterschritten werden.
- 12,5 Prozent Tilgungszuschuss gibt es, wenn die Vorgaben der Energieeinsparverordnung nach der Modernisierung um 30 Prozent unterschritten werden.

Der Tilgungszuschuss wird dem Darlehen als Sondertilgung gutgeschrieben, wenn nach Prüfung durch einen Sachverständigen die planmäßige Maßnahmendurchführung bestätigt wurde.

**Sondertilgungen** kann man während der ersten Zinsbindungsfrist jederzeit selbst leisten, ohne dass zusätzliche Kosten entstehen, wie das sonst im Rahmen einer Vorfälligkeitsentschädigung der Fall ist, weil der Bank durch früher als geplant geleistete Darlehensrückzahlungen Zinszahlungen entgehen. Bei einem KfW-Kredit kann man sogar auf einen Schlag alle Schulden begleichen, ohne dass zusätzliche Kosten entstehen.

Man kann den Förderkredit der KfW-Förderbank auch mit anderen Förderungen Dritter kombinieren. Voraussetzung dafür ist allerdings, dass die Summe aus Krediten und Zuschüssen die Summe der Aufwendungen insgesamt nicht übersteigt. Nicht kombinieren kann man das $CO_2$-Gebäudesanierungsprogramm der KfW-Förderbank hingegen mit dem $CO_2$-Zuschussprogramm, das hier im Anschluss vorgestellt wird. Man muss sich also vorher entscheiden, welches Programm der KfW-Förderbank man in Anspruch nehmen will.

Steht das Gebäude unter Denkmalschutz und kann man deswegen gewisse Vorgaben der KfW-Förderbank nicht einhalten, ist es sinnvoll, eine detailliertere Beratung bei der KfW-Förderbank wahrzunehmen. Diese bietet das für solche Fälle an.

Spätestens neun Monate nach Vollauszahlung des Darlehens muss durch Vorlage von Rechnungen dann abschließend auch die programmgemäße und zeitnahe Verwendung der Mittel gegenüber der KfW nachgewiesen werden.

### $CO_2$-Gebäudesanierungsprogramm als Zuschuss

Auch für die Beantragung eines Zuschusses gilt, dass dieser vor Beginn der Maßnahmen angefordert werden muss, wobei auch hier die Energieberatung und die Planungsleistung nicht als Vorhabensbeginn gelten. Das ist auch sinnvoll, weil durch diese Vorarbeiten ja überhaupt erst die voraussichtlich anfallenden Kosten kalkuliert werden können.

Soll ein Zuschuss beantragt werden, ist es sinnvoll, im Vorfeld mit einem Energieberater zusammenzuarbeiten. Denn wenn man eine Sanierung nach Kategorie A vornehmen will, muss ohnehin ein Sachverständiger die Bestätigung zum Antrag unterzeichnen.

Der Zuschuss ist ganz ähnlich wie das Kreditprogramm aufgeteilt in eine Sanierungs-Kategorie A und eine Sanierungs-Kategorie B mit den identischen Anforderungen.

Wer nach **Kategorie A** saniert, kann bei der KfW-Förderbank einen Zuschuss in Höhe von 10 Prozent der förderfähigen Investitionskosten, maximal aber 5 000 Euro je Wohneinheit erhalten, wenn er den Primärenergiebedarf und den Transmissionswärmeverlust nach Paragraf 3 der Energieeinsparverordnung für Neubauten einhält.

Wer diese Werte um 30 Prozent unterschreitet, kann sogar einen Zuschuss in Höhe von 17,5 Prozent, maximal aber 8 750 Euro je Wohneinheit erhalten.

Wer diese hohen Anforderungen nicht erfüllen kann oder möchte, sondern lieber entsprechend den Maßnahmenpaketen nach der **Kategorie B** modernisieren will, kann auch dies tun und hierfür einen Zuschuss erhalten Für die Maßnahmenpakete werden jeweils 5 Prozent der förderfähigen Investitionskosten bezuschusst, maximal aber 2 500 Euro.

Eine Kombination der Zuschüsse nach Sanierungs-Kategorie A mit anderen Zuschüssen Dritter ist möglich, solange die Summe der anderen Zuschüsse 10 Prozent der Investitionskosten nicht übersteigt. Bei Überschreiten dieser Summe ist die KfW-Förderbank berechtigt, ihren Zuschuss zu kürzen.

Eine Kombination der Zuschüsse nach Sanierungs-Kategorie B mit anderen Zuschüssen Dritter ist ebenfalls möglich, wenn auch diese bezuschussten Maßnahmen die technischen Vorgaben der KfW-Förderbank für Sanierungen einhalten. Auch hier kann die KfW-Förderbank bei Überschreiten ihren Zuschuss entsprechend kürzen.

Nicht möglich ist hingegen eine Kombination des $CO_2$-Gebäudesanierungs-Zusschusses mit dem $CO_2$-Gebäudesanierungskredit, der bereits vorgestellt wurde (→ Seite 127). Auch eine Kombination des KfW-Zuschusses mit anderen Kreditförderprogrammen von Landeskreditbanken ist nicht möglich.

Wenn man bestimmte Vorgaben nicht einhalten kann, weil das Gebäude unter Denkmalschutz steht, gilt auch für das Zuschussprogramm, dass man bei der KfW-Förderbank dafür eine detaillierte Beratung wahrnehmen kann.

Wichtig zu wissen: Die Auszahlung des Zuschusses erfolgt erst nach Überprüfung des Verwendungsnachweises. Das heißt, man muss auf alle Fälle in Vorleistung gehen und erhält das Fördergeld erst nach Beendigung der Maßnahme.

### Wohnraummodernisierung nach „Standard" und „Öko-Plus"

Neben den genannten Förderungen bietet die KfW-Förderbank auch ein Wohnraum-Modernisierungsprogramm. Dieses untergliedert sich in eine „Standard"-Variante und in eine ökologische Variante, genannt „Öko-Plus". Diese Förderung kann allerdings nicht in Kombination mit der Zuschussvariante des $CO_2$-Gebäudesanierungsprogramms genutzt werden, sehr wohl aber in Kombination mit der Kreditvariante des $CO_2$-Gebäudesanierungsprogramms der KfW-Förderbank. Dies ist natürlich ein sehr interessanter Aspekt, den man sich – bezogen auf das eigene Vorhaben – genauer ansehen sollte.

Das Wohnraum-Modernisierungsprogramm kann dann interessant sein, wenn man entweder nur eine Wohnraummodernisierung, also etwa einen Umbau eines Hauses, plant oder aber, wenn man einen Umbau eines Hauses in Verbindung mit einer energetischen Modernisierung plant.

Die Anträge zu den Maßnahmen müssen vor Beginn der Arbeiten eingereicht werden, wobei die Regelung gilt, dass Energieberatungs- und Planungsleistungen nicht als Beginn des Vorhabens angesehen werden, sondern nur als Vorbereitung desselben.

Zu den „**Standard**"-Maßnahmen zählt die KfW-Förderbank vor allem bauliche Maßnahmen zur Gebrauchswertverbesserung (zum Beispiel Modernisierung der Sanitärinstallation oder auch des Wohnungsgrundrisses), bauliche Verbesserungen der Wohnverhältnisse (hierunter fallen zum Beispiel Anbau von Balkonen oder Wintergärten), Instandsetzungsmaßnahmen wegen baulicher Mängel, senioren- und behindertengerechter Umbau und die Erneuerung veralteter Heizungstechnik, soweit sie nicht unter die Regelung der „Öko-Plus"-Maßnahmen fallen.

Im Rahmen des „Standard"-Modernisierungsprogramms können 100 Prozent der förderfähigen Kosten gefördert werden, jedoch mit einem maximalen Kreditbetrag von 100 000 Euro.

Zu den „**Öko-Plus**"-Maßnahmen zählen darüber hinaus die Dämmung der Außenwände, des Daches, der obersten Geschossdecke, der Kellerwände sowie zahlreiche Maßnahmen zur Erneuerung der Heizungstechnik, von der Solarthermie über Biomasseanlagen (zum Beispiel Holzpelletanlagen) über Wärmepumpen, Raumlüftungsanlagen bis hin zum Anschluss an das Nah- oder Fernwärmesystem. Aber auch die Erneuerung einer Ölheizungsanlage durch eine neue oder einer Gasheizungsanlage durch eine neue kann hierunter fallen, wenn Brennwerttechnologie zum Einsatz kommt.

Beim „Öko-Plus"-Programm können 100 Prozent der förderfähigen Kosten gefördert werden, der Kreditbetrag ist hier jedoch auf maximal 50 000 Euro begrenzt.

Es können Kreditlaufzeiten von 10 bis zu 30 Jahre gewählt werden, immer mit mindestens einem tilgungsfreien Jahr und gestaffelt von zwei bis höchstens fünf tilgungsfreien Jahren insgesamt,

**Tipp:** Antragsunterlagen für das Zuschussprogramm erhält man entweder über das Infocenter der KfW-Förderbank unter Telefon 01801/335577 oder im Internet unter www.kfw-zuschuss.de.

jeweils orientiert an der Kreditlaufzeit.

Auch bei diesem Programm der KfW-Förderbank können die Beträge entweder in Teilbeträgen oder in einer Summe abgerufen werden. Wird der „Öko-Plus"-Tarif gewählt, müssen die jeweils angeforderten Beträge binnen drei Monaten gemäß dem vorgesehenen Verwendungszweck eingesetzt sein.

Spätestens neun Monate nach Auszahlung des kompletten Kredits muss dessen sachgerechte Verwendung nachgewiesen werden.

Das KfW-Wohnraum-Modernisierungsprogramm kann in Kombination mit dem Solarstromförderprogramm der KfW-Förderbank genutzt werden.

### Das Solarstromförderprogramm der KfW-Förderbank

Das Solarstromförderprogramm ist speziell zur Förderung von Photovoltaikanlagen aufgelegt worden. Gefördert werden Anlagen bis zu einem Kreditvolumen von 50 000 Euro. Dieses Geld ist ausschließlich der Installation von Photovoltaik vorbehalten, kann also nicht etwa zur Installation einer Solarkollektoranlage eingesetzt werden. Es geht hier ausschließlich um die Förderung der Stromgewinnung aus Sonnenenergie. Mit einem solchen Kredit darf die Planung für eine Photovoltaikanlage gezahlt werden, ebenso die Montagekosten, ferner auch Messeinrichtungen. Ein solcher Kredit kann sowohl für den Erwerb einer Anlage, die Errichtung einer Anlage, die Erweiterung einer Anlage oder auch für die Beteiligung an einer Anlage gewährt werden.

Auch bei diesem Förderprogramm der KfW-Förderbank sind 100 Prozent der förderfähigen Kosten ansetzbar, allerdings bis zu dem bereits erwähnten Maximalbetrag von 50 000 Euro.

Dieser Kredit kann, wie ebenfalls schon erwähnt, parallel zu anderen Fördermaßnahmen der KfW-Förderbank in Anspruch genommen werden. Er muss aber vor Beginn der Maßnahme beantragt werden.

Der Zinssatz des Darlehens kann wahlweise auf 5 oder 10 Jahre festgelegt werden. Der Kredit muss als Ganzes abgerufen werden, nicht in Teilbeträgen. Die Angaben zur Anlage beschränken sich aber auf die Nennung der Kilowatt$_{peak}$-Leistung und des Herstellers der Anlage. Das Interessante an diesem Darlehen ist, dass es vom Förderumfang her die Kosten für die Installation einer klassischen Photovoltaikanlage auf einem Hausdach voll abdecken kann. Man muss also zunächst kein eigenes Kapital einsetzen, sondern kann in vollem Umfang auf einen Kredit zurückgreifen. Natürlich hat man die Zinszahlungen zusätzlich zu den Tilgungen zu leisten. Das heißt, auch hier sollte gut durchgerechnet werden, inwieweit sich dies lohnt, wenn man den jeweils aktuellen Programmzinssatz der KfW-Förderbank mit einrechnet.

Die Förderungen der KfW-Förderbank unterliegen keinen Bedürftigkeitskriterien oder Einkommensregelungen, es kann sie also jeder beantragen, unabhängig von Einkommen oder Vermögen. Es ist allerdings so, dass die eigene Hausbank als „Kreditdurchleiter" fungiert und gegenüber der KfW-Förderbank hinsichtlich des Kredits, wie erwähnt, auch haftet. Das heißt, die Hausbank wird den Kredit nur dann durchleiten, wenn der Kreditnehmer bankübliche Sicherheiten stellen kann. Das bedeutet, dass man die Hürde der Stellung ausreichender Sicherheiten für einen Bankkredit, die man generell nehmen muss, auch bei der Inanspruchnahme von KfW-Förderkrediten überspringen muss.

Die Programme der KfW-Förderbank sind an viele Voraussetzungen und Nachweispflichten geknüpft. Daher ist es wichtig, sich über den aktuellen

Stand der Fördermaßnahmen immer auch aktuell im Internet unter www.kfw-foerderbank.de zu informieren.

## Stromproduktion mit erneuerbaren Energiequellen

Neben dem Solarstromförderprogramm der KfW-Bank gibt es vor allem die Förderinstrumente des Erneuerbare-Energien-Gesetzes, das in der Modell-Amortisationsrechnung bereits erwähnt wurde, und das Marktanreizprogramm (MAP) des Bundesamts für Wirtschaft und Ausfuhrkontrolle.

Das **Erneuerbare-Energien-Gesetz** sichert die Einspeisung und Vergütung des selbst produzierten Stroms zu, und zwar zu einem festen Preis, der auf 20 Jahre plus das Installationsjahr garantiert wird. Private Haushalte nutzen diese Vergütungsregelung häufig, um die Installation einer Photovoltaikanlage zur Stromproduktion mitzufinanzieren. Die Vergütung pro Kilowattstunde betrug bei Erlass des Gesetzes 2004 bis zu einer Leistung von 30 Kilowatt mindestens 57,4 Cent pro Kilowatt, ab einer Leistung von 30,01 Kilowatt mindestens 54,6 Cent und ab einer Leistung von 100 Kilowatt mindestens 54,0 Cent.

Diese Werte vermindern sich allerdings Jahr für Jahr für neu in Betrieb gehende Anlagen um 6,5 Prozent bezogen auf den Vorjahreswert, für 2009 und 2010 bereits um 8 Prozent und ab 2011 um 9 Prozent. Das heißt: Je später man eine Anlage installiert, desto weniger Geld erhält man pro Kilowattstunde vergütet. Eine 2004 installierte Anlage erhält also eine höhere Vergütung als eine 2009 installierte Anlage. Dies ist insofern durchaus logisch, als man mit der erhöhten Anfangsförderung versucht, einen Markt für Photovoltaikanlagen zu schaffen, was deren Produktpreise durch größere Stückzahlfertigungen über die Jahre senken soll.

Das Erneuerbare-Energien-Gesetz ist also eine sehr langfristige Unterstützung, man könnte es auch als Amortisationsunterstützung bezeichnen. Da das Gesetz den bisherigen Verbraucher jetzt einfach auch zum Stromanbieter macht, und da es darüber hinaus in vielen Punkten sehr detaillierte Regelungen trifft, die keinen Spielraum für Rechteinterpretationen durch die Stromkonzerne lassen, ist es ein großer Erfolg.

## Die Förderungen des Bundesamts für Wirtschaft und Ausfuhrkontrolle

Eine andere Form der Unterstützung ist das **Marktanreizprogramm** des Bundesamts für Wirtschaft und Ausfuhrkontrolle. Dieses Programm bietet Ihnen die Möglichkeit, eine direkte und unmittelbare Förderung für Heizenergietechnik zu bekommen. Es wurde mittlerweile soweit umgestellt, dass es für Verbraucher sehr einfach ist, Fördermittel zu bekommen.

Im Rahmen der **Basisförderung** müssen Verbraucher den Förderantrag an das Bundesamt für Wirtschaft und Ausfuhrkontrolle nicht einmal mehr vor Abschluss eines Liefer- oder Montagevertrags stellen, sondern er kann bis zu sechs Monate nach Herstellung der Betriebsbereitschaft der Anlage gestellt werden. Neben dem Antrag selbst, der auf der Internetseite des Bundesamts für Wirtschaft und Ausfuhrkontrolle unter www.bafa.de zu finden ist, sind bei Antragstellung folgende Unterlagen einzureichen:

- Nachweis der Betriebsbereitschaft der Anlage
- Nachweis über die in Rechnung gestellten Kosten und die errichtete Kollektorfläche bzw. die installierte Nennwärmeleistung
- Bei Biomasseanlagen zusätzlich die Herstellererklärung

### Förderung der Wärmeproduktion aus erneuerbaren Energiequellen

Nach dem Förderrahmen des Bundesamts für Wirtschaft und Ausfuhrkontrolle werden Solarkollektoren bis zu einer Fläche von 40 Quadratmetern gefördert. Automatisch beschickte Biomassekessel, also zum Beispiel Holzpelletkessel, werden in einer Leistungsgröße von 8 bis 100 Kilowatt Nennwärmeleistung gefördert und handbeschickte Scheitholzvergaserkessel in einer Leistungsgröße von 15 bis 30 Kilowatt.

Die Basisförderung des Marktanreizprogramms nach dem vereinfachten Verfahren umfasst hierbei folgende Anlagen:

- Für Solarkollektoren für die Warmwasserbereitung bis 40 Quadratmeter Fläche: 60 Euro je Quadratmeter installierter Bruttokollektorfläche, mindestens jedoch 412,50 Euro.
- Für Solarkollektoren für die kombinierte Warmwasserbereitung und Heizungsunterstützung: 105 Euro je Quadratmeter installierter Bruttokollektorfläche.
  Solarkollektoranlagen, die ab 2007 eine Prüfung nach DIN EN 12975 erhalten, müssen zusätzlich das Prüfzeichen „Solar Keymark“ tragen.
- Bonus für einen Kesseltausch: 750 Euro beim Tausch eines Heizkessels ohne Brennwerttechnik durch einen Kessel mit Brennwerttechnik, wenn dies gleichzeitig mit der Errichtung einer Solaranlage erfolgt. Ein einfacher Kesseltausch ist nicht förderfähig. Zwischen der Betriebsbereitschaft der Solaranlage und dem neuen Kessel dürfen maximal sechs Monate liegen, um die Gleichzeitigkeit der Maßnahme sicherzustellen.
- Automatisch beschickte Biomassekessel (zum Beispiel Holzpelletanlagen) bis 100 Kilowatt Nennwärmeleistung: 36 Euro je Kilowatt, mindestens jedoch 1500 Euro. Bei Hackschnitzelkessel gibt es 1125 Euro pro Anlage.
  Der Kesselwirkungsgrad für Biomasse-Feuerungsanlagen bis 100 Kilowatt muss jedoch mindestens 90 Prozent betragen. Wird dieser Wert unterschritten, auch nur geringfügig, wird keine Förderung gewährt.
- Scheitholzvergaserkessel von 15 Kilowatt bis 30 Kilowatt Nennwärmeleistung: Auch hier gibt es eine Förderung von 1125 Euro pro Anlage.

Wie man sieht, gibt es bereits auf Bundesebene viele interessante Förderprogramme, die die Amortisationszeit einer Modernisierung erheblich beeinflussen können. Da die Maßnahmenpakete immer mal wieder geändert werden, und da bei den Kreditprogrammen der KfW-Förderbank der jeweils aktuelle Programmzinssatz wichtig ist, empfehlen wir, immer auch nach den aktuellen Fördervoraussetzungen und -konditionen im Internet zu sehen.

Neben dem Blick auf die Internetseiten der KfW-Förderbank und des Bundesamts für Wirtschaft und Ausfuhrkontrolle lohnt gegebenenfalls auch ein Besuch der Internetseite der jeweils zuständigen Landesförderbanken der Bundesländer. Die Internetadressen aller 16 Landesförderbanken der Bundesländer finden Sie im Anhang (→ Seite 218).

Und schließlich sollte man auch bei der eigenen Kommune nach Förderprogrammen fragen. Eine ganze Reihe von Kommunen haben solche bereits aufgelegt.

## Förderungen der Fachagentur Nachwachsende Rohstoffe e.V.

Die Fachagentur Nachwachsende Rohstoffe e.V. (www.fnr.de) ist als Projektträger des Bundesministeriums für

Landwirtschaft, Ernährung und Verbraucherschutz tätig. Die Agentur unterstützt die Forschung, Entwicklung und Markteinführung von Produkten aus dem Bereich nachwachsender Rohstoffe, so auch von **Dämmstoffen**.

Für dieses spezielle Themengebiet hat die Agentur im Internet die Plattform www.naturdaemmstoffe.info geschaffen, wo man sich über aktuelle Fördermaßnahmen informieren kann. Bis Ende 2007 wurden Dämmstoffe in zwei Kategorien gefördert.

Unter **Kategorie I** fielen Dämmstoffe, die die Kriterien des Internationalen Vereins für zukunftsfähiges Bauen und Wohnen „natureplus e.V." erfüllen mussten (www.natureplus.org). Dieser Verein wird getragen von verschiedenen Interessengruppen, von der Bauwirtschaft über Umweltschutzverbände bis zu Verbraucherorganisationen. Ziel ist eine breitere Verwendung umweltverträglicher Materialien im Bauprozess. Dazu hat der Verein unter anderem das natureplus-Qualitätszeichen entwickelt.

Unter **Kategorie II** fielen solche Dämmstoffe aus nachwachsenden Rohstoffen, die noch nicht mit einem natureplus-Zeichen zertifiziert waren.

Kategorie I wurde bis Ende 2007 mit pauschal 35 Euro pro Kubikmeter Dämmung gefördert, Kategorie II mit 25 Euro. Die Förderung lief jedoch Ende 2007 aus.

Da sie eine sehr direkte und einfache Förderung war, um den Dämmstoffen aus nachwachsenden Rohstoffen einen Marktzutritt zu verschaffen und da dieser Marktzutritt nach wie vor viel zu gering ausfällt, wäre eine Wiederaufnahme sicher sinnvoll.

**Fördermittel der KfW**

Zuschüsse und zinsvergünstigte Kredite für Energiesparmaßnahmen an Häusern

| Programm | Was wird gefördert | Wie wird gefördert |
|---|---|---|
| **Wohnraum modernisieren** | **Standardmaßnahmen:** In diesem Programm wird alles gefördert, was zu einer Modernisierung oder Instandsetzung gehört, also nicht nur Energiesparmaßnahmen. So können hier zum Beispiel auch eine Badsanierung, eine Veränderung des Wohnungszuschnitts, der Anbau eines Balkons oder die einfache Erneuerung der Heizung ohne den Einsatz erneuerbarer Energien finanziert werden. Auch der Einbau neuer Fenster gilt als Standardmaßnahme. | Darlehen bis zu 100 Prozent der Investitionskosten, maximal 100 000 Euro pro Wohnung. Auszahlung 96 Prozent. Laufzeit bis zu 30 Jahre, Zinsbindung fünf oder zehn Jahre. Effektivzins derzeit je nach Laufzeit bei fünf Jahren Zinsbindung 4,66 bis 4,68 Prozent und bei zehn Jahren Zinsbindung 4,67 bis 4,96 Prozent. |
| | **Öko-Plus-Maßnahmen:** Dazu gehören der Wärmeschutz der Gebäudehülle, das heißt die Dämmung der Außenwand, Dach oder Kellerdecke sowie die Erneuerung der Heiztechnik auf Basis erneuerbarer Energien oder Kraft-Wärme-Kopplung sowie der Anschluss an Nah- und Fernwärme. Außerdem wird der Austausch von Kohle-, Öl- und Gaseinzelöfen sowie Nachtspeicherheizungen gefördert, wenn sie durch eine Zentralheizung mit Gas- oder Öl-Brennwertkessel ersetzt wird. | Darlehen bis zu 100 Prozent der Investitionskosten, maximal 50 000 Euro pro Wohnung. Auszahlung 100 Prozent. Laufzeit bis zu 30 Jahre, Zinsbindung fünf oder zehn Jahre. Effektivzins derzeit je nach Laufzeit bei fünf Jahren Zinsbindung 3,14 bis 3,60 Prozent und bei zehn Jahren Zinsbindung 3,24 bis 3,96 Prozent. |

**Fortsetzung: Fördermittel der KfW**

Zuschüsse und zinsvergünstigte Kredite für Energiesparmaßnahmen an Häusern

| Programm | Was wird gefördert | Wie wird gefördert |
|---|---|---|
| **$CO_2$-Gebäudesanierung Kreditvariante** | **Sanierung auf Neubau-Niveau:** Energiesparmaßnahmen an vor 1984 gebauten Häusern. Das Haus muss mindestens die für Neubauten geltenden Werte der Energieeinsparverodnung (EnEV) erreichen oder diese um mindestens 30 Prozent unterschreiten. Wenn das Haus Neubau-Niveau gemäß EnEV erreicht, wird ein Tilgungszuschuss von 5 Prozent gewährt. Unterschreitet es die Werte der EnEV um 30 Prozent oder mehr, beträgt der Tilgungszuschuss 12,5 Prozent. Ab 50 Prozent Sonderförderung möglich.<br><br>**Maßnahmenpakete:** Investitionen an Häusern, die vor 1995 gebaut wurden. Hierbei müssen je nach Paket immer mindestens drei oder vier der folgenden Maßnahmen zusammen durchgeführt werden: Wärmedämmung der Außenwände, des Daches und/oder der obersten Geschossdecke, der Kellerdecke und erdberührter Wand- und Bodenflächen sowie von Wänden zwischen beheizten und nicht beheizten Räumen, Erneuerung der Fenster, Austausch der Heizung, Einbau einer Lüftungsanlage. | Darlehen bis zu 100 Prozent der Investitionskosten, maximal 50 000 Euro pro Wohnung. Auszahlung 100 Prozent. Laufzeit bis zu 30 Jahre, Zinsbindung 10 Jahre. Effektivzins derzeit bei 20 Jahren Laufzeit 2,37 Prozent und bei 30 Jahren Laufzeit 2,68 Prozent. |
| **$CO_2$-Gebäudesanierung Zuschussvariante** | Die gleichen Maßnahmen wie in der Kreditvariante des Programms (→ oben). | **Neubau-Niveau:** Wird mit der Sanierung Neubau-Niveau gemäß EnEV erreicht, beträgt der Zuschuss 10 Prozent der Investitionskosten, höchstens 5 000 Euro. Bei Unterschreitung um mindestens 30 Prozent gibt es 17,5 Prozent Zuschuss, höchstens 8 750 Euro.<br><br>**Maßnahmenpakete:** Maßnahmenpakete werden mit einem Zuschuss in Höhe von 5 Prozent der Investitionskosten, höchstens 2 500 Euro gefördert. |
| **$CO_2$-Gebäudesanierung Baubegleitung** | Die Begleitung der Sanierungsmaßnahmen durch einen Sachverständigen. Voraussetzung ist, dass eine Sanierung auf Neubau-Niveau oder besser durchgeführt und im Gebäudesanierungsprogramm entsprechend gefördert wird (→ oben). | Der Zuschuss beträgt 50 Prozent der förderfähigen Beratungs-, Planungs- und Baubegleitungskosten, höchstens 1 000 Euro pro Wohneinheit. |

**Fortsetzung: Fördermittel der KfW**

Zuschüsse und zinsvergünstigte Kredite für Energiesparmaßnahmen an Häusern

| Programm | Was wird gefördert | Wie wird gefördert |
|---|---|---|
| **Ökologisch bauen** | **Der Bau von KfW-Energiesparhäusern 40 und Passivhäusern:** Bei KfW-Energiesparhäusern 40 darf der Jahres-Prämienenergiebedarf nicht mehr als 40 Kilowattstunden pro Quadratmeter Wohnfläche (kW/$m^2$·a) betragen, und der Wärmeverlust der Gebäudehülle muss den in der EnEV angegebenen Höchstwert um mindestens 45 Prozent unterschreiten. Bei Passivhäusern darf der Primärenergiebedarf nicht über 40 (kW/$m^2$·a) und der Heizwärmebedarf nicht über 15 kW/(kW/$m^2$·a) liegen. | Darlehen bis zu 100 Prozent der Baukosten (ohne Grundstück), maximal 50 000 Euro pro Wohnung. Auszahlung 100 Prozent. Laufzeit bis 30 Jahre. Zinsbindung 10 Jahre. Effektivzins derzeit je nach Laufzeit 3,24 Prozent bis 3,96 Prozent. |
| | **Der Bau von KfW-Energiesparhäusern 60:** Bei KfW-Energiesparhäusern 60 darf der Primärenergiebedarf nicht mehr als 60 kW/(kW/$m^2$·a) betragen, und der Wärmeverlust der Gebäudehülle muss den in der EnEV angegebenen Höchstwert um mindestens 30 Prozent unterschreiten. | Darlehen bis zu 100 Prozent der Baukosten (ohne Grundstück), maximal 50 000 Euro pro Wohnung. Auszahlung 96 Prozent. Laufzeit bis 30 Jahre. Zinsbindung 10 Jahre. Effektivzins derzeit je nach Laufzeit 4,67 Prozent bis 4,96 Prozent. |
| | **Heizungstechnik:** In Neubauten, die nicht als KfW-Energiesparhaus oder Passivhaus gefördert werden, wird der Einbau von Heizungstechnik gefördert, die auf erneuerbaren Energien, Kraft-Wärme-Kopplung oder Nah- und Fernwärme basiert. Das gilt zum Beispiel für solarthermische Anlagen, Biomasseanlagen (u.a. Holzpelletanlagen), Wärmepumpen, Lüftungsanlagen, Anlagen zur Nutzung von Wärme aus Kraft-Wärme-Kopplung sowie Wärmeübergabestationen und Rohrnetz bei Nah- und Fernwärme. | Darlehen bis zu 100 Prozent der Investitionen, maximal 50 000 Euro pro Wohnung. Auszahlung 96 Prozent. Laufzeit bis 30 Jahre. Zinsbindung 10 Jahre. Effektivzins derzeit je nach Laufzeit 4,67 Prozent bis 4,96 Prozent. |
| **Solarstrom erzeugen** | Bau, Erweiterung oder Kauf einer Photovoltaikanlage | Darlehen bis zu 100 Prozent der Investition, maximal 50 000 Euro. Auszahlung 96 Prozent. Laufzeit bis 20 Jahre. Effektivzins derzeit je nach Laufzeit bei fünf Jahren Zinsbindung 5,14 Prozent bis 5,17 Prozent bei 10 Jahren Zinsbindung 5,20 Prozent bis 5,21 Prozent. |

**Für alle Programme gilt:** Der Antrag muss vor Beginn der Baumaßnahmen gestellt werden. Die Rückzahlung erfolgt in vierteljährlichen Raten. Das erste Jahr ist tilgungsfrei. Die anfängliche Tilgung kann für maximal zwei bis fünf Jahre ausgesetzt werden. Rückzahlung und Sondertilgungen sind in der ersten Zinsbindungsfrist ohne Vorfälligkeitsentschädigung möglich. Der Kreditnehmer muss bankübliche Sicherheiten stellen (zum Beispiel Grundschulden). Nach Ende der Zinsbindung verlangt die KfW marktübliche Zinsen.

Stand 28. April 2008

# Prioritäten setzen

Nach Durchsicht potentieller Kosten und möglicher Förderungen kommt irgendwann der Punkt, wo man sich fragt, wie man am sinnvollsten vorgeht, welche Prioritäten man also setzt.

Es gibt durchaus „Überzeugungstäter“, die ihren persönlichen Beitrag zum Klimaschutz leisten wollen und umfassend in eine Modernisierungsmaßnahme investieren, obwohl sie vielleicht wissen, dass sich die Investition, wenn überhaupt, nur sehr langfristig rechnen wird.

**Die meisten Wohneigentümer werden einen vernünftigen Kompromiss zwischen sinnvollen Maßnahmen zum Energiesparen und vertretbarem finanziellen Aufwand suchen.**

Andererseits gibt es Immobilienbesitzer, die nur das machen werden, was sich zeitnah rechnet, unabhängig von den Einflüssen auf das Klima. Die wohl größte Gruppe aber wird einen vernünftigen Kompromiss zwischen sinnvollen Maßnahmen zum Energiesparen und vertretbarem finanziellen Aufwand suchen.

Bei der Suche nach Prioritäten sollte die allererste Maßnahme immer sein: **Energie sparen**, man könnte auch sagen Energieverschwendung stoppen. Unsere Modellfamilie ging beispielsweise dazu über, die Heizung abends ganz abzustellen. Die Restwärme in den Heizkörpern und gute Daunendecken reichen ihr, um gut durch die Nacht zu kommen, und der Speicher liefert auch morgens noch genug warmes Wasser für alle.

Nach dem Energiesparen kann der nächste sinnvolle Schritt die **Dämmung** der bestehenden Heizkesselanlage selbst sein, sowie aller Heizleitungen, die nicht in Wänden, sondern frei unter Decken oder vor Wänden (häufig im Keller) laufen. Auf diese Weise wird schon einmal verhindert, dass völlig unnötig die Kellerräume geheizt werden. Auch die Tür- und Fensterdichtungen können zum Beispiel ohne großen Aufwand erneuert oder sogar verbessert werden.

Ein weiterer Schritt kann dann sein, den bestehenden **Brenner und Kessel** gegen moderne Geräte **auszutauschen**. Auch solche Eingriffe amortisieren sich in aller Regel relativ zügig. Vom Standpunkt der Energieeffizienz aus sollte vor einer solchen Maßnahme allerdings erst einmal das Gebäude gedämmt werden. Wer hier die sehr hohen Kosten einer kompletten Außendämmung noch scheut, kann sich überlegen, mindestens die Kellerdecke zu dämmen, wenn der Keller unbeheizt ist und die Trennfläche eines warmen Hausbereichs (Erdgeschoss) zu einem kalten Hausbereich (Keller) darstellt. Zusätzlich kann die oberste Geschossdecke zum Dachgeschoss gedämmt werden, wenn diese ebenfalls die Trennfläche zwischen einem beheizten Obergeschoss zu einem unbeheizten Dachgeschoss darstellt.

Hauskäufer, die ihr Gebäude nach Einführung der Energieeinsparverordnung im Februar 2002 erworben haben, sind nach der novellierten Energieeinsparverordnung zu einigen dieser Maßnahmen ohnehin verpflichtet (→ Kapitel „Gesetzliche Pflichen bei Modernisierungen“).

Bevor man an die Installation eines alternativen Heizungssystems geht, etwa eines Holzpelletkessels oder einer Wärmepumpe, ist es auf alle Fälle sinnvoll, zunächst einmal die Gebäudehülle umfassend zu dämmen. Man kann dabei überlegen, ob man die alten Fenster noch belässt, aber bereits zur späteren Herausnahme vorbereitet. Dazu sollten die alten Fenster dann so mit der neuen Dämmung verbunden wer-

den, dass sie später einfach von dieser zu lösen sind. Ferner sollte überprüft werden, ob die alten Fenster so sitzen, dass sie später über die Wandinnenseite ausgebaut werden können, damit die neue Außendämmung nicht wieder aufgerissen werden muss. Schließlich sollte überprüft werden, ob auch gegebenenfalls neue Fenster über die Innenseite montiert werden können.
Steht man vor der Entscheidung, ob man die Außenwände dämmen soll oder besser die Fenster wechselt, vielleicht weil beides gleichzeitig finanziell nicht möglich ist, sollte man sich für die Außendämmung entscheiden. Sie bewirkt eine Verbesserung auf viel größeren Flächen, außerdem ist die Gefahr der Schimmelbildung bei dieser Reihenfolge geringer, als wenn man zuerst hochwertige Isolierfenster einsetzt.

Muss man sich zwischen einer neuen Heizungsanlage und neuen Fenstern entscheiden, kann, je nach Baujahr der Heizung, die Entscheidung für neue Fenster sinnvoller sein, um die Gebäudehülle insgesamt besser zu dämmen. Ist dann noch Geld übrig, kann dieses sinnvoll in eine neue Heizungsanlage investiert werden. Hierbei kann man überlegen, die alte eventuell noch funktionstüchtige Anlage nicht einfach herausreißen zu lassen, sondern eventuell zunächst auf einen parallelen Betrieb zu gehen. So kann es beispielsweise durchaus Sinn machen, eine bestehende Ölheizung in einem ersten Schritt durch die Installation einer solarthermischen Kollektoranlage bei der Produktion von Warmwasser zu unterstützen. In einem weiteren Schritt könnte man dann die Dämmung des Hauses optimieren und von der Ölanlage weg komplett auf einen regenerativen Energieträger wechseln.

Wer sich problemlos die komplette Rundumerneuerung auf einmal leisten kann, dem steht nichts im Wege außer möglicherweise relativ langen Amortisationszeiten. Steigen die Preise der fossilen Energieträger wie Öl und Gas allerdings weiter überproportional, werden sich die Amortisationszeiten entsprechend verkürzen.

**Den effizienten Einsatz von Energie durch kontrollierten und überlegten Umgang damit kann jeder völlig kostenfrei haben – und das ab sofort.**

# Jetzt geht's richtig los

*Wenn man die individuellen Überlegungen und -kalkulationen abgeschlossen hat, möglichwerweise mit Unterstützung durch einen Energieberater und/oder Architekten, und alle gewünschten Förderanträge eingereicht und bewilligt wurden, geht es endlich an die Umsetzung des Modernisierungsvorhabens.*

# Baudurchführung

Da, zumindest von der KfW-Förderbank, Förderungen ohnehin nur dann gezahlt werden, wenn die Arbeiten durch Fachbetriebe ausgeführt werden, gehen wir hier davon aus, dass für die Modernisierungsarbeiten Handwerker eingeschaltet werden. Wer die Maßnahmen selbst durchführen will, sollte handwerklich sehr versiert sein, nach Möglichkeit selbst eine handwerkliche Fachausbildung haben, und muss dann auf diese Fördergelder verzichten.

## Baudurchführung beauftragen

Je nach Umfang der geplanten Arbeiten wird man für die Suche und Beauftragung von Handwerksunternehmen unterschiedlich vorgehen. Handelt es sich nur um kleinere Maßnahmen wie den Austausch von Brenner und Kessel, kann man bestimmte Handwerksbetriebe um einen Kostenvoranschlag bitten.

Hat man sich bereits für ein bestimmtes Brenner- und/oder Kesselmodell entschieden, kann man den Einbau beim Handwerker abfragen. Ist diese Entscheidung noch offen, kann man sich natürlich auch Alternativangebote unterbreiten lassen.

Wenn man einen **Kostenvoranschlag vom Handwerker** wünscht, ist es wichtig, dass dieser alle Bedingungen vor Ort gesehen hat. Ein Beispiel: Möglicherweise könnte es Probleme geben, den alten Kessel zu entsorgen, weil er gegebenenfalls zu schwer ist oder nicht durch die Tür- oder Fensteröffnungen passt. Genau diese Dinge muss der Handwerker aber in seinem Angebot berücksichtigen, weil sie sonst später sehr teuer werden können, denn sie sind zeitaufwändig und damit kostenintensiv.

**Tipp:** Planen Sie Eingriffe an der Heizungs- und/oder Warmwasseranlage so, dass diese in der warmen Jahreszeit durchgeführt werden.

Wenn ein Handwerker für eine kleinere Maßnahme einen Kostenvoranschlag erstellt und ein Angebot vorlegt, muss man daher sehr genau hinsehen, ob er die Arbeitsleistung und das benötigte Material vollständig berücksichtigt hat. Nun ist es als Laie sehr schwer festzustellen, ob ein Angebot wirklich komplett ist oder ob wichtige Dinge fehlen. Daher ist es sinnvoll, sich mehrere Angebote verschiedener Handwerker schicken zu lassen, einerseits natürlich, um einen Kostenvergleich zu haben, andererseits, um unterschiedliche Einschätzungen des Arbeitsanfalls zu sehen. Trotzdem bleibt das Risiko, dass bestimmte wichtige Arbeiten bewusst nicht berücksichtigt werden, um zunächst mit einem kostengünstig erscheinenden Angebot an einen Auftrag zu kommen, der später dann über Nachträge lukrativ „nachgebessert" wird, oder es werden tatsächlich wichtige Positionen vergessen.

Weiterhin zu beachten ist: In aller Regel weisen Handwerker darauf hin, dass für ihr Angebot ihre Allgemeinen Geschäftsbedingungen (AGB) gelten. Diese unterliegen zwar der Inhaltskontrolle nach dem BGB, können aber trotzdem eine ganze Reihe für die Kunden nachteilige Regelungen enthalten.

Einige Handwerker arbeiten auch auf Grundlage der **Vergabe- und Vertragsordnung für Bauleistungen (VOB)**. Die VOB besteht aus drei Teilen A, B und C, kurz als VOB/A, VOB/B und VOB/C bezeichnet.

Die VOB/A regelt im Wesentlichen die Grundlagen für Ausschreibungen vor allem für öffentliche Auftraggeber.

Die VOB/B ist eine Allgemeine Geschäftsbedingung. Sie umfasst 18 Paragrafen, in denen viele Dinge, die im Zuge von Bauvorhaben wichtig sind, relativ detailliert geregelt werden.

Die VOB/C schließlich enthält vor allem viele technische Regelungen in Form von DIN-Normen, die den jeweiligen Baugewerken zugeordnet sind.

Vereinbart man die VOB/B als Vertragsgrundlage, dann vereinbart man automatisch auch die VOB/C mit, was in § 1 Absatz der VOB/B geregelt ist, wo es heißt: „Als Bestandteil des Vertrags gelten auch die Allgemeinen Technischen Vertragsbedingungen für Bauleistungen (VOB/C)."

Für Auftraggeber ist vor allem die VOB/B von Interesse, entweder, wenn Handwerker ohnehin auf dieser Basis arbeiten, oder aber, wenn man dem Handwerker vorschlägt, auf dieser Basis zusammenzuarbeiten. Dies kann zum Beispiel dann der Fall sein, wenn man eine umfangreichere Modernisierung plant und einen Architekten einschaltet, der eine Ausschreibung anfertigt und in dieser Ausschreibung die VOB/B als Vertragsgrundlage wählt.

Die VOB/B ist grundsätzlich nur als Ganzes wirksam vereinbar, das heißt, man kann sich nicht bestimmte Regelungen auswählen und andere Bestimmungen beliebig neu regeln oder ganz entfallen lassen. Dies liegt daran, dass die VOB als ausgewogenes Regelwerk gilt und von der Inhaltskontrolle durch das zwischenzeitlich ins BGB integrierte AGB-Gesetz ausgenommen ist. Wird sie nicht als Ganzes vereinbart, unterliegen die geänderten Vereinbarungen wieder der Inhaltskontrolle nach dem BGB.

Wird die VOB/B also als Vertragsgrundlage vereinbart, werden aber in der Folge zusätzlich Regelungen getroffen, die der VOB/B widersprechen oder Teilregelungen daraus ausklammern, liegt möglicherweise kein wirksamer VOB/B Vertrag mehr vor, und die Vereinbarungen fallen auf BGB-Recht und dessen Inhaltskontrolle zurück.

Vereinbarungen, die der VOB/B nicht widersprechen, sondern die VOB/B-Regelungen aufgreifen und nur detaillierter definieren oder sinnvoll ergänzen, beispielsweise ein detaillierter Zahlungsplan als Vertragsanlage oder die Vereinbarung einer förmlichen Abnahme, sind zulässig. Es ist sogar zulässig, in einigen Punkten von der VOB/B abzuweichen, zum Beispiel bei der Gewährleistungsfrist. Diese beträgt nach der VOB/B vier Jahre, sie darf abweichend von der VOB aber auch auf fünf Jahre wie im BGB verlängert werden. Das kann für Sie bei der Auftragsvergabe durchaus interessant sein.

Die VOB gilt zwischen einem Bauprofi und einem Baulaien nur dann als wirksam vereinbart, wenn sie dem Laien wirksam zur Kenntnis gebracht wurde, das heißt, mindestens schriftlich ausgehändigt wurde. Ob das allerdings reicht, um Laien die Regelungen wirksam zur Kenntnis zu bringen, darf bezweifelt werden.

An solchen Beispielen wird aber deutlich, dass bei Überschreitung gewisser Vertragssummen die Einschaltung eines auf das Bau- und Architektenrecht spezialisierten Rechtsanwalts hilfreich sein kann.

Die Alternative zu einem Werkvertrag nach der VOB/B ist das **Werkvertragsrecht des BGB**. Dieses findet sich in den Paragrafen 631 bis 651 des BGB. Werkvertrag heißt auch hier, dass ein Werk geschuldet wird und damit auch ein Werkerfolg. Das ist ein wesentlicher Unterschied zu anderen Vertragsformen. Das Werkvertragsrecht nach dem BGB ist nicht speziell auf den Bausektor zugeschnitten wie die VOB, da es ja offen sein muss für alle Bereiche, in denen Werkverträge geschlossen werden. Dies

**Achtung:** Der Bundesgerichtshof (BGH) hat im Juli 2008 eine Grundsatzentscheidung zur Verwendung der VOB/B in Verbraucherverträgen getroffen. Danach ist die VOB/B nicht mehr von der Inhaltskontrolle durch das BGB ausgenommen, selbst wenn sie als Ganzes vereinbart wurde. Das heißt, dass jede Klausel der VOB/B für sich auf Übereinstimmung mit dem BGB überprüft werden muss. Das Verfahren wurde angestrengt durch den Verbraucherzentrale Bundesverband (www.vzbv.de), der bei der VOB/B 24 Klauseln gemäß §§ 307 bis 309 BGB als unwirksam ansieht. Ob und inwieweit diese unwirksam sind, muss nun wieder durch die Vorinstanzen geklärt werden. Das kann einige Zeit in Anspruch nehmen. Beachten Sie die aktuelle Entwicklung in den Medien und im Internet. VOB-Verträge, die abgeschlossen werden sollen, sollten im Zweifel durch einen Fachanwalt für Bau- und Architektenrecht auf ihre Konsequenzen hin überprüft werden.

hat Vor- und Nachteile, und es kommt mitunter sogar auf das Bauvorhaben selbst an, welche Regelung man bevorzugt. Wichtige Unterschiede für Verbraucher zwischen dem BGB und der VOB sind unter anderem die Regelungen über die Abnahme, die Regelungen zur Gewährleistungszeit und das Vorgehen bei Mängeln. Beide Regelungen, sowohl die der VOB/B wie auch die des Werkvertragsrechts nach dem BGB sind im Anhang abgedruckt (→ Seite183 ff.).

## Eine Ausschreibung durchführen

Handwerkerangebote sollte man als Laie eigentlich nur bis zu einer maximal vierstelligen Angebotssumme eigenständig einholen. Angebotssummen, die darüber hinausgehen, bzw. Arbeits- und Materialumfang für eine benötigte Handwerkerleistung, die deutlich die 10 000-Euro-Grenze übersteigen, sollten nach Möglichkeit fachmännisch beaufsichtigt werden. Da gemäß den KfW-Förderrichtlinien Beratungs- und Planungsleistungen zum Beispiel von Energieberatern und Architekten förderfähig sind, sollte man diese Möglichkeit auch nutzen. In Modernisierungs- und Umbauvorhaben erfahrene Architekten können diese Erfahrungen in die Planung und Ausschreibung einfließen lassen, was dem Bauherrn zugute kommt.

In diesen Fällen ist es also nicht der Handwerker, der ein Angebot auf Grundlage seiner Geschäftsbedingungen vorlegt, sondern umgekehrt ist es der Bauherr, der von seinem Architekten vor allem zwei Dinge erledigen lässt:

**Achtung:** In VOB/B-Verträgen sollten Sie grundsätzlich die förmliche, also schriftliche Abnahme vereinbaren!

Erstens die Erstellung der **Ausschreibung der Leistungen**. Der Architekt hat – im Gegensatz zu Handwerkern – von Lücken in der Ausschreibung keinen Vorteil. Im Gegenteil wird ihm das eher Ärger mit dem Handwerker und dem Bauherrn einbringen. Daher hat der Architekt ein natürliches Eigeninteresse an einer inhaltlich vollständigen und umfassenden Ausschreibung.

Zweitens lässt der Bauherr über seinen Architekten den **rechtlichen Rahmen der Ausschreibung** festlegen, und auch hier hat der Architekt ein natürliches Eigeninteresse daran, möglichst günstige Regelungen für den Bauherrn – und somit für sich und seine Arbeit auf der Baustelle – festzulegen.

Gute Architekten arbeiten kontinuierlich mit Fachanwälten für Bau- und Architektenrecht zusammen, um **Rechtsrisiken** so weit wie möglich von vornherein zu vermeiden. Ein ganz wichtiger Aspekt hierbei ist die präventive Überprüfung von Ausschreibungs- und Bauvertragsunterlagen durch einen Fachanwalt. Es kann sonst sein, dass es in diesen Schriftwerken nichtige und damit gegebenenfalls unwirksame Regelungen gibt oder aber widersprüchliche, lückenhafte oder auch unvollständige Festlegungen. Nicht jeder Architekt ist rechtlich auf dem neuesten Informationsstand. Wichtig ist aber, dass ein Architekt das Problem und die daraus resultierenden Risiken erkennt und offen anspricht, damit man gemeinsam überlegen kann, wie man vorgeht. Denn nach wie vor werden sehr viele Ausschreibungen und Bauverträge erstellt, ohne dass erfahrene Anwälte eingeschaltet sind. Dies ist ein Risiko, und es wächst natürlich mit der Auftragshöhe.

Angenommen, ein Modernisierungsvorhaben ist umfangreich und kompliziert. Haben Sie sowohl einen Energieberater als auch einen Architekten eingeschaltet, wird der Architekt auf Grundlage des Gutachtens des Energieberaters eine Planung erstellen.

Mit Hilfe beider Fachleute werden Sie die Fördermittel beantragen. Der Architekt wird die Ausschreibungen anfertigen, ein Anwalt wird diese bei Bedarf nochmals durchsehen, und dann werden sie an Handwerksunternehmen gesandt. Nicht alle Unternehmen werden antworten, aber einige sicher.

Gemeinsam mit dem Architekten werten Sie die Angebote dann aus und wählen Unternehmen aus, zum Beispiel eines für die Heizungsanlage, eines für die Fassadendämmung etc.

Anschließend werden Sie mit den ausgewählten Unternehmen dann entweder Bauverträge schließen oder aber einen Zuschlag auf das jeweilige Angebot erteilen.

Ist alles das erledigt, geht es dann irgendwann ganz konkret los mit dem Modernisierungsvorhaben, spätestens dann, wenn Ihnen die Förderungszusagen vorliegen, die vor einer Modernisierung vorliegen müssen. Für die Vorplanungsphase sollte man keinesfalls weniger als ein halbes Jahr einkalkulieren. Vor allem die Planersuche, Entscheidungsfindungen und Förderbeantragungen dauern häufig doch länger, als man zunächst vermutet.

Man kann natürlich eine Ausschreibung erstellen, diese verschicken und anschließend in einem zweiten Schritt mit dem günstigsten Bieter einen Bauvertrag aushandeln (wobei dieses Handeln nur privaten, nicht öffentlichen Auftraggebern gestattet ist).

Man kann das aber auch über das **Zuschlagverfahren** in einem Schritt erledigen. Dabei wird die Ausschreibung so gestaltet, dass sie nicht nur die technischen Leistungen enthält und die rechtliche Vertragsgrundlage kurz benennt (also etwa Bauvertrag als Einheits- oder Pauschalpreisvertrag nach dem Werkvertragsrecht des BGB oder Bauvertrag nach dem Werkvertragsrecht der VOB bzw. VOB/B). Sondern sie legt dann sehr detailliert bereits alle vertraglichen Inhalte fest, so dass innerhalb einer festgesetzten Zuschlagfrist ein Zuschlag auf das Angebot erteilt werden kann und dadurch ein Vertrag zwischen Ihnen und dem Handwerker zustande kommt. Die Methode ist sehr elegant und auch für die angeschriebenen Handwerker sehr transparent, denn sie kennen so sehr früh alle vertraglichen Details sehr genau. Das Vorgehen setzt aber sehr detailierte und vollständige Ausschreibungen voraus, damit diese direkt als Verträge genutzt werden können.

## Baudurchführung überwachen

Nun geht es also los, und die Baustelle wird eingerichtet. Damit beginnt auch die Überwachung der Handwerkerarbeiten. Hat man niemanden mit der Bauleitung beauftragt, muss man diese selbst vornehmen. Das ist nicht ganz einfach, und man sollte sich das sehr gut überlegen. Die Überwachung betrifft im Wesentlichen drei Bereiche: Die technische, die rechtliche und die kaufmännische Überwachung.

Gemäß KfW-Vorgaben ist auch die Bauleitung förderfähig, deshalb sollte für umfangreiche Modernisierungsmaßnahmen eine professionelle Bauleitung eingeschaltet werden, beispielsweise durch einen bei Modernisierungen erfahrenen Architekten. Es ist nicht möglich, an dieser Stelle in allen Einzelheiten auf die zu überwachenden Punkte einzugehen. Wenn Sie die Bauüberwachung selbst durchführen möchten, empfehlen wir Ihnen zum Beispiel unseren Ratgeber „Richtig bauen: Ausführung“.

Hier können nur die wichtigsten strukturellen Probleme angesprochen, die im Zuge der Überwachung von Bauleistungen auftauchen können.

**Tipp:**
In dem Ratgeber „Richtig bauen: Ausführung“ der Verbraucherzentrale und der Stiftung Warentest gibt es detaillierte Informationen zur Bauüberwachung.

### Ausreichend versichert?

Grundsätzlich sollte man vor Beginn der Modernisierungsmaßnahmen ausreichend versichert sein. Dies gilt vor allem für die **Bauherrenhaftpflichtversicherung**. Wenn man bereits eine private Haftpflichtversicherung hat, kann es sein, dass in dieser ein entsprechender Schutz bereits enthalten ist. Dies ist aber eher selten der Fall. Im Normalfall wird man eine bestehende Privathaftpflichtversicherung temporär um diese Versicherungsleistung erweitern müssen oder sich über eine gesonderte Bauherrenhaftpflichtversicherung gegen Haftungsschäden absichern, die aus dem Bauvorhaben herrühren.

Wenn man vorhat, auf der Baustelle selbst mit anzupacken oder auch Freunde, Bekannte oder Verwandte bittet anzupacken, ist auch hier Vorsicht geboten. Dann sollte man zum eigenen Schutz über eine **freiwillige Unfallversicherung** nachdenken.

Freunde, Bekannte und Verwandte muss man zwingend über die **Bauberufsgenossenschaft** versichern, wenn der Arbeitsanfall insgesamt mehr als 39 Arbeitsstunden beträgt. Der Tarif für die Versicherung von Freunden, Bekannten und Verwandten richtet sich nach der Gesamtzahl der geleisteten Stunden. Diese müssen daher sorgfältig dokumentiert werden. Aus diesem Grunde ist es sinnvoll, vor Beginn der Arbeiten Kontakt mit der Bauberufsgenossenschaft aufzunehmen, wenn in größerem Umfang Eigenleistungen vorgenommen werden sollen. Man kann dann klären, wie die Dokumentation erfolgen soll. Umgeht man diese Pflichtversicherung, und es passiert etwas, erhält der Verunfallte zwar trotzdem einen Schutz, allerdings kann der verantwortliche Bauherr dann mit einem Bußgeld belegt werden. Man sollte sich – jenseits solcher Regelungen – aber auch selbst fragen, ob man Freunde, Bekannte und Verwandte, die einem ihre Arbeitskraft zur Verfügung stellen, ohne jede Unfallversicherung arbeiten lassen will. Dies wird wahrscheinlich jeder klar verneinen. Weitere Informationen zur Versicherungspflicht sind unter der Internetadresse der Bauberufsgenossenschaft www.bgbau.de zu finden.

### Die Einrichtung der Baustelle

Der erste Schritt auf der Baustelle ist fast immer die Baustelleneinrichtung. Hierum kümmert sich entweder ein Handwerksunternehmen, das von Anfang an dabei ist, oder die Baustelleneinrichtung wird separat beauftragt. Sehr wichtig ist eine ordnungsgemäße **Absperrung** der Baustelle. Das kann auch notwendig werden, wenn das Haus bewohnt ist. Ist man dann übers Wochenende mal weg, und Kinder klettern auf eines der Gerüste, kann das fatale Konsequenzen haben. Wenn man einen Teil des Gehwegs mitbenutzen muss, zum Beispiel um ein Gerüst zu stellen, muss dieses gut abgesichert und auch beleuchtet werden.

Ein **Bau-Chemie-WC** und natürlich **Baustrom** und **Bauwasser** sind weitere wichtige Dinge, um die man bzw. der Architekt sich kümmern muss. Auch dies kann vom Handwerker des Hauptgewerks gestellt werden, allerdings muss natürlich vorab geregelt werden, wer die Verbrauchskosten von Wasser und Strom trägt, oder ob diese auf alle umgelegt werden.

### Die Bauleitung

Die Bauleitung durch Fachleute wird normalerweise durch regelmäßige Kontrollanwesenheiten auf der Baustelle ausgeübt, vor allem in kritischen Bau- bzw. Modernisierungsphasen, in denen eine detaillierte Überwachung notwendig ist. Optimal ist eine tägliche Visite der Baustelle, denn gerade bei Modernisierungen schreiten die Maßnahmen in der Regel rasch voran, eine Hausdämmung kann beispielsweise in zwei bis drei Tagen abgeschlossen sein. Dabei sollte aber kontrolliert werden, ob Details sorgfältig ausgeführt sind, ob beispielsweise Fensterbänke auch von unten gedämmt sind etc. Die Installation technischer Anlagen, zum Beispiel von Solaranlagen auf dem Dach, kann innerhalb eines Tages abgeschlossen sein. Werden dann Dachdurchdringungspunkte geschaffen, kann es notwendig sein, dass sich ein Bauleiter deren Wiederandichtung sehr genau ansieht, um spätere Folgeschäden, zum Beispiel durch eindringende Feuchtigkeit, auszuschließen.

Eine Grundleistung der Bauleitung ist gemäß HOAI das Führen eines **Bautagebuchs**. Darin werden Vor-Ort-Situation, Wetterverhältnisse, anwesende Personen, Anweisungen an Personen – häufig mit Gegenzeichnung derselben – notiert, so dass eine möglichst lückenlose schriftliche Dokumentation der Baumaßnahme vorliegt.

Erfahrene Bauleiter lassen sich auch unangekündigt auf der Baustelle sehen, um Arbeiten zu überprüfen. Problempunkte werden fotografiert, für das Tagesgeschäft kann das digital geschehen, für beweiskräftige und nötigenfalls gerichtsfeste Aufnahmen sollte allerdings nach wie vor analog fotografiert werden. Ausführungen, die nicht der Planung und Ausschreibung oder auch technischen Regeln oder Normen entsprechen, werden zur Änderung angewiesen, zur besseren Dokumentation vorab mündlich, im Nachgang aber auch schriftlich mit Fristsetzung. Wird einer Aufforderung zur Beseitigung eines Mangels nicht nachgekommen, wird eine Nachfrist gesetzt unter Vorbehalt des Auftragsentzugs. Stehen Abschlagszahlungen an, wird überprüft, ob der dort angerechnete Umfang erbracht wurde und ob er mangelfrei erbracht wurde. Ist dies nicht der Fall, muss ein entsprechender Geldeinbehalt erfolgen, bevor die Restsumme zur Anweisung freigegeben wird.

Die VOB/B lässt solche Steuerungsverfahren zu. Ist jedoch kein VOB/B-Vertrag geschlossen, und gibt es beispielsweise ein Aufrechnungsverbot für vom Unternehmer nicht anerkannte Mängel, das heißt also, dürfen finanzielle Ansprüche des Bauherren nicht mit finanziellen Ansprüchen des Unternehmers aufgerechnet werden, ist es dann nicht ohne weiteres möglich, zum Beispiel Geld einzubehalten. Denn Voraussetzung dafür wäre dann, dass die finanziellen Ansprüche des Bauherren gerichtlich anerkannt sind. Ein kleiner Nebensatz im Vertrag kann also reichen, um erhebliche Konsequenzen auf der Baustelle zu haben und dem Bauherren und dem Bauleiter eines der wirkungsvollsten Instrumente zu nehmen. Auch das zeigt, wie wichtig bei größeren Modernisierungsmaßnahmen die anwaltliche Durchsicht der Vertragsunterlagen sein kann.

Hat man einen erfahrenen Bauleiter mit der Leitung der Modernisierung beauftragt, ist es wichtig, dass man sich grundsätzlich gut mit ihm abstimmt und auf der Baustelle keine eigenmächtigen oder widersprüchlichen Weisungen erteilt. Das kann die ausführenden Firmen erstens sehr irritieren und zweitens auch zu rechtlich sehr ungünstigen Positionen für den Bauherrn führen. Es ist grundsätzlich sinnvoll, Fragen und Probleme zunächst intern mit dem Bauleiter zu klären und abzustimmen und dann gemeinsam auf die Firmen zuzugehen.
Modernisierungsbaustellen haben im Vergleich zu Neubauten eine ganze Reihe von sehr speziellen Problemen. Einer der zentralen Unterschiede ist, dass sie während der Modernisierung

**Tipp:**
Machen Sie Fotoaufnahmen von Details der Bauausführung, die Ihnen nicht ganz ordnungsgemäß erscheinen. Der Bauleiter kann mit der Hilfe von guten Fotos so manchen Mangel beurteilen, auch wenn der dann bei seinem nächsten Besuch auf der Baustelle bereits überdeckt worden ist.

**Tipp:**
Klären Sie Fragen und Probleme zur Baustelle zunächst intern mit dem Bauleiter, und gehen Sie dann gemeinsam auf die ausführenden Firmen zu.

**Auf der Baustelle keine „Stundenlohnzettel“ unterschreiben.** Es kann vorkommen, dass Handwerker einem abends, nach dem Ende eines Arbeitstags, einen solchen zur Unterschrift vorlegen. Unterzeichnet man ihn, kann dies die Anerkennung von zusätzlicher Arbeitsleistung beinhalten, die zum Beispiel mit dem Bauleiter gar nicht abgestimmt war. Daher sollten Stundenlohnzettel grundsätzlich über den Tisch des Bauleiters laufen.

meist bewohnt sind. Werden dann größere Eingriffe wie ein Fensterwechsel, der Heizungswechsel, neue Innendämmungen etc. durchgeführt, trifft das direkt die Bewohner.

### Auf das Timing kommt es an

Üblicherweise werden die Rohbauöffnungen von Fenstern beispielsweise vom Fensterbauer noch einmal eingemessen und danach erst die Fenster sehr exakt gefertigt. Das kann aber einige Zeit dauern. So lange kann man bei Modernisierungen häufig nicht warten. Hier sollte möglichst direkt nach dem Ausbau der alten Fenster die neuen eingesetzt werden. Gleiches gilt für die Heizung: Wird eine alte Heizung außer Betrieb genommen, sollte möglichst zügig das neue System in Betrieb genommen werden.

Plant man einen Umbau, sollte man schon bei der Planung Lieferfristen abfragen, damit man weiß, ob ein Heizungsbauer überhaupt eine Chance hat, vorgegebene Termine einzuhalten. Diese Lieferschwierigkeiten gab es bereits bei Holzpelletöfen ebenso wie bei bestimmten Dämmmaterialien. War die Modernisierung ursprünglich für den Sommer geplant, konnte es im Ergebnis schnell Herbst werden, selbst wenn die beteiligten Handwerksbetriebe sehr pünktlich und zuverlässig waren, denn auf die Zulieferer haben auch sie keinen Einfluss. Vor allem kritische Gewerke wie Fenster, Heizungsanlagen und Warmwasserbereitungsanlagen sollten daher erst dann ausgebaut werden, wenn die neuen Baumaterialien bzw. Bauteile auch wirklich beim Handwerker einsatzbereit eingetroffen sind. Ansonsten besteht das Risiko, dass man mehrere Wochen lang mit den Einschränkungen von Provisorien leben muss. Das kann in einem kalten Herbst oder Winter mit fehlenden Fenstern, fehlender Heizung und nicht funktionsfähigem Warmwasser eine harte Belastungsprobe sein.

Ein weiteres typisches Problem aller Baumaßnahmen sind Schnittstellenprobleme zwischen unterschiedlichen Gewerken. Bei Modernisierungsvorhaben betrifft das häufig zusätzlich auch die Schnittstellen zwischen Rückbau- und Wiederaufbaugewerken.

Ein Beispiel: Beim Ausbau der alten Fenster wurde so viel der Umfassungswand mit herausgebrochen, dass die neuen Fenster nicht ohne weiteres eingebaut werden können, sondern erst noch einmal ein Rohbauer oder Gipser kommen muss, um die Fensteröffnungen wieder herzustellen. Oder: Beim Ausbau der alten Heizungsanlage wurden Rohre ungünstig gekappt, was beim Einbau der neuen Heizungsanlage Probleme bereitet.

Daher ist es grundsätzlich sinnvoll, mit den Ausführenden von Vor- und Folgegewerk jeweils direkte Abstimmungsgespräche vor Ort zu führen, damit das Vorgehen festgelegt und protokolliert werden kann. Kommt das Baugerüst beispielsweise nicht vom Unternehmen, das auch die Fassadendämmung ausführt, müssen Gerüstbauer und Fassadendämmer unbedingt ein Abstimmungsgespräch führen, damit nicht beispielsweise das Gerüst zu dicht vor der Fassade steht und der Fassadendämmer zu wenig Platz für die Anbringung der Dämmung hat. Die Arbeit eines Handwerkers sollte auch immer erst dann abgenommen werden, nachdem der Folgehandwerker das Ergebnis und die Konsequenzen für seine Folgetätigkeit gesehen und eingeschätzt hat.

### Altes Haus nicht konform mit moderner Bauausführung

Ein weiteres Problem bei Modernisierungsvorhaben ist häufig, dass DIN-Normen oder die „allgemein anerkannten Regeln der Technik“ nicht immer eins zu eins angewandt werden können. So kann es beispielsweise sein, dass die Außenwand eines älteren Gebäudes erhebliche Unebenheiten aufweist. Nun kann man sich überlegen, ob der Fassadendämmer diese Unebenheiten über seine Dämmung ausgleicht, oder ob er sie mit einer Dämmung konstanter Dicke nachbildet. Normalerweise dürfte er nicht eine unebene Fläche abliefern, im Einzelfall ist es bei der Modernisierung aber vielleicht energetisch sinnvoller und auch kostengünstiger, das zu tun. Dann muss man diese Lösungen besprechen, möglichst protokollieren und kann später natürlich dem Handwerker auch keinen Strick daraus drehen und beispielsweise einen Mangelvorbehalt im Abnahmeprotokoll aufnehmen. Wichtig ist bei Regelabweichungen im Rahmen von Modernisierungen, dass sie kontrolliert und abgestimmt geschehen. Das ist wichtig für die problemlose Zusammenarbeit aller Beteiligten. Es müssen tragfähige Kompromisse gesucht und möglichst schriftlich vereinbart werden.

## Checkliste vor Umbaubeginn

Bevor es in die heiße Bauphase geht, sollten die folgenden Punkte noch einmal überprüft werden, damit Sie später möglichst nicht feststellen müssen, dass Sie wichtige Vorbereitungen vergessen haben und dann die Arbeiten gestoppt werden müssen...

**Sind alle Vorbereitungen erledigt?**

- ☐ Die Finanzierungszusage der Bank ist erteilt.
- ☐ Die Förderzusage der Förderbank (zum Beispiel KfW-Förderbank) ist erteilt.
- ☐ Eine finanzielle Sonderrücklage für „Überraschungen“ ist gebildet, über die unvorhergesehene Auszahlungen erfolgen können, (möglichst ca. 5 % der veranschlagten Modernisierungskosten).
- ☐ Alle notwendigen Bauversicherungen sind abgeschlossen.
- ☐ Ein möglicherweise notwendiges Baugesuch ist erstellt und wurde genehmigt.
- ☐ Die absehbare Beanspruchung öffentlicher Flächen ist beantragt und genehmigt.
- ☐ Ein Bauzeitenplan liegt vor.
- ☐ Der Vertrag mit dem Planer oder Architekten und Bauleiter ist von einem Fachanwalt überprüft und abgeschlossen.
- ☐ Potentielle Schadstoffe bei Rückbaumaßnahmen sind erkannt und berücksichtigt.
- ☐ Die möglicherweise notwendig werdende Entsorgung und der Entsorgungsweg von Schadstoffen wurden mit den Behörden abgestimmt und sind genehmigt.
- ☐ Alle notwendigen Planungen für die Dämmung, die Dämmdetails, Heizung, Warmwasser und Solar liegen vor. Die Vorgaben der Energieeinsparverordnung (EnEV) wurden dabei vollständig berücksichtigt.

**Tipp: Wenn das Dach geöffnet werden soll**

Achten Sie bereits bei der Bauzeitenplanung darauf, dass in derselben Woche, in der die eigentliche Dachdämmung erfolgt, das Dach vor dem Wochenende wieder geschlossen ist, mindestens mit den Dachbahnen.

- ☐ Wenn auf Gas oder Fernwärme umgestellt werden soll: Der Anschluss ist beantragt, und ein Anschlussdatum wurde vom Energieversorger schriftlich zugesichert.
- ☐ Die Ausschreibungen sind erstellt, ausgesandt und ausgewertet, Handwerker sind ausgewählt, Zuschläge sind nach präventiver Vertragsprüfung durch einen Anwalt erteilt.
- ☐ Die Handwerker bzw. Hersteller haben die zeitnahen Bezugsmöglichkeiten aller benötigten Modernisierungselemente oder -stoffe zugesichert.
- ☐ Die Installation von Baustrom und Bauwasser ist geregelt.
- ☐ Die Baustellenzufahrt ist problemlos möglich.
- ☐ Die Nachbarn sind freundlicherweise informiert.

# Bautagebuch und Aktenvermerk

Eine Baustelle sollte gut dokumentiert werden, um bei späteren Problemen oder Unklarheiten auf schriftliche Unterlagen zurückgreifen zu können. Ein Bautagebuch und Aktenvermerke sind daher sehr wichtige Hilfsmittel auf allen Baustellen, die ordentliche Führung des Bautagebuchs und die Anfertigung von Aktenvermerken sollten zu den regelmäßigen Routinen während der Umbauzeit gehören.

Wie ein Bautagebuch und ein Aktenvermerk aussehen können, ist auf den Seiten 151 und 152 dargestellt.

# Bauschritte

Eine Modernisierungsbaustelle läuft – je nach Umfang – in einer logischen Reihenfolge ab, die möglichst strikt eingehalten werden muss, will man nicht mit erheblichen Folgeproblemen konfrontiert werden. Würde man beispielsweise zunächst einmal die Fassade dämmen und erst danach die Fenster wechseln, würde dies unweigerlich zu neuen Problemen an der gerade erst fertig gestellten Fassade führen. Außerdem könnten die Fenster natürlich nicht optimal eingepasst werden. Hier werden deshalb einmal typische Bauschritte einer Modernisierung erläutert und immer wiederkehrende Problembereiche aufgezeigt.

## Kellerdämmung

Wenn im Rahmen einer Modernisierung eine Kelleraußendämmung erfolgen soll, wird diese meist als erstes in Angriff genommen, denn dazu muss natürlich der Keller freigegraben werden. Würde man zuvor ein Baugerüst für Fassadenarbeiten aufstellen, stünde es im Weg.

Eine **Dämmung der Kelleraußenwände** ist eigentlich nur dann sinnvoll, wenn sich im betreffenden Keller Wohn- oder Aufenthaltsräume befinden (sollen). Ist in solchen Fällen der Keller feucht, muss vor einer Modernisierung zunächst einmal eine Sanierung erfolgen. Diese kann zeitintensiv sein und sollte daher mit dem entsprechenden Vorlauf eingeplant werden. Wenn ein Keller freigegraben wird, werden nie alle Kellerwände gleichzeitig freigegraben, sondern man geht schrittweise vor und gräbt jeweils nur eine Kellerseite frei. Würde man alle Kellerseiten gleichzeitig freigraben, nähme man den gleichmäßigen Erddruck auf

| **Bautagebuch** | | | | Lfd. Nr. | Datum | | | | Uhrzeit: von - bis | | | |
|---|---|---|---|---|---|---|---|---|---|---|---|---|
| Sonne | wolkig | Regen | Schnee | Frost | Mo | Di | Mi | Do | Fr | Sa | So | Temp. ca. °C |

**Bauvorhaben:** ______________________________

**Anwesende**

Firma: ______________ Firma: ______________

Firma: ______________ Firma: ______________

Firma: ______________ Firma: ______________

**Feststellungen, Stand der Arbeiten**

______________________________

______________________________

______________________________

______________________________

______________________________

**Anordnungen, Besprechungen, Abnahmen**

______________________________

______________________________

______________________________

______________________________

______________________________

**Dokumentation, Fotos von**

______________________________

______________________________

______________________________

______________________________

______________________________

| **Aktenvermerk** | Lfd. Nr. | Datum: | Uhrzeit: von - bis |
|---|---|---|---|
| Bauvorhaben: | | | Ort: Seite 1 |

| **Teilnehmer** | **Funktion** | **Verteiler** |
|---|---|---|
| | | ☐ |
| | | ☐ |
| | | ☐ |
| | | ☐ |
| | | ☐ |

| Lfd. Nr. | Besprechungsinhalt |
|---|---|
| | |
| | |
| | |
| | |
| | |
| | |
| | |
| | |
| | |
| | |
| | |
| | |
| | |
| | |
| | |
| | |
| | |
| | |
| | |
| | |
| | |

die Außenwände ungleichmäßig weg. Wären dann zwei Wände freigegraben, zwei andere aber noch nicht, oder gar drei und eine nicht, könnte die ungleiche Belastung Instabilitäten oder Schäden am Gebäude verursachen.

Besondere Vorsicht ist auch bei dichter Nachbarbebauung geboten, wenn also beispielsweise zwei Häuser eng oder sogar direkt aneinander gebaut sind. In solchen Fällen hilft eine präventive Beweissicherung der Nachbargebäude, also etwa detaillierte Foto- und Filmaufnahmen vor dem Eingriff, damit nicht Risse an Nachbargebäuden, die schon länger existieren, plötzlich der Freilegung Ihres Kellers zugeschrieben werden, um Ihnen die Sanierungskosten aufzubürden.

Bei der Kellerdämmung wird sehr unterschiedlich verfahren. Schwierig wird es bei Kellern, die feucht sind. Hier muss dann in der Regel zunächst eine Trockenlegung des Kellers erfolgen. Dabei können auch horizontale Abdichtungen nach unten notwendig werden.

Falls der bisher ungedämmte Keller noch keine Feuchtigkeitsabdichtung hat, wird diese nachgeholt und beispielsweise eine Bitumendickbeschichtung auf die Kelleraußenwand aufgetragen. Davor wird dann eine Perimeterdämmung aufgesetzt, vor diese wiederum eine Noppenbahn und bei Bedarf eine Dränschicht.

Alte Kellerlichtschächte, die direkten Kontakt mit der alten Hauswand haben, sollten im Falle beheizter Keller entweder mitgedämmt werden oder, soweit möglich, thermisch von der Kellerwand getrennt werden. Das ist aber nicht immer ohne erheblichen Aufwand möglich. Auch bei alten Kellerzugangstreppen ist dies nicht immer möglich.

Eine Dämmung der Kellerbodenplatte von unten ist bei Bestandskellern nicht mehr möglich. Die Kellerbodenplatte kann nachträglich nur von innen gedämmt werden, was die Raumhöhe in den Kellerräumen verringert. Solche Innendämmungen erfolgen üblicherweise unterhalb des Estrichs. Ist im Keller bereits ein Estrich, zum Beispiel ein alter Verbundestrich, muss dieser vorher entfernt werden, was aufwendig ist und mit viel Lärm-, Staub- und Schuttanfall verbunden ist.

*Freilegung der Kelleraußenwände. Der Arbeitsraum wird hier durch das ausgehobene Erdreich schon knapp.*

## Gerüstbau

Manchmal erfolgen als erste Schritte der Modernisierung umfangreiche Rückbaumaßnahmen oder eine Freilegung der Kelleraußenwände. Dann muss der Gerüstbau warten, bis diese abgeschlossen sind. Wenn auch die Baustelleneinrichtung vorhanden ist, also mindestens Baustrom, Bauwasser und ein Chemie-WC installiert sind, kommt meist als nächstes der Gerüstbauer.
Häufig liegen Gerüstbau und Fassadendämmung in der Hand eines Unternehmers. Ist dies nicht der Fall, muss beides gut aufeinander abgestimmt werden.

Wenn das Gerüst im öffentlichen Straßenraum aufgestellt wird, muss dies vorher beim Bauamt der Stadt oder

**Achtung:** Eine gute Dokumentation der Baustelle und direkt angrenzender Nachbargebäude kann Sie unter Umständen vor Schadenersatzforderungen bewahren!

*Nicht immer wird ein Haus komplett eingerüstet. Manchmal „wandert“ das Gerüst auch ums Haus, muss dann aber immer wieder ab- (wie hier gerade im Bild) und neu wieder aufgebaut werden. Eine Alternative können dann fahrbare Rollgerüste sein. Die Wahl des Gerüsts ist letztlich eine Kostenfrage.*

Gemeinde beantragt werden. Außerdem muss das Gerüst dann entsprechend abgesichert werden, unter anderem durch eine Beschilderung und Warnbeleuchtung.

Es gibt Gerüste mit Gerüstleitern oder mit Gerüsttreppen. Gerüsttreppen installieren zu lassen ist teurer, erleichtert den Handwerkern aber meist die Arbeit.

Abgestimmt werden muss auch die Tragfähigkeit des Gerüsts, vor allem dann, wenn bei Arbeiten schwere Lasten auf dem Gerüst zwischengelagert werden sollen.

Wichtig ist ferner, dass das Gerüst so aufgestellt ist, dass alle Punkte der Fassade gut erreicht werden können. Wenn der Ortgang des Hauses erweitert werden muss, sollte das Gerüst an diesen Punkten nicht im Weg stehen.

Das Gerüst muss ferner einen ausreichenden Anstand zur Bestandshauswand einhalten, da zwischen Bestandshauswand und Gerüst ja die neue Dämmung passen muss. Da diese bei der Montage häufig auch leicht geneigt eingeschwenkt und als größere Platte angebracht werden muss, ist auf ausreichend Platz zu achten.

Wird auch bei Dunkelheit gearbeitet, muss an eine Gerüstbeleuchtung gedacht werden.

Der Gerüstschein schließlich, der am Gerüst angebracht werden muss, gibt Auskunft über den Aufsteller des Gerüsts und die wichtigsten Daten, vor allem die Belastbarkeit.

## Entsorgung alter Materialien

Im Zuge von Modernisierungen kommt es häufig zum Rückbau von Bauteilen, zum Beispiel alten Ziegeldächern, Zwischenwänden oder auch alten Verkleidungen. Muss Bauschutt über mehrere Geschosse abtransportiert werden, empfiehlt sich eine **Schuttrutsche**. Diese besteht aus tunnelförmigen Gliederelementen, die aneinandergereiht senkrecht nach unten verlaufen und in einer **Schuttmulde** (Bauschuttcontainer) enden. Solche Schuttrutschen können aber nicht einfach an ein Gerüst montiert werden, denn an ihnen zerren und ziehen erhebliche Kräfte. Wenn eine Schuttrutsche am Gerüst montiert werden soll, muss dies vorher mit dem Gerüstbauer abgestimmt werden.

Gleiches gilt für die immer wieder praktizierte Zwischenlagerung von erheblichen Mengen Abbruchmaterial auf Gerüsten. Das kann schnell die Tragfähigkeit eines Gerüsts übersteigen.

Im Zuge eines Rückbaus kann es auch sein, dass umwelt- oder gesundheitsbelastende Stoffe ausgebaut werden, sogar Schadstoffe wie Asbest.

*Sorgen für den schnellen Abtransport von Bauschutt: geschlossene Schuttrutsche und große Schuttmulde (Container).*

Solche **belasteten Baustoffe** können nicht einfach mit dem anderen Bauschutt entsorgt werden. Sie müssen gesondert und sorgfältig entsorgt werden. Würde man sie einfach durch eine Schuttrutsche werfen, würde schon ihr Aufschlag in der Schuttmulde unter Umständen erhebliche Mengen belasteten Staubs freisetzen. Außerdem könnte das so entsorgte Material nicht mehr separiert vom übrigen Schutt entsorgt bzw. deponiert werden. Aus diesem Grund ist vor Rückbaumaßnahmen eine sorgfältige Überprüfung notwendig, ob zu entsorgende Baustoffe ggf. belastet sind und wie sie dann entsorgt werden müssen. Hier helfen häufig die kommunalen Umweltämter weiter.

Die Staubentwicklung bei der Entsorgung von Bauschutt kann grundsätzlich minimiert werden, indem man über die Schuttmulde ein Folienzelt spannt. Bei der Planung, wo die Schuttmulde stehen soll, muss schließlich darauf geachtet werden, dass der Träger-Lkw die Schuttmulde jederzeit problemlos absetzen und anheben kann.

## Dachdämmung von außen

Wenn Dächer nicht von innen, sondern von außen gedämmt werden sollen, müssen die Dachziegel entfernt und die Dachhaut geöffnet werden, um darunter dann die neue Dämmung zu montieren. Dies ist häufig einer der ersten Arbeitsgänge im Rahmen einer Modernisierung.

Würde man die Dachabdeckung erst entfernen, wenn die Fassade, die Fenster und/oder die Heizungsanlage bereits renoviert sind, bestünde die erhebliche Gefahr, dass die bereits fertiggestellten Leistungen zum Beispiel durch Feuchtigkeitseintritt bei Regen oder herabfallende Dachziegel Schaden nehmen könnten.

Eine Öffnung des Daches sollte man vor allem im Hinblick auf das Wetter sehr gut planen. Starke Regenfälle bei geöffnetem Dach sind ein großes Problem. Dringen größere Mengen Wasser in sensible Bauteile wie den Holzdachstuhl oder Zwischendecken ein, kann das zu Folgeschäden führen.

**Für Asbestsanierungen gelten strenge Vorschriften. Die Firmen benötigen dafür einen speziellen Sachkundenachweis.**

*Kritische Phase bei der Modernisierung: die Öffnung des Daches, um eine neue Dämmung anzubringen.*

*Mit großen Plastikplanen kann man schnell einen provisorischen Regenschutz herstellen, der das Eindringen von Regenwasser in den Innenraum verhindert.*

Zwar ist es natürlich schwer bis unmöglich, einen Bauzeitenplan nach der Wetterlage zu planen, allerdings kann man durchaus versuchen, ein Dach nicht unbedingt in den kritischen Monaten zwischen Oktober und April zu öffnen.

Wenn es gar nicht anders geht, sollte man zumindest vorbereitet sein. Man kann zwar über das eigentliche Dach ein temporäres Wetterdach bauen lassen; das ist aber sehr teuer und angesichts der kurzen Zeit, für die es benötigt wird, nicht lohnenswert. Die vernünftige Alternative ist, **große wetterfeste Planen** bereitzuhalten, die man bei Regen schnell über das offene Dach breiten kann.

Ein solches Vorgehen muss mit dem Handwerksunternehmen gut abgestimmt werden, und es muss auch in der Ausschreibung der Arbeiten mit aufgenommen werden, weil für die Vorhaltung solcher Planen Kosten anfallen können. Mindestens aber kleinere Planen sollten auf alle Fälle immer für den

*Das Gröbste ist überstanden, wenn die neue Dachbahn für eine geschlossene Abdichtung sorgt.*

schnellen Zugriff bereit liegen, um wenigstens offene Teilflächen schnell abdecken zu können.

Wenn die Dachdämmung eingebracht ist, sollte das Dach so schnell wie möglich wieder geschlossen werden, denn viele Dämmmaterialien sind wasserempfindlich. Wichtig ist also, bereits bei der Bauzeitenplanung darauf zu achten, dass in derselben Woche, in der die eigentliche Dachdämmung erfolgt, das Dach vor dem Wochenende wieder geschlossen ist, mindestens mit den Dachbahnen.

Gerade bei Modernisierungen werden Dachziegel gerne auf dem Baugerüst zwischengelagert, um Transportwege einzusparen. Wenn dies so vorgesehen ist, muss es mit dem Gerüstbauer abgestimmt werden. Keinesfalls darf dadurch die Traglast des Gerüsts überschritten werden!

Wenn vom Dachdecker Schrägaufzüge eingesetzt werden (sollen), muss deren Kopplungspunkt am Baugerüst mit dem Gerüstbauer abgestimmt werden. Die Schrägaufzüge können Lasten und Kräfte auf das Gerüst übertragen, die schnell kritische Größen erreichen.

## Ortgangerweiterung

Im Zuge der Dachdämmung muss bei Modernisierungen manchmal auch gleichzeitig der Ortgang erweitert werden, damit die Außenfassadendämmung, die später auf der Giebelwand aufgebracht wird, von oben her gut geschützt ist. Dazu werden die Ortgang-Abschlussziegel des Bestandsdachs abgenommen, anschließend wird die Dachlattung entsprechend verlängert.

Auch diese Arbeiten sollten natürlich vor allen anderen Dämmmaßnahmen und ganz am Anfang der Modernisierung durchgeführt werden. Ob ein solcher Eingriff notwendig ist oder nicht, kann man bereits im Zuge der Hausbegehung vor der Modernisierung sagen, da dieses Detail ja gut sichtbar ist.

**Tipp: Materialmix auf dem Dach vermeiden**

Ein Problem bei Ortgangerweiterungen kann sein, dass die ursprünglich zur Dacheindeckung verwendeten Dachziegel nicht mehr erhältlich sind. Dieses Problem muss bereits während der Planung geklärt werden, um dafür rechtzeitig Alternativen entwickeln zu können.

*Bei der Ortgangerweiterung stellt sich auch die Frage, ob die Originalziegel zur Dachflächenerweiterung noch erhältlich sind.*

## Fensterwechsel

Wenn das Dach fertig ist, steht als nächster Schritt meist die Auswechslung der alten Fenster an. Fensterwechsel erfolgen in jedem Fall vor der Dämmung der Außenfassade, da die Außenfassade ja später möglichst optimal an das Fenster herangearbeitet werden muss.

*Bleibt das Haus bewohnt, soll der Austausch von Fenstern raumweise nacheinander erfolgen.*

Zunächst müssen die neuen Fenster vor Beginn der Arbeiten lieferbereit auf dem Hof des Handwerkers stehen. Bevor dies nicht der Fall ist, sollte man nicht mit dem Ausbau der alten Fenster beginnen, schon gar nicht, wenn die Bewohner während der Modernisierung in der Wohnung bleiben. Der Austausch von Fenstern soll bei Modernisierungen unter Bewohnung immer schrittweise erfolgen. Das heißt, es werden nicht gleich alle Fenster ausgebaut und entsorgt und dann die neuen Fenster eingebaut, sondern es wird jeweils ein Fenster ausgebaut und gleich darauf das neue eingebaut. Dieses Vorgehen stellt sicher, dass das Haus abends beim Verlassen der Baustelle immer dicht ist und keine Schäden aufgrund von Witterungseinflüssen zu befürchten sind. Plastikfolien vor den Fensteröffnungen schützen zwar gegen Regen, aber natürlich nicht vor Kälte. Auch aus Sicherheitsgründen (Einbruchgefahr) sollten die Fenster über Nacht also alle geschlossen sein.

Wenn alte **Rollläden** mit ausgebaut werden, können die neuen Fenster auch inklusive neuer Rollladenkästen eingesetzt werden. Wenn die alten Fenster keine Rollläden hatten, ist ein nachträglicher Einbau meist nur möglich, wenn man künftig mit kleineren Fenstern leben kann, da unter dem alten Sturz dann ja auch noch der neue Rollladen Platz finden muss. Ob man dies will, sollte man sich genau überlegen und bereits in der Planungsphase zum Beispiel dadurch testen, dass man den alten, oberen Fensterrand, der später durch den neuen Rollladen tiefer liegen würde, bis auf diese tiefere Höhe mit einem Kartonstreifen abklebt. Man kann dann besser beurteilen, ob einem das so verkleinerte Fenster noch zusagt. Wenn das Fenster durch den zusätzlichen Rollladenkasten zu klein werden würde, kann man sich immer noch alternative Varianten zum Sonnen- und Lichtschutz überlegen.

Als Alternative zu in der Wand integrierten Rollläden gibt es zum Beispiel Aufsatzrollläden, die außen vor der Fassade montiert werden, häufig in Form horizontal über dem Fenstersturz liegender halbröhrenförmiger Metalltaschen. Sie sind allerdings gewöhnungsbedürftig und treffen nicht unbedingt jeden Geschmack. Aus energetischer Sicht sind sie durchaus sinnvoll, da durch sie keine Schwachstellen bei der Wärmedämmung entstehen.

## Fassadendämmung

Wenn das Dach hergerichtet ist, an Traufe und Ortgang ein ausreichender Dachüberstand besteht und die Fenster ausgetauscht sind, kann mit der Dämmung der Fassade begonnen werden. Je nachdem, welche Dämmart gewählt wird, setzt man unterschiedliche Verfahren ein.

Grundsätzlich muss bei Fassadendämmungen besonders darauf geachtet werden, dass alle Außenbauteile mit eingebunden und gedämmt oder aber thermisch getrennt werden, also etwa auch Vordächer und Balkone, damit der Gefahr von potentiellen Wärmebrücken von vornherein entgegengewirkt werden kann. Auch auf den alten bzw. unterhalb der neuen Fensterbänke muss unbedingt gedämmt werden, um die Bildung von Wärmebrücken auch dort zu vermeiden.

Wird eine **Weichfaserdämmung** gewählt, die später noch mit einer Hartschale verkleidet wird, also zum Beispiel eine Flachsdämmung hinter einer Holzverschalung, werden auf die bestehende Hauswand zunächst die Traghölzer für die Holzkonstruktion aufgebracht. Zwischen diese Traghölzer wird

***Links:*** *Altes Fenster mit Rollladenrahmen*

***Rechts:*** *Neues – etwas kleineres – Fenster mit gedämmtem Rollladenkasten, angepasst an die Fensteröffnung bzw. den vorhandenen Fenstersturz*

*Dieses Haus wird bei der Modernisierung mit gedübelten Hartschaumplatten eingepackt.*

später die Dämmung gesetzt und schließlich mit einer Holzverschalung verkleidet.

Bei **Holzfaserdämmplatten** bzw. auch bei **Polystyrol-Hartschaumplatten** wird die Dämmung entweder mit der Hauswand verklebt oder die Platten werden mit Dübeln an der Hauswand befestigt.

Wichtig bei der Plattenmontage ist, dass sie versetzt erfolgt, ähnlich wie bei Mauerwerk, weil dies die Verbundwirkung erhöht und dadurch auch die Gefahr von Rissbildungen verringert wird.

Üblicherweise arbeitet man sich bei der Dämmung des Hauses von unten nach oben vor, da immer eine Plattenreihe über die nächste gesetzt wird. An den Hausecken wird die Dämmung verzahnt, um auch dort eine möglichst optimale Bindewirkung zu erzielen.

Wurde der Keller bereits außen gedämmt, kann die Fassadendämmung auf der Kellerdämmung aufgesetzt werden. Ist der Keller außen nicht gedämmt, montiert man eine hausumlaufende Metallschiene am Sockel, auf der dann die unterste Reihe der Dämmplatten aufgesetzt wird. Diese Schiene muss tief genug unter der Ebene der Kellerdecke sitzen, damit auch in diesem Bereich möglichst keine Wärmebrücken entstehen. Die Metallschienen müssen dazu sehr sorgfältig an die Hauswand angebracht werden.

Holzfaser- und Polystyroldämmplatten sind sehr flexibel und können einfach geschnitten werden. Hierfür gibt es spezielle Schneidemaschinen, so dass man die Platten vor Ort auch an schwierigen Stellen individuell anpassen kann.

*Mit einer speziellen Schneidemaschine auf dem Baugerüst kann man die Platten optimal anpassen.*

Sind die Platten montiert, werden sie in der Regel noch mit einem **Verstärkungsgewebe** überzogen, das dem Putz bessere Halt gibt. Im unteren Bereich der Dämmung wählt man häufig relativ starke „Panzergewebe", die verhindern sollen, dass sich die Dämmung in diesem sensiblen Bereich allzu leicht verformt oder beschädigt wird, beispielsweise durch das Anlehnen eines Fahrrads oder durch einen „Volltreffer" mit einem Fußball.

Auf das Gewebe wird schließlich der **Putz** aufgetragen, wobei man sich hier umgekehrt von oben nach unten vorarbeitet. Bei Farbputzen ist es sinnvoll, größere Farbprobenflächen anfertigen zu lassen, um die Hausfarbe optimal auswählen zu können. Solche Farbproben müssen nicht direkt an der Hausfassade aufgebracht werden, sondern können auch auf losen Dämmplatten mit Gewebe aufgetragen werden, die man dann senkrecht vor die Hauswand stellt.

## Heizungswechsel und Solarkollektoren

Beim Heizungswechsel kommt es stark darauf an, in welchem Umfang das alte Heizsystem ausgewechselt wird. Wenn man beim bisherigen Heizmedium, zum Beispiel Öl, bleibt, und nur der Brenner und gegebenenfalls der Kessel gegen neue Aggregate getauscht werden, hält sich der Umfang der Arbeiten in Grenzen.

Sollen zusätzlich auch noch der Speicher, Pumpen, Sicherheitseinrichtungen, Rohrleitungen und die Heizkörper gewechselt werden, wird es schnell aufwändiger, und die Arbeiten dauern deutlich länger. Außerdem ist dann nicht nur der Heizungsraum, sondern sind dann fast alle Räume im Haus betroffen. Umfangreiche Arbeiten an der Heizungsanlage sollten daher nach Möglichkeit in der warmen Jahreszeit durchgeführt werden.

Wenn man das Heizmedium wechseln will, also zum Beispiel von Öl auf Gas oder Fernwärme umsteigen will, müssen diese **Medienanschlüsse** rechtzeitig beantragt und der Anschlusstermin schriftlich bestätigt werden, damit es an diesem sensiblen Punkt nicht zu Verzögerungen kommt.

Außerdem sollte man Maßnahmen an der Heizungsanlage vorab immer mit dem zuständigen **Schornsteinfeger**

*__Links:__ Auch die Entsorgung der alten Heizungsanlage will geplant sein. Für eine Person alleine ist das nicht zu schaffen.*

*__Rechts:__ Die neue Heizungsanlage muss vor allem beim bewohnten Haus so zügig eingebaut werden, dass die Versorgung mit Warm- und Heizungswasser nur kurz unterbrochen werden muss.*

**Tipp:** Umfangreiche Arbeiten an der Heizungsanlage sollten möglichst in der warmen Jahreszeit durchgeführt werden.

durchsprechen, um mögliche Vorgaben beachten zu können. Wenn Anlagen Emissionen verursachen, also zum Beispiel Öl-, Gas- und Holzpelletheizungen, sollte grundsätzlich der Schornsteinfeger in die Vorbereitungen einbezogen werden.

Werden umfangreichere Arbeiten durchgeführt, ist es wichtig, dass bei den neu installierten Anlagenteilen alle Vorgaben der Energieeinsparverordnung (beispielsweise zur Rohrdämmung) eingehalten werden. Wichtig ist ferner, dass auch die **Entsorgung** der alten Heizungselemente gut geklärt ist. Einen alten Öltank fachgerecht zu zerlegen und zu entsorgen, ist mit Aufwand verbunden. Der Ausbau der alten Anlage sollte auch erst erfolgen, wenn die neue Anlage beim Handwerker eingetroffen ist – und zwar vollständig, so dass wirklich ein zügiger Heizungswechsel erfolgen kann und die Bewohner nicht längere Zeit ohne Raumheizung und Warmwasser auskommen müssen.

Werden im Rahmen des Heizungswechsels auch **Solarkollektoren** in das System integriert, muss daran gedacht werden, dass deren Installation in enger Abstimmung mit eventuellen Arbeiten am Dach erfolgen muss. Solarkollektoren können heute bereits als Dachdeckung integriert installiert werden. Außerdem werden dann natürlich auch Leitungsführungen vom Dach bis in den Keller notwendig, wenn der Speicher dort platziert ist. Üblicherweise wird daher zunächst einmal die gesamte Kollektor- und Leitungsinstallation fertiggestellt, bevor dann auch der Brenner-, Kessel- und Speicherwechsel vollzogen werden. Verschiebt sich, beispielsweise durch starken Regen oder andere Probleme die Installation der Kollektoranlagen, hat dies dann zunächst keine Auswirkungen auf den Betrieb der Altanlage.

## Photovoltaik

Bevor eine Photovoltaikanlage installiert wird, sollte eine technische Abstimmung mit dem lokalen **Stromversorger** erfolgen.

Bei allen Anlagen, die auf dem Dach installiert werden, sollte auch an einen möglichst einfachen **Zugang für Pflege- und Wartungsarbeiten** gedacht werden. Bei eingeschossigen Häusern erreicht man die Dachflächen häufig schon mit einer einfachen Leiter. Bei höheren Häusern sollte aber von vornherein daran gedacht werden, dass möglicherweise auch einmal Handwerker die Anlagen möglichst unkompliziert erreichen sollen. Wenn es bereits Dachausstiege gibt, sollten diese in der Planung berücksichtigt werden. Bei Bedarf muss man auch Tritteisen auf der Dachfläche installieren.

*Solarkollektoren und Photovoltaik-Elemente können in der Regel erst nach abgeschlossener Dachsanierung montiert werden.*

# Bauleistungen abnehmen

Irgendwann wird sich das Modernisierungsvorhaben dem Ende nähern. Das eine Gewerk wird früher fertig, das andere später, aber alle Handwerker werden eine Abnahme ihrer Leistungen haben wollen, um auch die Schlussrechnung stellen zu können. Wenn man einen Bauleiter an seiner Seite hat, sollte dieser die Abnahmen gut vorbereiten und auch beim Abnahmetermin anwesend sein.

Die Abnahme einer Bauleistung ist ein rechtlich sehr bedeutsamer Vorgang. Mit der Abnahme einer Bauleistung erkennt man die Leistung als im Wesentlichen erbracht an. Ein Handwerker kann nach der erfolgten Abnahme die Schlussrechnung stellen. Die Gewährleistung beginnt zu laufen, und die Beweislast kehrt sich um. Aber was heißt das alles und wie geht man vor?

Zunächst ist es wichtig zu wissen, dass die Abnahme nach BGB und VOB unterschiedlich geregelt ist.

Bei Verträgen auf Grundlage des BGB ist grundsätzlich eine **förmliche Abnahme** vorgesehen. Das heißt, der Bauherr und möglichst auch der Bauleiter sehen sich gemeinsam mit dem betreffenden Handwerker die Leistungen vor Ort an und setzen ein Protokoll auf, in dem die Abnahme schriftlich niedergelegt wird.

Bei Verträgen auf Grundlage der VOB/B muss eine förmliche Abnahme ausdrücklich vereinbart werden, wenn sie gewünscht wird. Dies ist für Bauherren ein sehr gefährlicher Punkt der VOB/B-Regelungen. Hat man nämlich keine förmliche Abnahme vereinbart, und wird auch keine förmliche Abnahme verlangt, kann die Leistung gemäß § 12 Punkt 5 der VOB/B mit Ablauf von 12 Werktagen nach schriftlicher Mitteilung der Fertigstellung als abgenommen gelten. In der Praxis wäre dies außerordentlich problematisch, weil der Bauherr dann unter Umständen kein förmliches Abnahmeprotokoll in der Hand hätte, mit allen Vorbehalten, die er möglicherweise geltend machen wollte. Daher sollte in VOB/B-Verträgen grundsätzlich und von vornherein eine förmliche Abnahme vereinbart werden.

Die förmliche Abnahme ist deswegen zu empfehlen, weil sie einem die Möglichkeit gibt, im Falle von Mängeln Vorbehalte vorzubringen und Nachbesserungen zu fordern sowie nötigenfalls auch Geldeinbehalte vorzunehmen. Eine Abnahme sollte daher gut vorbereitet werden, samt einem Abnahmeprotokoll, das in seiner Struktur in etwa wie auf Seite 164 aussehen könnte.

Fallen einem während der Abnahme Leistungsmängel auf, müssen diese mit ins Protokoll aufgenommen werden, zum Beispiel in Form eines **Abnahmevorbehalts**. Es sollte dann auch eine Frist zur Nachbesserung des Mangels vereinbart und im Protokoll festgehalten werden sowie ein Geldbetrag, der bis zur Mangelbeseitigung einbehalten wird. Diese Summe beträgt nach Paragraf 641 Absatz 3 des BGB üblicherweise mindestens das Dreifache der Beseitigungskosten des Mangels. Sollen Vertragsstrafen oder andere Einbehalte geltend gemacht werden, müssen auch diese und deren Höhe im Protokoll vermerkt werden.

Wenn man **sichtbare Mängel**, also Mängel vor allem an Oberflächen oder anderen sichtbaren Stellen von Baumaterialien oder Bauteilen oder deren Zusammenfügung, die nicht im Protokoll vermerkt wurden, später geltend machen will, wird man in der Regel erhebliche Probleme haben. Denn der Handwerker wird dann fragen, warum man das nicht im Rahmen der Abnahme reklamiert hat. Nach der Begehung

**Achtung:** Die Abnahme einer Bauleistung ist ein rechtlich sehr bedeutsamer Vorgang. Mit der Abnahme erkennt man die Leistung als im Wesentlichen erbracht an. Ein Handwerker kann nach erfolgter Abnahme die Schlussrechnung stellten. Die Gewährleistung beginnt zu laufen, und die Beweislast kehrt sich um.

| # Abnahmeprotokoll | Datum: | Uhrzeit: von - bis |
|---|---|---|
| Bauvorhaben: | | Auftrag vom: |

**Gewerk:** ______________________ Beginn: __________

**Auftraggeber:** ______________________ Fertigstellung: __________

**Auftragnehmer:** ______________________ Vertraglich vereinbarte Fertigstellung: __________

**Teilnehmer:** ______________________ Terminüberschreitung: __________

| Lfd. Nr. | Übergabe folgender Unterlagen, Pläne, Schlüssel, usw. |
|---|---|
| | |
| | ☐ **Weiteres siehe Anlage** |

Bei der Abnahme wurden folgende Mängel festgestellt. Diese Mängel sind unverzüglich, spätestens bis zum ______________ zu beseitigen. Sofern der Auftragnehmer nicht innerhalb der vorgenannten Frist die Mängel beseitigt, ist der Auftraggeber berechtigt, auf Kosten des Auftragnehmers die Mängelbeseitigung vorzunehmen bzw. durch Dritte vorzunehmen lassen. Alle Ansprüche des Auftraggebers auf Gewährleistung und Schadenersatz bleiben unberührt.

| Lfd. Nr. | Mängel bzw. unvollständige Leistung (sowie ggf. Geldeinbehalt) |
|---|---|
| | |
| | |
| | |
| | |
| | |
| | |
| | ☐ **Weiteres siehe Anlage** |

- ☐ Die Abnahme der Leistungen wird wegen der vorgenannten Mängel verweigert.
- ☐ Der Auftraggeber behält sich die Geltendmachung der vereinbarten Vertragsstrafe vor.
- ☐ Die Leistungen werden abgenommen unter Vorbehalt der aufgeführten Mängel.
- ☐ Frist für die Gewährleistung der abgenommenen Leistung: Beginn: ________ Ende: ________

______________________ den ______________________

Auftraggeber: ______________________ Auftragnehmer: ______________________

könnte der Schaden ja genauso gut auch durch den Bauherrn oder andere Handwerker entstanden sein.

Ein sehr typisches Ärgernis in diesem Zusammenhang sind die ungereinigten neuen Fenster. Kaum sind sie eingebaut, werden sie mitunter recht rasch im noch ungereinigten Zustand abgenommen. Reinigt man diese dann später und stellt dabei zum Beispiel mehrere kleine Kratzer auf den Scheiben fest, wird es schwer, hier noch eine Mangelbeseitigung durchzusetzen. Daher muss auch ein Detail, dass zum Beispiel Scheiben zum Zeitpunkt der Abnahme ungereinigt und mögliche Kratzer daher nicht sichtbar waren, in ein Abnahmeprotokoll aufgenommen werden, um entsprechende spätere Reklamation wirksam durchführen zu können.

Bei nicht sichtbaren, also **verdeckten Mängeln** wie etwa einer undichten Heizungsleitung unter einer Dämmung bleibt der Anspruch auf Mängelbeseitigung bestehen, wenn aus dem Abnahmeprotokoll hervorgeht, dass das Bauteil zum Zeitpunkt der Abnahme nicht sichtbar war.

### Was passiert nach der Abnahme?

Nach erfolgter Abnahme treten automatisch zwei Rechtsachverhalte ein: Erstens beginnt die Gewährleistungszeit zu laufen, und zweitens kommt es zur Umkehr der Beweislast.

**Die Gewährleistungszeit** beträgt nach dem BGB fünf Jahre, nach der VOB/B vier Jahre und nach VOB/B mit vereinbarter Gewährleistungszeit nach BGB ebenfalls fünf Jahre. Allerdings sind von diesen Gewährleistungszeiten bestimmte Bauteile ausgenommen, häufig zum Beispiel „feuerberührte Bauteile“, also etwa ein Heizölbrenner, oder auch bewegliche Teile wie Fenstergriffe und Scharniere. Für diese gilt eine meist verminderte zweijährige Gewährleistungszeit.

Bei der **Umkehr der Beweislast** handelt es sich um folgende Regelung:
Vor der Abnahme ist es so, dass im Falle eines auftauchenden Mangels der Handwerker dem Bauherrn nachweisen musste, dass es sich nicht um einen Mangel handelt. Nach der Abnahme ist dies umgekehrt. Nun muss der Bauherr dem Handwerker nachweisen, dass es sich bei einem vermuteten Mangel auch tatsächlich um einen Mangel handelt, den der Handwerker zu verantworten hat.

### Schlussrechnungen der Handwerksbetriebe

Nach der Abnahme kann der Handwerker auch seine Schlussrechnung stellen. Bevor diese bezahlt wird, sollte sie sorgsam überprüft werden. Meist erfolgt dies in mehreren Schritten:

- Beim Eingang einer Schlussrechnung überprüfen: Ist die Abnahme schon erfolgt, die Schlussrechnung überhaupt zur Zahlung fällig?
- Wenn ja: Sind die auf der Schlussrechnung aufgeführten Leistungen auch erbracht worden bzw. durch frühere Abschlagsrechnungen schon abgerechnet worden?
- Entsprechen die verbleibenden Positionen preislich den Positionen des Angebots, und stimmen das beigelegte Aufmaß bzw. die angegebenen Mengen?
- Wurden im Abnahmeprotokoll Mängelvorbehalte und Geldeinbehalte geltend gemacht, möglicherweise auch aus Vertragsstrafen? Wenn ein Sicherheitseinbehalt für die Dauer der Gewährleistungszeit einbehalten werden soll, ist dieser zu berücksichtigen.
- Wurden die Kosten für Baustrom und Bauwasser berücksichtigt?
- Dann wird die Rechnung nachgerechnet, um Additions- oder Multiplikationsfehler oder Fehler bei Summenübertragungen auszuschließen.

**Tipp:**
Wenn Rechnungen gekürzt werden, sendet man dem Handwerker üblicherweise eine Kopie der korrigierten Rechnung mit den darin vermerkten Kürzungen, damit er die Kürzungen transparent nachvollziehen kann.

- Schließlich wird ein gewährtes Skonto, also eine Rechnungsermäßigung bei rascher Bezahlung überprüft und berücksichtigt.

Erst dann ist eine Rechnung fertig überprüft und zur Anweisung frei. Ist ein Bauleiter eingeschaltet, übernimmt er üblicherweise die Rechnungsprüfung und gibt Rechnungen gegenüber dem Bauherrn zur Anweisung frei.

## Gewährleistung und Wartung

Gerade bei Anlageninstallationen, zum Beispiel Heizungs- oder Solaranlagen, kann es gut sein, dass der installierende Betrieb einen **Wartungsvertrag** für die Anlage empfiehlt. Möglicherweise wird er sogar die Gewährleistung dann ausschließen, wenn nicht auch ein Wartungsvertrag abgeschlossen wird. Diese Regelung steht rechtlich allerdings auf wackeligen Füßen, denn es kann natürlich durchaus sein, dass man – auch ohne Abschluss eines Wartungsvertrags – eine regelmäßige Wartung durch einen Fachbetrieb vornehmen lässt.

Trotzdem sollte man solche Klauseln nicht unwidersprochen hinnehmen und auch bei einem eventuell vorgelegten Wartungsvertrag sehr genau hinsehen. Gegen eine regelmäßige Wartung ist nichts einzuwenden, wenn sie erstens notwendig ist und zweitens zu fairen Konditionen geschieht. Auch Wartungsverträge sollten aber gegebenenfalls mit den in die Modernisierungsmaßnahme eingeschalteten technischen und juristischen Fachleuten durchgesprochen werden, bevor es zur Unterzeichnung kommt.

Trotz aller Vorkehrungen kann es natürlich vorkommen, dass während der Gewährleistungszeit ein **Mangel** auftritt. Dann stellt sich die Frage, wie man sinnvollerweise vorgeht. Auch hierbei kommt es wieder darauf an, ob man einen Vertrag auf Grundlage des BGB oder der VOB/B hat. Neben der Gewährleistungsdauer ist hierbei auch die Wirkung eines Mangelschreibens unterschiedlich geregelt.

Angenommen, ein Jahr nach Installation einer Heizungsanlage entweicht plötzlich Wasser aus dem Rohrsystem. Dann ist zunächst zu klären, ob es sich überhaupt um einen Mangel handelt.

Hat man mit einem Bauleiter neben der HOAI-Leistungsphase 8 auch die HOAI-Leistungsphase 9 vereinbart, wird der Bauleiter auch während der Gewährleistungszeit in Mängelfällen zur Verfügung stehen. Das heißt, im Falle eines Mangels ist es sinnvoll, zunächst einmal ihn einzuschalten, damit er sich vor Ort ein Bild machen und die Lage einschätzen kann. Kommt auch er zu dem Schluss, dass es sich um einen Mangel handelt, kann er ein entsprechendes **Mangelschreiben** an den Handwerker aufsetzen. Dieses muss den Mangel möglichst genau beschreiben und sollte eine angemessene Fristsetzung zur Behebung enthalten. Um einem solchen Schreiben die Schärfe zu nehmen, kann der Bauleiter dieses vorab auch telefonisch beim Handwerker ankündigen.

Während bei einem BGB-Vertrag durch ein solches Schreiben die Gewährleistungszeit nicht unterbrochen wird, wird sie beim VOB/B-Vertrag gehemmt, das heißt, zeitlich unterbrochen. Dies ist beim BGB nur zu erreichen, wenn entweder der Handwerker den Mangel (möglichst immer schriftlich) bestätigt oder ein selbstständiges Beweisverfahren eingeleitet wird.

Nach Ablauf eines Jahres der Gewährleistungszeit ist das noch relativ belanglos, gegen Ende der Gewährleistungszeit kann das aber durchaus sehr bedeutsam werden. Angenommen, ein Bauherr hat einen BGB-Vertrag und nach vier Jahren und zehn Monaten erkennt er einen Mangel, den er zur Behebung anmahnen will. Dann sendet er oder sein Bauleiter ein entsprechendes Schreiben an den Handwerker. Reagiert dieser zum Beispiel aber gar nicht darauf, oder verschleppt er die Angelegenheit um acht Wochen, läuft der Bauherr Gefahr, aus der Gewährleistungszeit zu rutschen. Handelt es sich um einen größeren Mangel mit einem höheren zu erwartenden Schaden, ist es wichtig, rechtzeitig einen Fachanwalt einzuschalten, der die Ansprüche sichert. Da es hierbei auf Fristen, Formerfordernisse und ähnliches ankommt, kann man nur raten, dies einem erfahrenen Fachanwalt zu überlassen.

Natürlich kann einen auch während der Gewährleistungszeit noch eine ganz andere Überraschung betreffen: Es kommt vor, dass das Handwerksunternehmen, das für einen Mangel verantwortlich ist, während der Gewährleistungszeit in die Insolvenz gerät und endgültig aufgeben muss. In einem solchen Fall nutzen Gewährleistungsansprüche wenig, es sei denn, man hat mit dem Handwerker von Anfang an eine **Gewährleistungsbürgschaft** vereinbart. Dann wurde über einen bestimmten Betrag eine Bankbürgschaft eingerichtet, die eingezogen werden kann, wenn es zu einem Gewährleistungsschaden kommt, aber der Handwerker diesen nicht beheben kann oder will. Alternativ kann man auch eine **Gewährleistungsversicherung** abschließen, die solche Risiken während der Gewährleistungszeit absichert. Es gibt in Deutschland allerdings nur wenige Versicherer, die eine solche Versicherung anbieten. Häufiger wird in Deutschland das Bürgschaftsmodell gewählt.

Einen Sicherheitseinbehalt von 5 % der Auftragssumme kann man für die Dauer der Gewährleistungszeit grundsätzlich einbehalten, wenn dies vertraglich so vereinbart wurde.

Mit dem Ende der Gewährleistungszeit erlöschen auch fast alle Gewährleistungsansprüche. Ab diesem Zeitpunkt ist zu hoffen, dass über möglichst lange Zeiträume kein größerer Defekt auftritt, um eine effektive Amortisation der eingesetzten Mittel zu erreichen.

**Auf die Behebung eines Mangels nach Ablauf der Gewährleistungszeit hat man in aller Regel nur einen Anspruch, wenn entweder noch eine zusätzliche Garantie des Vertragspartners läuft oder aber ein Mangel zum Beispiel arglistig verschwiegen wurde. Dies nachzuweisen, ist allerdings meist schwierig.**

# Anhang

# Im Schnelldurchlauf: Die wichtigsten Schritte zum Ziel

Nachdem Sie nun einen umfassenden Überblick über die unterschiedlichen Möglichkeiten bei Modernisierungen mit dem Fokus auf „Energie sparen und Energie erzeugen" gewonnen haben, gibt es hier noch einmal kurz gefasst die Übersicht über die wichtigsten Schritte zum Ziel:

- Die eigene Energiebilanz erstellen und prüfen
- Gesetzliche Vorschriften prüfen
- Bau- und eigentumsrechtliche Bedingungen prüfen
- Berater und Planer suchen
- Die Gebäudedämmung planen
- Die Gebäudetechnik planen
- Kosten ermitteln und Fördermittel beantragen
- Leistungen ausschreiben und Handwerker suchen
- Modernisierung durchführen
- Leistungen abnehmen und Gewährleistung sichern

## Die eigene Energiebilanz erstellen und prüfen

Bevor man eine Modernisierung angeht, sollte man zunächst den eigenen Energiebedarf pro Jahr und dessen Kosten kennen. Nur so kann man überschlägig ermitteln, ob sich Modernisierungsmaßnahmen in einem angemessenen Zeitraum amortisieren oder nicht. Folgendes Vorgehen ist dabei sinnvoll:

- Messung des eigenen **Energieverbrauchs für Heizung und Brauchwassererwärmung pro Jahr**, entweder über vorhandene Messuhren wie zum Beispiel Gasuhren oder durch eigenes Messen, zum Beispiel über den Ölstand im Tank. Zur Ermittlung des Volumenbedarfs an Öl kann man einen alten Zollstock verwenden. Die Differenz in der Füllstandshöhe multipliziert mit der Länge und Breite des Öltanks ergibt das Volumen.
- Bei Zentralheizungen für Heizung und Warmwasserbereitung: Messungen im Winter und im Sommer sind sinnvoll, um separate Ergebnisse für den **Heizenergiebedarf** und den reinen **Warmwasserenergiebedarf** zu erhalten. Während im Winter beides anfällt, wird im Sommer bei abgeschalteter Heizung nur der Energiebedarf für die Warmwasserbereitung ermittelt. Hat man diesen bestimmt, kann man ihn auch auf die Wintermonate übertragen und vom Gesamtenergiebedarf im Winter subtrahieren, um den Heizenergiebedarf zu ermitteln.
- Als nächstes erfolgt die Ermittlung der beheizten Wohnfläche in Quadratmetern (beispielsweise an Hand alter Pläne oder durch Ausmessen) und Umrechnung des **jährlichen Heizenergiebedarfs pro Quadratmeter**.
- Vergleich des eigenen Heizenergiebedarfs mit Werten, die üblicherweise nach einer Modernisierung erreicht werden können: 7 bis 9 Liter Öl bzw. 7 bis 9 Kubikmeter Gas pro Jahr und

Quadratmeter. **Berechnung des möglichen Einsparpotentials** an Hand der Zielvorstellung, was der Haushalt nach der Modernisierung verbrauchen soll, und der aktuellen Marktpreise für den verwendeten Energieträger (in der Regel Gas oder Öl).

## Gesetzliche Vorschriften prüfen

Nicht jede Modernisierungsmaßnahme liegt in der eigenen Entscheidung. Manche Dinge muss man grundsätzlich tun, für andere gelten Zielvorgaben. Vor allem für Baden-Württemberg gelten seit 2008 besondere Auflagen bei Modernisierungen, insbesondere für die Heizungswasser- und die Warmwasserbereitung, die zwingend beachtet werden müssen.

- Die Überprüfung, ob Regelungen aus der **Bundesimmissionsschutzverordnung** (BImSchV) eingehalten werden müssen, vor allem die Regelungen zum Abgasverlustgrenzwert, übernimmt in der Regel der Schornsteinfeger und weist dann darauf hin.
- Die Überprüfung der Pflichten aus der **Energieeinsparverordnung** (EnEV) unterscheidet sich danach, wann das Haus gekauft wurde:
  Wurde es vor dem 1. Februar 2002 gekauft, muss man nur überprüfen, ob die Heizkörper raumweise regulierbare Thermostatventile haben. Wenn nicht, müssen diese umgehend nachgerüstet werden.

Wurde das Haus **nach dem 01. Februar 2002 erworben**, greifen die Nachrüstungspflichten der Energieeinsparverordnung (EnEV) (→ Kapitel „Gesetzliche Pflichten bei Modernisierungen“ ab Seite 34).

- Soll in Baden-Württemberg modernisiert werden, muss seit 2008 außerdem beachtet werden, dass gemäß dem **Erneuerbare-Wärme-Gesetz** (EWärmeG) grundsätzlich gilt:
  Neue Gebäude, deren Genehmigung oder Errichtung ab dem 1. April 2008 in Baden-Württemberg erfolgt, müssen mindestens 20 Prozent der für die Gebäudeheizung und das Warmwasser benötigten Energie aus erneuerbaren Energien gewinnen.
  Gebäude, die vor diesem Datum errichtet oder genehmigt wurden, müssen ab dem 1. Januar 2010 im Falle des Austauschs einer Heizungsanlage mindestens 10 Prozent der für die Gebäudeheizung und das Warmwasser benötigten Energie aus erneuerbaren Energien gewinnen.
  Die „**ersatzweisen Erfüllungen**“, mit denen man die genannten Vorgaben kompensieren kann, finden Sie im Kapitel „Das Erneuerbare-Energien-Wärme-Gesetz des Bundes ... .“ ab Seite 45.
- Wegen der vielen komplizierten Regelungen, Ausnahmen und Verweise auf komplexe Anhänge – vor allem in der EnEV – ist immer zu überlegen, ob man nicht besser **einen Fachmann einschaltet**, der sicherstellt, dass die Vorschriften eingehalten werden. Da für fast alle Fördermaßnahmen im Rahmen von Modernisierungen im Vorfeld ohnehin fachliche Stellungnahmen verlangt werden, kann es sinnvoll sein, mit der Bestandsaufnahme und einem detaillierten Modernisierungsvorschlag gleich einen qualifizierten Energieberater zu beauftragen.

# Bau- und eigentumsrechtliche Bedingungen prüfen

Sind die gesetzlichen Modernisierungsvorschriften geprüft, müssen auch die bau- und eigentumsrechtlichen Bedingungen geprüft werden.

- Zunächst wird festgestellt, ob die eigene Immobilie dem **Wohnungseigentumsgesetz** (WEG bzw. WoEigG) unterliegt. Dies betrifft vor allem Wohnungen, aber mitunter auch Reihenhäuser. Ist dies der Fall, muss im Wohnungseigentumsgesetz und in der **Teilungserklärung**, die man beim Kauf der Immobilie erhalten hat, nachgesehen werden, inwiefern man welche Art von Modernisierung in welcher Form mit den Nachbarn abzustimmen hat. Diese Fragen lassen sich auch mit dem Verwalter der Eigentümergemeinschaft klären.
- Grundsätzlich überprüft werden muss, ob das **Bauordnungsrecht** alle vorgesehenen Maßnahmen zulässt. Problematisch wird es beispielsweise, wo eine sehr starke Dämmung vor der Fassade die Grenzabstände oder auch Gehwegflächen erheblich beeinträchtigen könnte.
- Ferner muss überprüft werden, ob die eigene Immobilie unter **Denkmalschutz** steht. Dann sind Modernisierungen nur in Abstimmung mit dem Denkmalamt möglich. Alternativ kann es sein, dass das Haus zwar nicht unter Denkmalschutz steht, für ein Hausensemble aber vielleicht eine **Gestaltungssatzung** besteht. Auch dann muss eine Modernisierung mit den lokalen Behörden abgestimmt werden. Beides trifft meist auf ältere Häuser zu.

## Berater und Planer suchen

Will man die bau- und eigentumsrechtlichen Belange nicht selbst prüfen beziehungsweise bei den örtlichen Ämtern nachfragen und sich auch mit den gesetzlichen Modernisierungsvorschriften nicht weiter befassen, kann man natürlich dafür eine Fachberatung einholen. Vor einer Modernisierung sollte ein qualifizierter Energieberater zur energetischen Untersuchung des Gebäudes eingeschaltet werden und ein Planer, der auf Basis einer solchen Untersuchung eine Modernisierungsplanung erstellen kann.

- **Qualifizierte Energieberater** aus allen Regionen Deutschlands findet man auf der Internetseite des Bundesamts für Wirtschaft und Ausfuhrkontrolle: www.bafa.de.
- Qualifizierte **Architekten beziehungsweise Planer** in der eigenen Region findet man, indem man eine Anfrage per Brief an mindestens 20 bis 30 Büros in der eigenen Region sendet (Musterbriefvorschlag → Seite 59). Adressen aus der Region findet man zum Beispiel in den „Gelben Seiten" unter dem Stichwort „Architekten" oder „Architekturbüros" oder über eine Onlinesuche. Wichtig ist, in den Briefen die Unverbindlichkeit der Anfrage klar zu machen und zunächst nur um Nennung von modernisierten Referenzobjekten und den dazugehörigen Bauherren zu bitten, um sich so ein eigenes Bild über bereits erfolgte Leistungen des angefragten Büros machen zu können.
- Es ist sinnvoll, vor dem Vertragsabschluss mit einem Planer einen **Anwalt mit der Vertragsprüfung** zu beauftragen. Qualifizierte Anwälte sind zum Beispiel zu finden bei der Arbeitsgemeinschaft für Bau- und Immobilienrecht im Deutschen Anwaltverein: www.arge-baurecht.com. Dort gibt es auch ein Onlinesuchverzeichnis mit bundesweiten Einträgen.
- Ein **Haustechnikingenieur** kann über Empfehlung des Planers gesucht werden oder auf dem gleichen Weg wie der Planer bzw. Architekt.

## Die Gebäudedämmung planen

Die Planung der künftigen Gebäudedämmung und Gebäudetechnik sollte sinnvollerweise in Abstimmung mit dem Planer beziehungsweise Architekten erfolgen. Der Vorteil dieses Vorgehens liegt darin, dass man so auf dem mittlerweile sehr umfangreichen Markt einen unabhängigen Berater an seiner Seite hat, der zielorientiert helfen kann, angemessene Lösungen zu finden. Einige sehr einfache und grundsätzliche Dinge können Sie aber auch selbst vorab klären. Durch diese Vorbereitung werden bestimmte Planungsvarianten eingegrenzt, und mit dem Planer zusammen können Lösungen dann zielorientierter gefunden werden:

- Wie groß ist das Gebäude (Quadratmeter **Nutzfläche** und **Bruttofläche**)?
- Gibt es **Planunterlagen** des Gebäudes, zum Beispiel das Original-Baugesuch?
- Wie ist es um die **Wärmedämmung des Gebäudes** bestellt? Dachdämmung, Außenwände mit Fenstern und Türen, Grenzflächen zwischen beheizten und unbeheizten Räumen (Dachboden, Kellerdecke)? Gibt es bekannte oder erkennbare „Wärmelecks"?
- Ist **der Keller** des Gebäudes beheizt? Muss er also auch gedämmt werden? Kommt eine Außendämmung in Betracht, oder soll von innen gedämmt werden?

- Ist das Dachgeschoss des Gebäudes beheizt? Muss das Dach also auch gedämmt werden?
- Werden ökologische Dämmsysteme bevorzugt, oder spielt ausschließlich der Preis eine Rolle für die Auswahl der Dämmmaterialien?
- Handelt es sich bei den Bestandsfenstern um Einfach- oder um Doppelverglasung oder bereits um eine Isolierverglasung? Sollen die Bestandsfenster durch neue ersetzt werden?

## Die Gebäudetechnik planen

Bei der Gebäudetechnik hat man es in aller Regel mit der Heizungsanlage, der Trinkwassererwärmung und der Stromversorgung zu tun. Hinzu kommt nach Modernisierungen immer häufiger noch die Lüftungstechnik. Bei der Gebäudetechnik sind die erneuerbaren Energiequellen auf dem Vormarsch.

Wie bei der Gebäudedämmung gilt auch bei der Gebäudetechnik, dass man die Planung am besten in Abstimmung mit einem unabhängigen Fachmann, zum Beispiel mit einem Architekten umsetzt. Der Markt ist mittlerweile einfach zu umfangreich für Laien. Einige Dinge kann man aber vorab selbst klären:

- Möchte man künftig selbst Strom produzieren (→ Photovoltaik)?
- Hat eine der Dachflächen des Hauses Südausrichtung?
- Für wieviele Bewohner sollen Heizungs- und Warmwasseranlage langfristig ausgelegt werden?
- Welchen Energieträger nutzt die Heizung gegenwärtig? Kommt ein Wechsel des Energieträgers in Betracht?
- Wenn eventuell auf Gas umgestellt werden soll: Verfügt die Straße, an der das zu modernisierende Haus steht, über eine Gasversorgungsleitung? Was würde ein Anschluss kosten?
- Welche neuen Energiequellen sollen für die Warmwasserbereitung und Raumheizung künftig zusätzlich genutzt werden?
- Kommt eine Umrüstung der Heizflächen in Betracht, zum Beispiel der Ersatz von klassischen Heizkörpern durch Fußboden- oder Wandflächenheizungen?
- Gibt es einen zentralen Warmwasserspeicher? Wenn ja: Wie alt ist er und wie groß ist er (Volumen in Litern)?
- Gibt es einen Heizungskeller? Wenn ja: Wie groß ist er (Quadratmeter und Höhe)?
- Gibt es einen separaten Tankraum? Wenn ja: Wie groß ist er (Quadratmeter und Höhe)?

## Kosten ermitteln und Fördermittel beantragen

Auch bei der Ermittlung der voraussichtlich anfallenden Gesamtkosten für die Modernisierung sollte der Planer eingeschaltet sein. Zu seinen Aufgaben gehört es, eine erste Kostenschätzung vorzunehmen und diese allen potentiellen Fördermitteln gegenüberzustellen, so dass man möglichst früh sehen kann, welche Finanzlast man für die Modernisierung selbst tragen muss.

- Fördermittel können Zuschüsse oder zinsvergünstigte Kredite sein. Fördermittel müssen vor Beginn der Maßnahme beantragt werden, das heißt bevor die konkreten handwerklichen Arbeiten beauftragt werden. Die Planung der Maßnahme darf aber auch davor erfolgen. Das ist auch wichtig, da man meist erst durch eine detailliertere Planung eine bessere Kostenübersicht erhält. Außerdem kann der

Planer bei der Beantragung der Fördermittel helfen.

- Neben Fördermitteln gibt es auch noch garantierte **Vergütungsentgelte für die Einspeisung von elektrischem Strom** ins öffentliche Netz, wenn dieser aus regenerativen Energiequellen gewonnen wird, im Einfamilienhausbereich also vor allem aus Photovoltaikanlagen. Diese Vergütungssätze sind im Erneuerbare-Energien-Gesetz (EEG) festgelegt und werden von Zeit zu Zeit angepasst. Daher sollte Ihr Planer auch die jeweils aktuellen Sätze in Erfahrung bringen und bei der Gesamtbetrachtung einfließen lassen.
- Grundsätzlich gibt es Förderungen auf Bundesebene, auf Landesebene und auf regionaler bzw. kommunaler Ebene (Landkreis bzw. Kommune).
  **Auf Bundesebene** fördern vor allem die beiden Institute KfW-Förderbank (www.kfw-foerderbank.de) und Bundesamt für Wirtschaft und Ausfuhrkontrolle (www.bafa.de). Auf den dortigen Internetseiten sollte man die jeweils aktuellen Förderbedingungen einsehen.
  **Auf der Landesebene** sind dies die jeweiligen Landesförderbanken (Adressen → Übersicht Seite 218).
  Auf der **kommunalen Ebene** sollte man, ruhig auch hartnäckig, bei der Gemeinde, der Stadt oder auch dem Landkreis nach Förderprogrammen fragen und auf deren Internetseiten nachsehen.
- Bevor man weitere Schritte wie die Beauftragung von Handwerkerleistungen unternimmt, muss man unbedingt abwarten, dass die **beantragten Fördermittel auch genehmigt** werden. Erst wenn dies der Fall und damit die Finanzierung von Maßnahmen gesichert ist, kann man die nächsten Schritte angehen.

# Jetzt geht's los

## Leistungen ausschreiben und Handwerker suchen

Sind die beantragten Fördermittel genehmigt, können Angebote von Handwerkern eingeholt bzw. die notwendigen Leistungen ausgeschrieben werden.

- Ob man die Handwerkerleistungen **ausschreibt oder direkt Angebote einholt**, hängt in der Regel vom Umfang der geplanten Modernisierung ab. Bei umfangreicheren Modernisierungen kommt man um die Ausschreibung der Leistungen üblicherweise nicht herum, wenn man einen realistischen Kosten- und Leistungsvergleich vornehmen will.
- Sucht man Handwerker zur Erstellung von kleineren Angeboten, spricht man häufig direkt die Handwerker an, die zum Beispiel ein Planer empfiehlt, oder auch Bekannte und Freunde, die mit bestimmten Handwerksbetrieben gute Erfahrungen gemacht haben. Es kann dabei hilfreich sein, sich **Referenzobjekte** anzusehen und mit den Hausbesitzern zu sprechen.
- **Bei Ausschreibungen** kann man über eine Auswahl von Planerempfehlungen oder über das regionale Branchenfernsprechbuch „Gelben Seiten" gehen und das Leistungsverzeichnis, das der Planer beziehungsweise Haustechniker erstellt, an interessierte Handwerker aussenden. Dabei wird üblicherweise ein verbindlicher Abgabetermin gesetzt.
- Bieten Sie auch immer die Option an, dass die Handwerksbetriebe vor der Angebotserstellung eine **Begehung vor Ort** durchführen können, um den Aufwand für die Maßnahmen richtig einschätzen zu können.
- Mit Ablauf des Abgabetermins werden die eingegangenen Angebote **geprüft und ausgewertet**. Hierbei muss

nicht unbedingt das billigste Angebot gewählt werden, sondern das preiswerteste Angebot.

- **Handwerkerverträge** können auf Basis des Werkvertragsrechts des Bürgerlichen Gesetzbuchs (**BGB**) oder auf Basis des Werkvertragsrechts der Vergabe- und Vertragsordnung für Bauleistungen (**VOB**) abgeschlossen werden. Was im Einzelnen für Sie günstiger ist, sollte mit dem Planer und gegebenenfalls auch einem Anwalt durchgesprochen werden. Auszüge aus dem BGB und der VOB finden Sie im Anhang dieses Buches.

## Die Modernisierung durchführen

Sind die Planungen abgeschlossen, die Fördermittel genehmigt und Handwerker gefunden und beauftragt, sind zur Durchführung noch folgende Punkte zu beachten:

- Je nach Ausmaß der Umbauarbeiten: Ist geklärt, ob und wann **die Bewohner** umziehen oder ausquartiert werden müssen?
- Ist geklärt, ob der **Versicherungsschutz** (Bauherrenhaftpflichtversicherung, Unfallversicherung für sich selbst, Bauhelferversicherung bei Bauberufsgenossenschaft etc.) während der Umbauphase ausreicht?
- Vor Beginn der Arbeiten sollte **der Bestandsschutz** sichergestellt werden. Wenn das eigene Gebäude direkt an Nachbargebäude grenzt, sollten Wand- und Dachanschlusspunkte etc. fotografiert werden, um später im Schadenfall zu erkennen und zu belegen, ob es sich um einen neuen oder um einen Bestandsschaden handelt.
- Wenn Sie **einen Bauleiter** beauftragt haben, sollten Sie auf der Baustelle nicht als „zweiter Bauleiter" auftreten, sondern möglichst immer alle Dinge zuvor intern mit Ihrem Bauleiter abstimmen und dann in Abstimmung mit ihm nach außen treten, es sei denn, es ist Gefahr im Verzug oder ähnliches.
- Kommt es zu **ernsthaften Streitigkeiten** mit ausführenden Firmen, seien es nicht begründete Zeitverzögerungen, Qualitätsprobleme oder unberechtigte Nachtragsforderungen, kann es sein, dass der Bauleiter an die Grenzen seiner Möglichkeiten kommt und ein Anwalt eingeschaltet werden muss. Kennt ein Anwalt die Handwerkerverträge bereits aus den Vorprüfungen, hat er es dann einfacher, sich in die Materie einzuarbeiten.
- Grundsätzlich sinnvoll ist es, von Anbeginn an ein **eigenes Bautagebuch** zu führen, in dem man wichtige Termine und Besprechungen festhält und sich wichtige Übereinkünfte gegebenenfalls auch schriftlich abzeichnen lässt. Der Bauleiter benötigt ein solches Bautagebuch in jedem Fall. Es ist sinnvoll, den Baufortschritt und Baudetails auch **regelmäßig zu fotografieren**.
- **Regelmäßige Besprechungen** mit dem Bauleiter **vor Ort** sind eine sinnvolle Ergänzung zu Telefonaten und E-Mails, da auf der Baustelle wichtige Details meist sehr praxisorientiert durchgesprochen werden können. Modernisierungen schreiten bisweilen sehr schnell voran. Daher sollte man überlegen, solche Besprechungen zu Beginn und zu Ende einer Arbeitswoche anzusetzen. Liegt nichts an, kann man sie dann auch problemlos ausfallen lassen.

## Leistungen abnehmen und Gewährleistung sichern

Sind einzelne handwerkliche Leistungen erbracht, müssen diese abgenommen werden. Abnehmen heißt, dass man die Leistungen im Wesentlichen

**Achtung:** Der Bundesgerichtshof (BGH) hat im Juli 2008 eine Grundsatzentscheidung zur Verwendung der VOB/B in Verbraucherverträgen getroffen. Danach ist die VOB/B nicht mehr von der Inhaltskontrolle durch das BGB ausgenommen, selbst wenn sie als Ganzes vereinbart wurde. Das heißt, dass jede Klausel der VOB/B für sich auf Übereinstimmung mit dem BGB überprüft werden muss. Das Verfahren wurde angestrengt durch den Verbraucherzentrale Bundesverband (www.vzbv.de), der bei der VOB/B 24 Klauseln gemäß §§ 307 bis 309 BGB als unwirksam ansieht. Ob und inwieweit diese unwirksam sind, muss nun wieder durch die Vorinstanzen geklärt werden. Das kann einige Zeit in Anspruch nehmen. Beachten Sie die aktuelle Entwicklung in den Medien und im Internet. VOB-Verträge, die abgeschlossen werden sollen, sollten im Zweifel durch einen Fachanwalt für Bau- und Architektenrecht auf ihre Konsequenzen hin überprüft werden.

als vertragsgerecht erbracht anerkennt. Dies hat erhebliche Rechtsfolgen.

- Bis zur Abnahme ist es beispielsweise so, dass der Handwerker nachweisen muss, dass es sich bei einer technischen Beanstandung nicht um einen Mangel handelt. Nach der Abnahme muss dies umgekehrt der Auftraggeber dem Handwerker nachweisen. Man spricht von der **Umkehr der Beweislast**.
- Bei einem BGB-Werkvertrag ist eine **förmliche Abnahme** obligatorisch, also eine Abnahme, bei der eine gemeinsame Begehung der erbrachten Leistungen und die Erstellung eines Abnahmeprotokolls erfolgt. Bei einem VOB-Werkvertrag ist dies nur dann der Fall, wenn es ausdrücklich vereinbart wird. Daher ist es sehr wichtig, dass die förmliche Abnahme bereits im Bauvertrag festgelegt wird.
- **Die Abnahme** selbst sollte nur bei Tageslicht und ohne Zeitdruck durchgeführt werden. Sinnvoll ist es außerdem, einige Tage vor dem jeweiligen Abnahmetermin eines Gewerks die Leistungen gemeinsam mit dem Bauleiter genauer anzusehen und ein Probeprotokoll zu verfassen. Dann ist man für die eigentliche Abnahme gut vorbereitet. Dinge, die nicht zur Zufriedenheit ausgeführt sind, müssen als Vorbehalt ins **Abnahmeprotokoll** aufgenommen werden, genauso ein möglicher Geldeinbehalt und dessen Höhe (üblicherweise das Dreifache der geschätzten Mangelbeseitigungskosten).
- Man hat nur für diejenigen sichtbaren Mängel einen **Nachbesserungsanspruch**, die spätestens bei der Abnahme beanstandet und in einem Abnahmeprotokoll benannt wurden.
- Unmittelbar nach erfolgter Abnahme beginnt der **Gewährleistungszeitraum** zu laufen. Auch hier gibt es Unterschiede zwischen dem BGB und der VOB. Beim BGB beträgt die Gewährleistungszeit 5 Jahre, bei der VOB nur 4 Jahre.
- Um Gewährleistungsansprüche während der Gewährleistungszeit zu sichern, wird häufig ein sogenannter **Sicherheitseinbehalt** vereinbart. Dieser darf 5 % der Auftragssumme allerdings nicht überschreiten.
- Nach der Abnahme sind die **Schlussrechnungen** der Handwerker sorgfältig zu prüfen und die Zahlungen anzuweisen.
- Erfolgreich durchgeführte Modernisierung feiern!
- Kommt es während der Gewährleistungszeit zum Auftreten eines Mangels; muss je nach Vertragsform unterschiedlich vorgegangen werden, um die **Ansprüche** zu **sichern**. Während beim BGB-Vertrag die Gewährleistungszeit nur gehemmt wird, wenn die Anerkennung des Mangels durch den Unternehmer vorliegt oder ein selbstständiges gerichtliches Beweisverfahren eingeleitet wird, reicht dazu bei einem VOB-Vertrag schon das Mangelschreiben selbst.
- Kurz vor **Ablauf der Gewährleistungszeit** sollte noch einmal eine Begutachtung aller erbrachten Leistungen erfolgen, um bei Mängeln gegebenenfalls noch rechtzeitig reagieren zu können. Gerade zum Ende der Gewährleistungszeit ist es wichtig rechtssicher vorzugehen, um nicht etwa durch einen Formfehler wie ein nicht korrektes Mangelschreiben Gewährleistungsansprüche zu verlieren. Daher sollte hier der Planer bzw. Bauleiter eingeschaltet sein, falls nötig auch ein Anwalt.

# Auszug aus der Energieeinsparverordnung (Anlage 3)

Anforderungen bei Änderungen von Außenbauteilen und bei Errichtung kleiner Gebäude; Randbedingungen und Maßgaben für die Bewertung bestehender Wohngebäude

## 1. Außenwände

Soweit bei beheizten oder gekühlten Räumen Außenwände

a) ersetzt, erstmalig eingebaut
oder in der Weise erneuert werden, dass
b) Bekleidungen in Form von Platen oder plattenartigen Bauteilen oder Verschalungen sowie Mauerwerks-Vorsatzschalen angebracht werden,
c) auf der Innenseite Bekleidungen oder Verschalungen aufgebracht werden,
d) Dämmschichten eingebaut werden,
e) bei einer bestehenden Wand mit einem Wärmedurchgangskoeffizienten größer 0,9 $W/(m^2{\cdot}K)$ der Außenputz erneuert wird oder,
f) neue Ausfachungen in Fachwerkwände eingesetzt werden,

sind die jeweiligen Höchstwerte der Wärmedurchgangskoeffizienten nach Tabelle 1 Zeile 1 einzuhalten. Bei einer Kerndämmung von mehrschaligem Mauerwerk gemäß Buchstabe d gilt die Anforderung als erfüllt, wenn der bestehende Hohlraum zwischen den Schalen vollständig mit Dämmstoff ausgefüllt wird.

## 2. Fenster, Fenstertüren und Dachflächenfenster

Soweit bei beheizten oder gekühlten Räumen außen liegende Fenster, Fenstertüren oder Dachflächenfenster in der Weise erneuert werden, dass

a) das gesamte Bauteil ersetzt oder erstmalig eingebaut wird
b) zusätzliche Vor- oder Innenfenster eingebaut werden oder
c) die Verglasung ersetzt wird,

sind die Anforderungen nach Tabelle 1 Zeile 2 einzuhalten. Satz 1 gilt nicht für Schaufenster und Türablagen aus Glas. Bei Maßnahmen gemäß Buchstabe c gilt Satz 1 nicht, wenn der vorhandene Rahmen zur Aufnahme der vorgeschriebenen Verglasung ungeeignet ist. Werden Maßnahmen nach Buchstabe c an Kasten- oder Verbundfenstern durchgeführt, so gelten die

Anforderungen als erfüllt, wenn eine Glastafel mit einer infrarot-reflektierenden Beschichtung mit einer Emissivität $\varepsilon_n \leq 0{,}2$ eingebaut wird. Werden bei Maßnahmen nach Satz 1

1. Schallschutzverglasungen mit einem bewerteten Schalldämmmaß der Verglasung von $R_{w,R} \geq 40$ dB nach DIN EN ISO 717-1 : 1997-01 oder einer vergleichbaren Anforderung oder
2. Isolierglas-Sonderaufbauten zur Durchschusshemmung, Durchbruchhemmung oder Sprengwirkungshemmung nach anerkannten Regeln der Technik oder
3. Isolierglas-Sonderaufbauten als Brandschutzglas mit einer Einzelelementdicke von mindestens 18 mm nach DIN 4102-13 : 1990-05 oder einer vergleichbaren Anforderung

verwendet, sind abweichend von Satz 1 die Anforderungen nach Tabelle 1 Zeile 3 einzuhalten.

# 3. Außentüren

Bei der Erneuerung von Außentüren dürfen nur Außentüren eingebaut werden, deren Türfläche einen Wärmedurchgangskoeffizienten von 2,9 W/(m²·K) nicht überschreitet. Nr. 2 Satz 2 bleibt unberührt.

# 4. Decken, Dächer und Dachschrägen

## 4.1 Steildächer

Soweit bei Steildächern Decken unter nicht ausgebauten Dachräumen sowie Decken und Wände (einschließlich Dachschrägen), die beheizte oder gekühlte Räume nach oben gegen die Abluft abgrenzen,

a) ersetzt, erstmalig eingebaut
oder in der Weise erneuert werden, dass
b) die Dachhaut bzw. außenseitige Bekleidungen oder Verschalungen ersetzt oder neu aufgebaut werden,
c) innenseitige Bekleidungen oder Verschalungen aufgebracht oder erneuert werden,
d) Dämmschichten eingebaut werden,
e) zusätzliche Bekleidungen oder Dämmschichten an Wänden zum unbeheizten Dachraum eingebaut werden,

sind für die betroffenen Bauteile die Anforderungen nach Tabelle 1 Zeile 4 a einzuhalten. Wird bei Maßnahmen nach Buchstabe b oder d der Wärmeschutz als Zwischensparrendämmung ausgeführt und ist die Dämmschichtdicke wegen einer innenseitigen Bekleidung und der Sparrenhöhe begrenzt, so gilt die Anforderung als erfüllt, wenn die nach anerkannten Regeln der Technik höchstmögliche Dämmschichtdicke eingebaut wird.

## 4.2 Flachdächer

Soweit bei beheizten oder gekühlten Räumen Flachdächer

a) ersetzt, erstmalig eingebaut
oder in der Weise erneuert werden, dass
b) die Dachhaut bzw. außenseitige Bekleidungen oder Verschalungen ersetzt oder neu aufgebaut werden,
c) innenseitige Bekleidungen oder Verschalungen aufgebracht oder erneuert werden,
d) Dämmschichten eingebaut werden,

sind die Anforderungen nach Tabelle 1 Zeile 4 b einzuhalten. Werden bei der Flachdacherneuerung Gefälledächer durch die keilförmige Anordnung einer Dämmschicht aufgebaut, so ist der Wärmedurchgangskoeffizient nach DIN EN ISO 6946 : 1996-11 Anhang C zu ermitteln. Der Bemessungswert des Wärmedurchgangswiderstandes am tiefsten Punkt der neuen Dämmschicht muss den Mindestwärmeschutz nach § 7 Abs. 1 gewährleisten.

# 5. Wände und Decken gegen unbeheizte Räume und gegen Erdreich

Soweit bei unbeheizten Räumen Decken und Wände, die an unbeheizte Räume oder an Erdreich grenzen,

a) ersetzt, erstmalig eingebaut
oder in der Weise erneuert werden, dass
b) außenseitige Bekleidungen oder Verschalungen, Feuchtigkeitssperrren oder Drainagen angebracht oder erneuert,
c) innenseitige Bekleidungen oder Verschalungen an Wände angebracht,
d) Fußbodenaufbauten auf der beheizten Seite aufgebaut oder erneuert,
e) Deckenbekleidungen auf der Kaltseite angebracht oder
f) Dämmschichten eingebaut werden

sind die Anforderungen nach Tabelle 1 Zeile 5 einzuhalten, wenn die Änderungen nicht von Nr. 4.1 erfasst wird. Die Anforderungen nach Buchstabe d gelten als erfüllt, wenn ein Fußbodenaufbau mit der ohne Anpassung der Türhöhen höchstmöglichen Dämmschichtdicke (bei einem Bemessungswert der Wärmeleitfähigkeit $\lambda$ = 0,04 W/(m·K) ausgeführt wird.

# 6. Vorhangfassaden

Soweit bei beheizten oder gekühlten Räumen Vorhangfassaden in der Weise erneuert werden, dass

a) das gesamte Bauteil ersetzt oder erstmalig eingebaut wird,
b) die Füllung (Verglasung oder Paneele) ersetzt wird,

sind die Anforderungen nach Tabelle 1 Zeile 2 c einzuhalten. Werden bei Maßnahmen nach Satz 1 Sonderverglasungen entsprechend Nr. 2 Satz 2 verwendet, sind abweichend von Satz 1 die Anforderungen nach Tabelle 1 Zeile 3 c einzuhalten.
Nach diesen detaillierten bauphysikalischen Festlegungen folgt dann Tabelle 1 der Anlage 3 der Energieeinsparverordnung mit den detaillierten Einzelregelungen zu den U-Werten. Hier heißt es:
„Höchstwerte der Wärmedurchgangskoeffizienten bei erstmaligem Einbau, Ersatz und Erneuerung von Bauteilen:"

**Höchstwerte der Wärmedurchgangskoeffizienten bei erstmaligem Einbau, Ersatz und Erneuerung von Bauteilen**

| Zeile | | Bauteil | Maßnahme nach | Maximaler Wärmedurchgangskoeffizient $U_{max}$ in $W/(m^2 \cdot K)$ für Wohngebäude mit Innentemperaturen ≥ 19 °C |
|---|---|---|---|---|
| 1 | a | Außenwände | Allgemein | 0,45 |
| | b | | Nr. 1 b, d und e | 0,35 |
| 2 | a | Außen liegende Fenster, Fenstertüren, Dachflächenfenster | Nr. 2 a und b | 1,7 [2)] |
| | b | Verglasungen | Nr. 2 c | 1,5 [3)] |
| | c | Vorhangfassaden | Allgemein | 1,9 [4)] |
| 3 | a | Außen liegende Fenster, Fenstertüren, Dachflächenfenster mit Sonderverglasungen | Nr. 2 a und b | 2,0 [2)] |
| | b | Sonderverglasungen | Nr. 2 c | 1,6 [3)] |
| | c | Vorhangfassaden mit Sonderverglasungen | Nr. 6 Satz 2 | 2,3 [4)] |
| 4 | a | Decken, Dächer und Dachschrägen | Nr. 4.1 | 0,3 |
| | b | Flachdächer | Nr. 4.2 | 0,25 |
| 5 | a | Decken und Wände gegen unbeheizte Räume und Erdreich | Nr. 5 b und e | 0,4 |
| | b | | Nr. 5 a, c, d und f | 0,5 |

1) Wärmedurchgangskoeffizient des Bauteils unter Berücksichtigung der neuen und der vorhandenen Bauteilschichten; für die Berechnung opaker Bauteile ist DIN EN ISO 6946 : 1996-11 zu verwenden.

2) Bemessungswert des Wärmedurchgangskoeffizienten des Fensters; der Bemessungswert des Wärmedurchgangskoeffizienten des Fensters ist technischen Produkt-Spezifikationen zu entnehmen oder gemäß den nach den Landesbauordnungen bekannt gemachten energetischen Kennwerten für Bauprodukte zu bestimmen. Hierunter fallen insbesondere energetische Kennwerte aus europäischen technischen Zulassungen sowie energetische Kennwerte der Regelungen nach der Bauregelliste A Teil 1 und auf Grund von Festlegungen in allgemeinen bauaufsichtlichen Zulassungen.

3) Bemessungswert des Wärmedurchgangskoeffizienten der Verglasung; der Bemessungswert des Wärmedurchgangskoeffizienten der Verglasung ist technischen Produkt-Spezifikationen zu entnehmen oder gemäß den nach den Landesbauordnungen bekannt gemachten energetischen Kennwerten für Bauprodukte zu bestimmen. Hierunter fallen insbesondere energetische Kennwerte aus europäischen technischen Zulassungen sowie energetische Kennwerte der Regelungen nach der Bauregelliste A Teil 1 und auf Grund von Festlegungen in allgemeinen bauaufsichtlichen Zulassungen.

4) Wärmedurchgangskoeffizient der Vorhangfassade; er ist nach anerkannten Regeln der Technik zu ermitteln.

# Werkvertragsrecht nach BGB Paragrafen 631–651

## § 631 Vertragstypische Pflichten bei Werkvertrag

(1) Durch den Werkvertrag wird der Unternehmer zur Herstellung des versprochenen Werkes, der Besteller zur Entrichtung der vereinbarten Vergütung verpflichtet.

(2) Gegenstand des Werkvertrags kann sowohl die Herstellung oder Veränderung einer Sache als auch ein anderer durch Arbeit oder Dienstleistung herbeizuführender Erfolg sein.

## § 632 Vergütung

(1) Eine Vergütung gilt als stillschweigend vereinbart, wenn die Herstellung des Werkes den Umständen nach nur gegen eine Vergütung zu erwarten ist.

(2) Ist die Höhe der Vergütung nicht bestimmt, so ist bei dem Bestehen einer Taxe die taxmäßige Vergütung, in Ermangelung einer Taxe die übliche Vergütung als vereinbart anzusehen.

(3) Ein Kostenanschlag ist im Zweifel nicht zu vergüten.

## § 632a Abschlagszahlungen

Der Unternehmer kann von dem Besteller für in sich abgeschlossene Teile des Werkes Abschlagszahlungen für die erbrachten vertragsmäßigen Leistungen verlangen. Dies gilt auch für erforderliche Stoffe oder Bauteile, die eigens angefertigt oder angeliefert sind. Der Anspruch besteht nur, wenn dem Besteller Eigentum an den Teilen des Werkes, an den Stoffen oder Bauteilen übertragen oder Sicherheit hierfür geleistet wird.

## § 633 Sach- und Rechtsmangel

(1) Der Unternehmer hat dem Besteller das Werk frei von Sach- und Rechtsmängeln zu verschaffen.

(2) Das Werk ist frei von Sachmängeln, wenn es die vereinbarte Beschaffenheit hat. Soweit die Beschaffenheit nicht vereinbart ist, ist das Werk frei von Sachmängeln,

wenn es sich für die nach dem Vertrag vorausgesetzte, sonst
für die gewöhnliche Verwendung eignet und eine Beschaffenheit aufweist, die bei Werken der gleichen Art üblich ist und die der Besteller nach der Art des Werkes erwarten kann.
Einem Sachmangel steht es gleich, wenn der Unternehmer ein anderes als das bestellte Werk oder das Werk in zu geringer Menge herstellt.

(3) Das Werk ist frei von Rechtsmängeln, wenn Dritte in Bezug auf das Werk keine oder nur die im Vertrag übernommenen Rechte gegen den Besteller geltend machen können.

## § 634 Rechte des Bestellers bei Mängeln

Ist das Werk mangelhaft, kann der Besteller, wenn die Voraussetzungen der folgenden Vorschriften vorliegen und soweit nicht ein anderes bestimmt ist,

1. nach § 635 Nacherfüllung verlangen,
2. nach § 637 den Mangel selbst beseitigen und Ersatz der erforderlichen Aufwendungen verlangen,
3. nach den §§ 636, 323 und 326 Abs. 5 von dem Vertrag zurücktreten oder nach § 638 die Vergütung mindern und
4. nach den §§ 636, 280, 281, 283 und 311a Schadensersatz oder nach § 284 Ersatz vergeblicher Aufwendungen verlangen.

## § 634a Verjährung der Mängelansprüche

(1) Die in § 634 Nr. 1, 2 und 4 bezeichneten Ansprüche verjähren
vorbehaltlich der Nummer 2 in zwei Jahren bei einem Werk, dessen Erfolg in der Herstellung, Wartung oder Veränderung einer Sache oder in der Erbringung von Planungs- oder Überwachungsleistungen hierfür besteht,
in fünf Jahren bei einem Bauwerk und einem Werk, dessen Erfolg in der Erbringung von Planungs- oder Überwachungsleistungen hierfür besteht,
und im Übrigen in der regelmäßigen Verjährungsfrist.

(2) Die Verjährung beginnt in den Fällen des Absatzes 1 Nr. 1 und 2 mit der Abnahme.

(3) Abweichend von Absatz 1 Nr. 1 und 2 und Absatz 2 verjähren die Ansprüche in der regelmäßigen Verjährungsfrist, wenn der Unternehmer den Mangel arglistig verschwiegen hat. Im Falle des Absatzes 1 Nr. 2 tritt die Verjährung jedoch nicht vor Ablauf der dort bestimmten Frist ein.

(4) Für das in § 634 bezeichnete Rücktrittsrecht gilt § 218. Der Besteller kann trotz einer Unwirksamkeit des Rücktritts nach § 218 Abs. 1 die Zahlung der Vergütung insoweit verweigern, als er auf Grund des Rücktritts dazu berechtigt sein würde. Macht er von diesem Recht Gebrauch, kann der Unternehmer vom Vertrag zurücktreten.

(5) Auf das in § 634 bezeichnete Minderungsrecht finden § 218 und Absatz 4 Satz 2 entsprechende Anwendung.

# § 635 Nacherfüllung

(1) Verlangt der Besteller Nacherfüllung, so kann der Unternehmer nach seiner Wahl den Mangel beseitigen oder ein neues Werk herstellen.
(2) Der Unternehmer hat die zum Zwecke der Nacherfüllung erforderlichen Aufwendungen, insbesondere Transport-, Wege-, Arbeits- und Materialkosten zu tragen.
(3) Der Unternehmer kann die Nacherfüllung unbeschadet des § 275 Abs. 2 und 3 verweigern, wenn sie nur mit unverhältnismäßigen Kosten möglich ist.
(4) Stellt der Unternehmer ein neues Werk her, so kann er vom Besteller Rückgewähr des mangelhaften Werkes nach Maßgabe der §§ 346 bis 348 verlangen.

# § 636 Besondere Bestimmungen für Rücktritt und Schadensersatz

Außer in den Fällen der §§ 281 Abs. 2 und 323 Abs. 2 bedarf es der Fristsetzung auch dann nicht, wenn der Unternehmer die Nacherfüllung gemäß § 635 Abs. 3 verweigert oder wenn die Nacherfüllung fehlgeschlagen oder dem Besteller unzumutbar ist.

# § 637 Selbstvornahme

(1) Der Besteller kann wegen eines Mangels des Werkes nach erfolglosem Ablauf einer von ihm zur Nacherfüllung bestimmten angemessenen Frist den Mangel selbst beseitigen und Ersatz der erforderlichen Aufwendungen verlangen, wenn nicht der Unternehmer die Nacherfüllung zu Recht verweigert.
(2) § 323 Abs. 2 findet entsprechende Anwendung. Der Bestimmung einer Frist bedarf es auch dann nicht, wenn die Nacherfüllung fehlgeschlagen oder dem Besteller unzumutbar ist.
(3) Der Besteller kann von dem Unternehmer für die zur Beseitigung des Mangels erforderlichen Aufwendungen Vorschuss verlangen.

# § 638 Minderung

(1) Statt zurückzutreten, kann der Besteller die Vergütung durch Erklärung gegenüber dem Unternehmer mindern. Der Ausschlussgrund des § 323 Abs. 5 Satz 2 findet keine Anwendung.
(2) Sind auf der Seite des Bestellers oder auf der Seite des Unternehmers mehrere beteiligt, so kann die Minderung nur von allen oder gegen alle erklärt werden.
(3) Bei der Minderung ist die Vergütung in dem Verhältnis herabzusetzen, in welchem zur Zeit des Vertragsschlusses der Wert des Werkes in mangelfrei-

em Zustand zu dem wirklichen Wert gestanden haben würde. Die Minderung ist, soweit erforderlich, durch Schätzung zu ermitteln.

(4) Hat der Besteller mehr als die geminderte Vergütung gezahlt, so ist der Mehrbetrag vom Unternehmer zu erstatten. § 346 Abs. 1 und § 347 Abs. 1 finden entsprechende Anwendung.

# § 639 Haftungsausschluss

Auf eine Vereinbarung, durch welche die Rechte des Bestellers wegen eines Mangels ausgeschlossen oder beschränkt werden, kann sich der Unternehmer nicht berufen, soweit er den Mangel arglistig verschwiegen oder eine Garantie für die Beschaffenheit des Werkes übernommen hat.

# § 640 Abnahme

(1) Der Besteller ist verpflichtet, das vertragsmäßig hergestellte Werk abzunehmen, sofern nicht nach der Beschaffenheit des Werkes die Abnahme ausgeschlossen ist. Wegen unwesentlicher Mängel kann die Abnahme nicht verweigert werden. Der Abnahme steht es gleich, wenn der Besteller das Werk nicht innerhalb einer ihm vom Unternehmer bestimmten angemessenen Frist abnimmt, obwohl er dazu verpflichtet ist.

(2) Nimmt der Besteller ein mangelhaftes Werk gemäß Absatz 1 Satz 1 ab, obschon er den Mangel kennt, so stehen ihm die in § 634 Nr. 1 bis 3 bezeichneten Rechte nur zu, wenn er sich seine Rechte wegen des Mangels bei der Abnahme vorbehält.

# § 641 Fälligkeit der Vergütung

(1) Die Vergütung ist bei der Abnahme des Werkes zu entrichten. Ist das Werk in Teilen abzunehmen und die Vergütung für die einzelnen Teile bestimmt, so ist die Vergütung für jeden Teil bei dessen Abnahme zu entrichten.

(2) Die Vergütung des Unternehmers für ein Werk, dessen Herstellung der Besteller einem Dritten versprochen hat, wird spätestens fällig, wenn und soweit der Besteller von dem Dritten für das versprochene Werk wegen dessen Herstellung seine Vergütung oder Teile davon erhalten hat. Hat der Besteller dem Dritten wegen möglicher Mängel des Werkes Sicherheit geleistet, gilt dies nur, wenn der Unternehmer dem Besteller Sicherheit in entsprechender Höhe leistet.

(3) Kann der Besteller die Beseitigung eines Mangels verlangen, so kann er nach der Abnahme die Zahlung eines angemessenen Teils der Vergütung verweigern, mindestens in Höhe des Dreifachen der für die Beseitigung des Mangels erforderlichen Kosten.

(4) Eine in Geld festgesetzte Vergütung hat der Besteller von der Abnahme des Werkes an zu verzinsen, sofern nicht die Vergütung gestundet ist.

# § 641a Fertigstellungsbescheinigung

(1) Der Abnahme steht es gleich, wenn dem Unternehmer von einem Gutachter eine Bescheinigung darüber erteilt wird, dass

1. das versprochene Werk, im Falle des § 641 Abs. 1 Satz 2 auch ein Teil desselben, hergestellt ist und
2. das Werk frei von Mängeln ist, die der Besteller gegenüber dem Gutachter behauptet hat oder die für den Gutachter bei einer Besichtigung feststellbar sind, (Fertigstellungsbescheinigung).

Das gilt nicht, wenn das Verfahren nach den Absätzen 2 bis 4 nicht eingehalten worden ist oder wenn die Voraussetzungen des § 640 Abs. 1 Satz 1 und 2 nicht gegeben waren; im Streitfall hat dies der Besteller zu beweisen. § 640 Abs. 2 ist nicht anzuwenden. Es wird vermutet, dass ein Aufmaß oder eine Stundenlohnabrechnung, die der Unternehmer seiner Rechnung zugrunde legt, zutreffen, wenn der Gutachter dies in der Fertigstellungsbescheinigung bestätigt.

(2) Gutachter kann sein

1. ein Sachverständiger, auf den sich Unternehmer und Besteller verständigt haben, oder
2. ein auf Antrag des Unternehmers durch eine Industrie- und Handelskammer, eine Handwerkskammer, eine Architektenkammer oder eine Ingenieurkammer bestimmter öffentlich bestellter und vereidigter Sachverständiger.

Der Gutachter wird vom Unternehmer beauftragt. Er ist diesem und dem Besteller des zu begutachtenden Werkes gegenüber verpflichtet, die Bescheinigung unparteiisch und nach bestem Wissen und Gewissen zu erteilen.

(3) Der Gutachter muss mindestens einen Besichtigungstermin abhalten; eine Einladung hierzu unter Angabe des Anlasses muss dem Besteller mindestens zwei Wochen vorher zugehen. Ob das Werk frei von Mängeln ist, beurteilt der Gutachter nach einem schriftlichen Vertrag, den ihm der Unternehmer vorzulegen hat. Änderungen dieses Vertrags sind dabei nur zu berücksichtigen, wenn sie schriftlich vereinbart sind oder von den Vertragsteilen übereinstimmend gegenüber dem Gutachter vorgebracht werden. Wenn der Vertrag entsprechende Angaben nicht enthält, sind die allgemein anerkannten Regeln der Technik zugrunde zu legen. Vom Besteller geltend gemachte Mängel bleiben bei der Erteilung der Bescheinigung unberücksichtigt, wenn sie nach Abschluss der Besichtigung vorgebracht werden.

(4) Der Besteller ist verpflichtet, eine Untersuchung des Werkes oder von Teilen desselben durch den Gutachter zu gestatten. Verweigert er die Untersuchung, wird vermutet, dass das zu untersuchende Werk vertragsgemäß hergestellt worden ist; die Bescheinigung nach Absatz 1 ist zu erteilen.

(5) Dem Besteller ist vom Gutachter eine Abschrift der Bescheinigung zu erteilen. In Ansehung von Fristen, Zinsen und Gefahrübergang treten die Wirkungen der Bescheinigung erst mit ihrem Zugang beim Besteller ein.

## § 642 Mitwirkung des Bestellers

(1) Ist bei der Herstellung des Werkes eine Handlung des Bestellers erforderlich, so kann der Unternehmer, wenn der Besteller durch das Unterlassen der Handlung in Verzug der Annahme kommt, eine angemessene Entschädigung verlangen.
(2) Die Höhe der Entschädigung bestimmt sich einerseits nach der Dauer des Verzugs und der Höhe der vereinbarten Vergütung, andererseits nach demjenigen, was der Unternehmer infolge des Verzugs an Aufwendungen erspart oder durch anderweitige Verwendung seiner Arbeitskraft erwerben kann.

## § 643 Kündigung bei unterlassener Mitwirkung

Der Unternehmer ist im Falle des § 642 berechtigt, dem Besteller zur Nachholung der Handlung eine angemessene Frist mit der Erklärung zu bestimmen, dass er den Vertrag kündige, wenn die Handlung nicht bis zum Ablauf der Frist vorgenommen werde. Der Vertrag gilt als aufgehoben, wenn nicht die Nachholung bis zum Ablauf der Frist erfolgt.

## § 644 Gefahrtragung

(1) Der Unternehmer trägt die Gefahr bis zur Abnahme des Werkes. Kommt der Besteller in Verzug der Annahme, so geht die Gefahr auf ihn über. Für den zufälligen Untergang und eine zufällige Verschlechterung des von dem Besteller gelieferten Stoffes ist der Unternehmer nicht verantwortlich.
(2) Versendet der Unternehmer das Werk auf Verlangen des Bestellers nach einem anderen Ort als dem Erfüllungsort, so findet die für den Kauf geltende Vorschrift des § 447 entsprechende Anwendung.

## § 645 Verantwortlichkeit des Bestellers

(1) Ist das Werk vor der Abnahme infolge eines Mangels des von dem Besteller gelieferten Stoffes oder infolge einer von dem Besteller für die Ausführung erteilten Anweisung untergegangen, verschlechtert oder unausführbar geworden, ohne dass ein Umstand mitgewirkt hat, den der Unternehmer zu vertreten hat, so kann der Unternehmer einen der geleisteten Arbeit entsprechenden Teil der Vergütung und Ersatz der in der Vergütung nicht inbegriffenen Auslagen verlangen. Das Gleiche gilt, wenn der Vertrag in Gemäßheit des § 643 aufgehoben wird.
(2) Eine weitergehende Haftung des Bestellers wegen Verschuldens bleibt unberührt.

## § 646 Vollendung statt Abnahme

Ist nach der Beschaffenheit des Werkes die Abnahme ausgeschlossen, so tritt in den Fällen des § 634a Abs. 2 und der §§ 641, 644 und 645 an die Stelle der Abnahme die Vollendung des Werkes.

## § 647 Unternehmerpfandrecht

Der Unternehmer hat für seine Forderungen aus dem Vertrag ein Pfandrecht an den von ihm hergestellten oder ausgebesserten beweglichen Sachen des Bestellers, wenn sie bei der Herstellung oder zum Zwecke der Ausbesserung in seinen Besitz gelangt sind.

## § 648 Sicherungshypothek des Bauunternehmers

(1) Der Unternehmer eines Bauwerks oder eines einzelnen Teiles eines Bauwerks kann für seine Forderungen aus dem Vertrag die Einräumung einer Sicherungshypothek an dem Baugrundstück des Bestellers verlangen. Ist das Werk noch nicht vollendet, so kann er die Einräumung der Sicherungshypothek für einen der geleisteten Arbeit entsprechenden Teil der Vergütung und für die in der Vergütung nicht inbegriffenen Auslagen verlangen.

(2) Der Inhaber einer Schiffswerft kann für seine Forderungen aus dem Bau oder der Ausbesserung eines Schiffes die Einräumung einer Schiffshypothek an dem Schiffsbauwerk oder dem Schiff des Bestellers verlangen; Absatz 1 Satz 2 gilt sinngemäß. § 647 findet keine Anwendung.

## § 648a Bauhandwerkersicherung

(1) Der Unternehmer eines Bauwerks, einer Außenanlage oder eines Teils davon kann vom Besteller Sicherheit für die von ihm zu erbringenden Vorleistungen einschließlich dazugehöriger Nebenforderungen in der Weise verlangen, dass er dem Besteller zur Leistung der Sicherheit eine angemessene Frist mit der Erklärung bestimmt, dass er nach dem Ablauf der Frist seine Leistung verweigere. Sicherheit kann bis zur Höhe des voraussichtlichen Vergütungsanspruchs, wie er sich aus dem Vertrag oder einem nachträglichen Zusatzauftrag ergibt, sowie wegen Nebenforderungen verlangt werden; die Nebenforderungen sind mit 10 vom Hundert des zu sichernden Vergütungsanspruchs anzusetzen. Sie ist auch dann als ausreichend anzusehen, wenn sich der Sicherungsgeber das Recht vorbehält, sein Versprechen im Falle einer wesentlichen Verschlechterung der Vermögensverhältnisse des Bestellers mit Wirkung für Vergütungsansprüche aus Bauleistungen zu widerrufen, die der Unternehmer bei Zugang der Widerrufserklä-

rung noch nicht erbracht hat.

(2) Die Sicherheit kann auch durch eine Garantie oder ein sonstiges Zahlungsversprechen eines im Geltungsbereich dieses Gesetzes zum Geschäftsbetrieb befugten Kreditinstituts oder Kreditversicherers geleistet werden. Das Kreditinstitut oder der Kreditversicherer darf Zahlungen an den Unternehmer nur leisten, soweit der Besteller den Vergütungsanspruch des Unternehmers anerkennt oder durch vorläufig vollstreckbares Urteil zur Zahlung der Vergütung verurteilt worden ist und die Voraussetzungen vorliegen, unter denen die Zwangsvollstreckung begonnen werden darf.

(3) Der Unternehmer hat dem Besteller die üblichen Kosten der Sicherheitsleistung bis zu einem Höchstsatz von 2 vom Hundert für das Jahr zu erstatten. Dies gilt nicht, soweit eine Sicherheit wegen Einwendungen des Bestellers gegen den Vergütungsanspruch des Unternehmers aufrechterhalten werden muss und die Einwendungen sich als unbegründet erweisen.

(4) Soweit der Unternehmer für seinen Vergütungsanspruch eine Sicherheit nach den Absätzen 1 oder 2 erlangt hat, ist der Anspruch auf Einräumung einer Sicherungshypothek nach § 648 Abs. 1 ausgeschlossen.

(5) Leistet der Besteller die Sicherheit nicht fristgemäß, so bestimmen sich die Rechte des Unternehmers nach den §§ 643 und 645 Abs. 1. Gilt der Vertrag danach als aufgehoben, kann der Unternehmer auch Ersatz des Schadens verlangen, den er dadurch erleidet, dass er auf die Gültigkeit des Vertrags vertraut hat. Dasselbe gilt, wenn der Besteller in zeitlichem Zusammenhang mit dem Sicherheitsverlangen gemäß Absatz 1 kündigt, es sei denn, die Kündigung ist nicht erfolgt, um der Stellung der Sicherheit zu entgehen. Es wird vermutet, dass der Schaden 5 Prozent der Vergütung beträgt.

(6) Die Vorschriften der Absätze 1 bis 5 finden keine Anwendung, wenn der Besteller

1. eine juristische Person des öffentlichen Rechts oder ein öffentlich-rechtliches Sondervermögen ist oder
2. eine natürliche Person ist und die Bauarbeiten zur Herstellung oder Instandsetzung eines Einfamilienhauses mit oder ohne Einliegerwohnung ausführen lässt; dies gilt nicht bei Betreuung des Bauvorhabens durch einen zur Verfügung über die Finanzierungsmittel des Bestellers ermächtigten Baubetreuer.

(7) Eine von den Vorschriften der Absätze 1 bis 5 abweichende Vereinbarung ist unwirksam.

## § 649 Kündigungsrecht des Bestellers

Der Besteller kann bis zur Vollendung des Werkes jederzeit den Vertrag kündigen. Kündigt der Besteller, so ist der Unternehmer berechtigt, die vereinbarte Vergütung zu verlangen; er muss sich jedoch dasjenige anrechnen lassen, was er infolge der Aufhebung des Vertrags an Aufwendungen erspart oder durch anderweitige Verwendung seiner Arbeitskraft erwirbt oder zu erwerben böswillig unterlässt.

# § 650 Kostenanschlag

(1) Ist dem Vertrag ein Kostenanschlag zugrunde gelegt worden, ohne dass der Unternehmer die Gewähr für die Richtigkeit des Anschlags übernommen hat, und ergibt sich, dass das Werk nicht ohne eine wesentliche Überschreitung des Anschlags ausführbar ist, so steht dem Unternehmer, wenn der Besteller den Vertrag aus diesem Grund kündigt, nur der im § 645 Abs. 1 bestimmte Anspruch zu.

(2) Ist eine solche Überschreitung des Anschlags zu erwarten, so hat der Unternehmer dem Besteller unverzüglich Anzeige zu machen.

# § 651 Anwendung des Kaufrechts

Auf einen Vertrag, der die Lieferung herzustellender oder zu erzeugender beweglicher Sachen zum Gegenstand hat, finden die Vorschriften über den Kauf Anwendung. § 442 Abs. 1 Satz 1 findet bei diesen Verträgen auch Anwendung, wenn der Mangel auf den vom Besteller gelieferten Stoff zurückzuführen ist. Soweit es sich bei den herzustellenden oder zu erzeugenden beweglichen Sachen um nicht vertretbare Sachen handelt, sind auch die §§ 642, 643, 645, 649 und 650 mit der Maßgabe anzuwenden, dass an die Stelle der Abnahme der nach den §§ 446 und 447 maßgebliche Zeitpunkt tritt.

# Aus der Vergabe- und Vertragsordnung für Bauleistungen, Teil B (VOB/B), 2006

## § 1 Art und Umfang der Leistung

1. Die auszuführende Leistung wird nach Art und Umfang durch den Vertrag bestimmt. Als Bestandteil des Vertrags gelten auch die Allgemeinen Technischen Vertragsbedingungen für Bauleistungen (VOB/C).
2. Bei Widersprüchen im Vertrag gelten nacheinander:
   die Leistungsbeschreibung,
   die Besonderen Vertragsbedingungen,
   etwaige Zusätzliche Vertragsbedingungen,
   etwaige Zusätzliche Technische Vertragsbedingungen,
   die Allgemeinen Technischen Vertragsbedingungen für Bauleistungen,
   die Allgemeinen Vertragsbedingungen für die Ausführung von Bauleistungen.
3. Änderungen des Bauentwurfs anzuordnen, bleibt dem Auftraggeber vorbehalten.
4. Nicht vereinbarte Leistungen, die zur Ausführung der vertraglichen Leistung erforderlich werden, hat der Auftragnehmer auf Verlangen des Auftraggebers mit auszuführen, außer wenn sein Betrieb auf derartige Leistungen nicht eingerichtet ist. Andere Leistungen können dem Auftragnehmer nur mit seiner Zustimmung übertragen werden.

## § 2 Vergütung

1. Durch die vereinbarten Preise werden alle Leistungen abgegolten, die nach der Leistungsbeschreibung, den Besonderen Vertragsbedingungen, den Zusätzlichen Vertragsbedingungen, den Zusätzlichen Technischen Vertragsbedingungen, den Allgemeinen Technischen Vertragsbedingungen für Bauleistungen und der gewerblichen Verkehrssitte zur vertraglichen Leistung gehören.
2. Die Vergütung wird nach den vertraglichen Einheitspreisen und den tatsächlich ausgeführten Leistungen berechnet, wenn keine andere Berechnungsart (z. B. durch Pauschalsumme, nach Stundenlohnsätzen, nach Selbstkosten) vereinbart ist.
3. (1) Weicht die ausgeführte Menge der unter einem Einheitspreis erfassten Leistung oder Teilleistung um nicht mehr als 10 v. H. von dem im Vertrag vorgesehenen Umfang ab, so gilt der vertragliche Einheitspreis.
   (2) Für die über 10 v. H. hinausgehende Überschreitung des Mengenansatzes ist auf Verlangen ein neuer Preis unter Berücksichtigung der Mehr-

oder Minderkosten zu vereinbaren.

(3) Bei einer über 10 v. H. hinausgehenden Unterschreitung des Mengenansatzes ist auf Verlangen der Einheitspreis für die tatsächlich ausgeführte Menge der Leistung oder Teilleistung zu erhöhen, soweit der Auftragnehmer nicht durch Erhöhung der Mengen bei anderen Ordnungszahlen (Positionen) oder in anderer Weise einen Ausgleich erhält. Die Erhöhung des Einheitspreises soll im Wesentlichen dem Mehrbetrag entsprechen, der sich durch Verteilung der Baustelleneinrichtungs- und Baustellengemeinkosten und der Allgemeinen Geschäftskosten auf die verringerte Menge ergibt. Die Umsatzsteuer wird entsprechend dem neuen Preis vergütet.

(4) Sind von der unter einem Einheitspreis erfassten Leistung oder Teilleistung andere Leistungen abhängig, für die eine Pauschalsumme vereinbart ist, so kann mit der Änderung des Einheitspreises auch eine angemessene Änderung der Pauschalsumme gefordert werden.

4. Werden im Vertrag ausbedungene Leistungen des Auftragnehmers vom Auftraggeber selbst übernommen (z. B. Lieferung von Bau-, Bauhilfs- und Betriebsstoffen), so gilt, wenn nichts anderes vereinbart wird, § 8 Nr. 1 Abs. 2 entsprechend.

5. Werden durch Änderung des Bauentwurfs oder andere Anordnungen des Auftraggebers die Grundlagen des Preises für eine im Vertrag vorgesehene Leistung geändert, so ist ein neuer Preis unter Berücksichtigung der Mehr- oder Minderkosten zu vereinbaren. Die Vereinbarung soll vor der Ausführung getroffen werden.

6. (1) Wird eine im Vertrag nicht vorgesehene Leistung gefordert, so hat der Auftragnehmer Anspruch auf besondere Vergütung. Er muss jedoch den Anspruch dem Auftraggeber ankündigen, bevor er mit der Ausführung der Leistung beginnt.

(2) Die Vergütung bestimmt sich nach den Grundlagen der Preisermittlung für die vertragliche Leistung und den besonderen Kosten der geforderten Leistung. Sie ist möglichst vor Beginn der Ausführung zu vereinbaren.

7. (1) Ist als Vergütung der Leistung eine Pauschalsumme vereinbart, so bleibt die Vergütung unverändert. Weicht jedoch die ausgeführte Leistung von der vertraglich vorgesehenen Leistung so erheblich ab, dass ein Festhalten an der Pauschalsumme nicht zumutbar ist (§ 313 BGB), so ist auf Verlangen ein Ausgleich unter Berücksichtigung der Mehr- oder Minderkosten zu gewähren. Für die Bemessung des Ausgleichs ist von den Grundlagen der Preisermittlung auszugehen.

(2) Die Regelungen der Nr. 4, 5 und 6 gelten auch bei Vereinbarung einer Pauschalsumme.

(3) Wenn nichts anderes vereinbart ist, gelten die Absätze 1 und 2 auch für Pauschalsummen, die für Teile der Leistung vereinbart sind; Nummer 3 Abs. 4 bleibt unberührt.

8. (1) Leistungen, die der Auftragnehmer ohne Auftrag oder unter eigenmächtiger Abweichung vom Auftrag ausführt, werden nicht vergütet. Der Auftragnehmer hat sie auf Verlangen innerhalb einer angemessenen Frist zu beseitigen; sonst kann es auf seine Kosten geschehen. Er

haftet außerdem für andere Schäden, die dem Auftraggeber hieraus entstehen.

(2) Eine Vergütung steht dem Auftragnehmer jedoch zu, wenn der Auftraggeber solche Leistungen nachträglich anerkennt. Eine Vergütung steht ihm auch zu, wenn die Leistungen für die Erfüllung des Vertrags notwendig waren, dem mutmaßlichen Willen des Auftraggebers entsprachen und ihm unverzüglich angezeigt wurden. Soweit dem Auftragnehmer eine Vergütung zusteht, gelten die Berechnungsgrundlagen für geänderte oder zusätzliche Leistungen der Nummer 5 oder 6 entsprechend.

(3) Die Vorschriften des BGB über die Geschäftsführung ohne Auftrag (§§ 677 ff. BGB) bleiben unberührt.

9. (1) Verlangt der Auftraggeber Zeichnungen, Berechnungen oder andere Unterlagen, die der Auftragnehmer nach dem Vertrag, besonders den Technischen Vertragsbedingungen oder der gewerblichen Verkehrssitte, nicht zu beschaffen hat, so hat er sie zu vergüten.

(2) Lässt er vom Auftragnehmer nicht aufgestellte technische Berechnungen durch den Auftragnehmer nachprüfen, so hat er die Kosten zu tragen.

10. Stundenlohnarbeiten werden nur vergütet, wenn sie als solche vor ihrem Beginn ausdrücklich vereinbart worden sind (§ 15).

# § 3 Ausführungsunterlagen

1. Die für die Ausführung nötigen Unterlagen sind dem Auftragnehmer unentgeltlich und rechtzeitig zu übergeben.
2. Das Abstecken der Hauptachsen der baulichen Anlagen, ebenso der Grenzen des Geländes, das dem Auftragnehmer zur Verfügung gestellt wird, und das Schaffen der notwendigen Höhenfestpunkte in unmittelbarer Nähe der baulichen Anlagen sind Sache des Auftraggebers.
3. Die vom Auftraggeber zur Verfügung gestellten Geländeaufnahmen und Absteckungen und die übrigen für die Ausführung übergebenen Unterlagen sind für den Auftragnehmer maßgebend. Jedoch hat er sie, soweit es zur ordnungsgemäßen Vertragserfüllung gehört, auf etwaige Unstimmigkeiten zu überprüfen und den Auftraggeber auf entdeckte oder vermutete Mängel hinzuweisen.
4. Vor Beginn der Arbeiten ist, soweit notwendig, der Zustand der Straßen und Geländeoberfläche, der Vorfluter und Vorflutleitungen, ferner der baulichen Anlagen im Baubereich in einer Niederschrift festzuhalten, die vom Auftraggeber und Auftragnehmer anzuerkennen ist.
5. Zeichnungen, Berechnungen, Nachprüfungen von Berechnungen oder andere Unterlagen, die der Auftragnehmer nach dem Vertrag, besonders den Technischen Vertragsbedingungen, oder der gewerblichen Verkehrssitte oder auf besonderes Verlangen des Auftraggebers (§ 2 Nr. 9) zu beschaffen hat, sind dem Auftraggeber nach Aufforderung rechtzeitig vorzulegen.
6. (1) Die in Nummer 5 genannten Unterlagen dürfen ohne Genehmigung ihres Urhebers nicht veröffentlicht, vervielfältigt, geändert oder für einen anderen als den vereinbarten Zweck benutzt werden.

(2) An DV-Programmen hat der Auftraggeber das Recht zur Nutzung mit den vereinbarten Leistungsmerkmalen in unveränderter Form auf den festgelegten Geräten. Der Auftraggeber darf zum Zwecke der Datensicherung zwei Kopien herstellen. Diese müssen alle Identifikationsmerkmale enthalten. Der Verbleib der Kopien ist auf Verlangen nachzuweisen.

(3) Der Auftragnehmer bleibt unbeschadet des Nutzungsrechts des Auftraggebers zur Nutzung der Unterlagen und der DV-Programme berechtigt.

# § 4 Ausführung

1\. (1) Der Auftraggeber hat für die Aufrechterhaltung der allgemeinen Ordnung auf der Baustelle zu sorgen und das Zusammenwirken der verschiedenen Unternehmer zu regeln. Er hat die erforderlichen öffentlich-rechtlichen Genehmigungen und Erlaubnisse – z. B. nach dem Baurecht, dem Straßenverkehrsrecht, dem Wasserrecht, dem Gewerberecht – herbeizuführen.

(2) Der Auftraggeber hat das Recht, die vertragsmäßige Ausführung der Leistung zu überwachen. Hierzu hat er Zutritt zu den Arbeitsplätzen, Werkstätten und Lagerräumen, wo die vertragliche Leistung oder Teile von ihr hergestellt oder die hierfür bestimmten Stoffe und Bauteile gelagert werden. Auf Verlangen sind ihm die Werkzeichnungen oder andere Ausführungsunterlagen sowie die Ergebnisse von Güteprüfungen zur Einsicht vorzulegen und die erforderlichen Auskünfte zu erteilen, wenn hierdurch keine Geschäftsgeheimnisse preisgegeben werden. Als Geschäftsgeheimnis bezeichnete Auskünfte und Unterlagen hat er vertraulich zu behandeln.

(3) Der Auftraggeber ist befugt, unter Wahrung der dem Auftragnehmer zustehenden Leitung (Nummer 2) Anordnungen zu treffen, die zur vertragsgemäßen Ausführung der Leistung notwendig sind. Die Anordnungen sind grundsätzlich nur dem Auftragnehmer oder seinem für die Leistung der Ausführung bestellten Vertreter zu erteilen, außer wenn Gefahr im Verzug ist. Dem Auftraggeber ist mitzuteilen, wer jeweils als Vertreter des Auftragnehmers für die Leitung der Ausführung bestellt ist.

(4) Hält der Auftragnehmer die Anordnung des Auftraggebers für unberechtigt oder unzweckmäßig, so hat er seine Bedenken geltend zu machen, die Anordnungen jedoch auf Verlangen auszuführen, wenn nicht gesetzliche oder behördliche Bestimmungen entgegenstehen. Wenn dadurch eine ungerechtfertige Erschwerung verursacht wird, hat der Auftraggeber die Mehrkosten zu tragen.

2\. (1) Der Auftragnehmer hat die Leistung unter eigener Verantwortung nach dem Vertrag auszuführen. Dabei hat er die anerkannten Regeln der Technik und die gesetzlichen und behördlichen Bestimmungen zu beachten. Es ist seine Sache, die Ausführung seiner vertraglichen Leistung zu leiten und für Ordnung auf seiner Arbeitsstelle zu sorgen.

(2) Er ist für die Erfüllung der gesetzlichen, behördlichen und berufsgenossenschaftlichen Verpflichtungen gegenüber seinen Arbeitnehmern allein verantwortlich. Es ist ausschließlich seine Aufgabe, die Vereinbarungen und Maßnahmen zu treffen, die sein Verhältnis zu den Arbeitnehmern regeln.

3. Hat der Auftragnehmer Bedenken gegen die vorgesehene Art der Ausführung (auch wegen der Sicherung gegen Unfallgefahren), gegen die Güte der vom Auftraggeber gelieferten Stoffe oder Bauteile oder gegen die Leistungen anderer Unternehmer, so hat er sie dem Auftraggeber unverzüglich – möglichst schon vor Beginn der Arbeiten – schriftlich mitzuteilen; der Auftraggeber bleibt jedoch für seine Angaben, Anordnungen oder Lieferungen verantwortlich.

4. Der Auftraggeber hat, wenn nichts anderes vereinbart ist, dem Auftragnehmer unentgeltlich zur Benutzung oder Mitbenutzung zu überlassen:
die notwendigen Lager- und Arbeitsplätze auf der Baustelle,
vorhandene Zufahrtswege und Anschlussgleise,
vorhandene Anschlüsse für Wasser und Energie. Die Kosten für den Verbrauch und den Messer oder Zähler trägt der Auftragnehmer, mehrere Auftragnehmer tragen sie anteilig.

5. Der Auftragnehmer hat die von ihm ausgeführten Leistungen und die ihm für die Ausführung übergebenen Gegenstände bis zur Abnahme vor Beschädigung und Diebstahl zu schützen. Auf Verlangen des Auftraggebers hat er sie vor Winterschäden und Grundwasser zu schützen, ferner Schnee und Eis zu beseitigen. Obliegt ihm die Verpflichtung nach Satz 2 nicht schon nach dem Vertrag, so regelt sich die Vergütung nach § 2 Nr. 6.

6. Stoffe oder Bauteile, die dem Vertrag oder den Proben nicht entsprechen, sind auf Anordnung des Auftraggebers innerhalb einer von ihm bestimmten Frist von der Baustelle zu entfernen. Geschieht es nicht, so können sie auf Kosten des Auftragnehmers entfernt oder für seine Rechnung veräußert werden.

7. Leistungen, die schon während der Ausführung als mangelhaft oder vertragswidrig erkannt werden, hat der Auftragnehmer auf eigene Kosten durch mangelfreie zu ersetzen. Hat der Auftragnehmer den Mangel oder die Vertragswidrigkeit zu vertreten, so hat er auch den daraus entstehenden Schaden zu ersetzen. Kommt der Auftragnehmer der Pflicht zur Beseitigung des Mangels nicht nach, so kann ihm der Auftraggeber eine angemessene Frist zur Beseitigung des Mangels setzen und erklären, dass er ihm nach fruchtlosem Ablauf der Frist den Auftrag entziehe (§ 8 Nr. 3).

8. (1) Der Auftragnehmer hat die Leistung im eigenen Betrieb auszuführen. Mit schriftlicher Zustimmung des Auftraggebers darf er sie an Nachunternehmer übertragen. Die Zustimmung ist nicht notwendig bei Leistungen, auf die der Betrieb des Auftragnehmers nicht eingerichtet ist. Erbringt der Auftragnehmer ohne schriftliche Zustimmung des Auftraggebers Leistungen nicht im eigenen Betrieb, obwohl sein Betrieb darauf eingerichtet ist, kann der Auftraggeber ihm eine angemessene Frist zur Aufnahme der Leistung im eigenen Betrieb setzen und erklären, dass er ihm nach fruchtlosem Ablauf der Frist den Auftrag entziehe (§ 8 Nr. 3).

(2) Der Auftragnehmer hat bei der Weitervergabe von Bauleistungen an Nachunternehmer die Vergabe- und Vertragsordnung für Bauleistungen Teile B und C zugrunde zu legen.
(3) Der Auftragnehmer hat die Nachunternehmer dem Auftraggeber auf Verlangen bekannt zu geben.

9. Werden bei Ausführung der Leistung auf einem Grundstück Gegenstände von Altertums-, Kunst- oder wissenschaftlichem Wert entdeckt, so hat der Auftragnehmer vor jedem weiteren Aufdecken oder Ändern dem Auftraggeber den Fund anzuzeigen und ihm die Gegenstände nach näherer Weisung abzuliefern. Die Vergütung etwaiger Mehrkosten regelt sich nach § 2 Nr. 6. Die Rechte des Entdeckers (§ 984 BGB) hat der Auftraggeber.
10. Der Zustand von Teilen der Leistung ist auf Verlangen gemeinsam von Auftraggeber und Auftragnehmer festzustellen, wenn diese Teile der Leistung durch die weitere Ausführung der Prüfung und Feststellung entzogen werden. Das Ergebnis ist schriftlich niederzulegen.

# § 5 Ausführungsfristen

1. Die Ausführung ist nach den verbindlichen Fristen (Vertragsfristen) zu beginnen, angemessen zu fördern und zu vollenden. In einem Bauzeitenplan enthaltene Einzelfristen gelten nur dann als Vertragsfristen, wenn dies im Vertrag ausdrücklich vereinbart ist.
2. Ist für den Beginn der Ausführung keine Frist vereinbart, so hat der Auftraggeber dem Auftragnehmer auf Verlangen Auskunft über den voraussichtlichen Beginn zu erteilen. Der Auftragnehmer hat innerhalb von 12 Werktagen nach Aufforderung zu beginnen. Der Beginn der Ausführung ist dem Auftraggeber anzuzeigen.
3. Wenn Arbeitskräfte, Geräte, Gerüste, Stoffe oder Bauteile so unzureichend sind, dass die Ausführungsfristen offenbar nicht eingehalten werden können, muss der Auftragnehmer auf Verlangen unverzüglich Abhilfe schaffen.
4. Verzögert der Auftragnehmer den Beginn der Ausführung, gerät er mit der Vollendung in Verzug, oder kommt er der in Nummer 3 erwähnten Verpflichtung nicht nach, so kann der Auftraggeber bei Aufrechterhaltung des Vertrages Schadensersatz nach § 6 Nr. 6 verlangen oder dem Auftragnehmer eine angemessene Frist zur Vertragserfüllung setzen und erklären, dass er ihm nach fruchtlosem Ablauf der Frist den Auftrag entziehe (§ 8 Nr. 3).

# § 6 Behinderung und Unterbrechung der Ausführung

1. Glaubt sich der Auftragnehmer in der ordnungsgemäßen Ausführung der Leistung behindert, so hat er es dem Auftraggeber unverzüglich schriftlich anzuzeigen. Unterlässt er die Anzeige, so hat er nur dann Anspruch auf Berücksichtigung der hindernden Umstände, wenn dem Auftraggeber offenkundig die Tatsache und deren hindernde Wirkung bekannt waren.

2. (1) Ausführungsfristen werden verlängert, soweit die Behinderung verursacht ist:
   durch einen Umstand aus dem Risikobereich des Auftraggebers,
   durch Streik oder eine von der Berufsvertretung der Arbeitgeber angeordnete Aussperrung im Betrieb des Auftragnehmers oder in einem unmittelbar für ihn arbeitenden Betrieb,
   durch höhere Gewalt oder andere für den Auftragnehmer unabwendbare Umstände.
   (2) Witterungseinflüsse während der Ausführungszeit, mit denen bei Abgabe des Angebots normalerweise gerechnet werden musste, gelten nicht als Behinderung.
3. Der Auftragnehmer hat alles zu tun, was ihm billigerweise zugemutet werden kann, um die Weiterführung der Arbeiten zu ermöglichen. Sobald die hindernden Umstände wegfallen, hat er ohne weiteres und unverzüglich die Arbeiten wieder aufzunehmen und den Auftraggeber davon zu benachrichtigen.
4. Die Fristverlängerung wird berechnet nach der Dauer der Behinderung mit einem Zuschlag für die Wiederaufnahme der Arbeiten und die etwaige Verschiebung in eine ungünstigere Jahreszeit.
5. Wird die Ausführung für voraussichtlich längere Dauer unterbrochen, ohne dass die Leistung dauernd unmöglich wird, so sind die ausgeführten Leistungen nach den Vertragspreisen abzurechnen und außerdem die Kosten zu vergüten, die dem Auftragnehmer bereits entstanden und in den Vertragspreisen des nicht ausgeführten Teils der Leistung enthalten sind.
6. Sind die hindernden Umstände von einem Vertragsteil zu vertreten, so hat der andere Teil Anspruch auf Ersatz des nachweislich entstandenen Schadens, des entgangenen Gewinns aber nur bei Vorsatz oder grober Fahrlässigkeit. Im Übrigen bleibt der Anspruch des Auftragnehmers auf angemessene Entschädigung nach § 642 BGB unberührt, sofern die Anzeige nach Nr. 1 Satz 1 erfolgt oder wenn Offenkundigkeit nach Nr. 1 Satz 2 gegeben ist.
7. Dauert eine Unterbrechung länger als 3 Monate, so kann jeder Teil nach Ablauf dieser Zeit den Vertrag schriftlich kündigen. Die Abrechnung regelt sich nach den Nummern 5 und 6; wenn der Auftragnehmer die Unterbrechung nicht zu vertreten hat, sind auch die Kosten der Baustellenräumung zu vergüten, soweit sie nicht in der Vergütung für die bereits ausgeführten Leistungen enthalten sind.

# § 7 Verteilung der Gefahr

1. Wird die ganz oder teilweise ausgeführte Leistung vor der Abnahme durch höhere Gewalt, Krieg, Aufruhr oder andere objektiv unabwendbare vom Auftragnehmer nicht zu vertretende Umstände beschädigt oder zerstört, so hat dieser für die ausgeführten Teile der Leistung die Ansprüche nach § 6 Nr. 5; für andere Schäden besteht keine gegenseitige Ersatzpflicht.
2. Zu der ganz oder teilweise ausgeführten Leistung gehören alle mit der baulichen Anlage unmittelbar verbundenen, in ihre Substanz eingegangenen Leistungen, unabhängig von deren Fertigstellungsgrad.

3. Zu der ganz oder teilweise ausgeführten Leistung gehören nicht die noch nicht eingebauten Stoffe und Bauteile sowie die Baustelleneinrichtung und Absteckungen. Zu der ganz oder teilweise ausgeführten Leistung gehören ebenfalls nicht Baubehelfe, z. B. Gerüste, auch wenn diese als Besondere Leistung oder selbständig vergeben sind.

# § 8 Kündigung durch den Auftraggeber

1. (1) Der Auftraggeber kann bis zur Vollendung der Leistung jederzeit den Vertrag kündigen.
   (2) Dem Auftragnehmer steht die vereinbarte Vergütung zu. Er muss sich jedoch anrechnen lassen, was er infolge der Aufhebung des Vertrags an Kosten erspart oder durch anderweitige Verwendung seiner Arbeitskraft und seines Betriebs erwirbt oder zu erwerben böswillig unterlässt (§ 649 BGB).
2. (1) Der Auftraggeber kann den Vertrag kündigen, wenn der Auftragnehmer seine Zahlungen einstellt, von ihm oder zulässigerweise vom Auftraggeber oder einem anderen Gläubiger das Insolvenzverfahren (§§ 14 und 15 InsO) beziehungsweise ein vergleichbares gesetzliches Verfahren beantragt ist, ein solches Verfahren eröffnet wird oder dessen Eröffnung mangels Masse abgelehnt wird.
   (2) Die ausgeführten Leistungen sind nach § 6 Nr. 5 abzurechnen. Der Auftraggeber kann Schadensersatz wegen Nichterfüllung des Restes verlangen.
3. (1) Der Auftraggeber kann den Vertrag kündigen, wenn in den Fällen des § 4 Nr. 7 und 8 Abs. 1 und des § 5 Nr. 4 die gesetzte Frist fruchtlos abgelaufen ist (Entziehung des Auftrags). Die Entziehung des Auftrags kann auf einen in sich abgeschlossenen Teil der vertraglichen Leistung beschränkt werden.
   (2) Nach der Entziehung des Auftrags ist der Auftraggeber berechtigt, den noch nicht vollendeten Teil der Leistung zu Lasten des Auftragnehmers durch einen Dritten ausführen zu lassen, doch bleiben seine Ansprüche auf Ersatz des etwa entstehenden weiteren Schadens bestehen. Er ist auch berechtigt, auf die weitere Ausführung zu verzichten und Schadensersatz wegen Nichterfüllung zu verlangen, wenn die Ausführung aus den Gründen, die zur Entziehung des Auftrags geführt haben, für ihn kein Interesse mehr hat.
   (3) Für die Weiterführung der Arbeiten kann der Auftraggeber Geräte, Gerüste, auf der Baustelle vorhandene andere Einrichtungen und angelieferte Stoffe und Bauteile gegen angemessene Vergütung in Anspruch nehmen.
   (4) Der Auftraggeber hat dem Auftragnehmer eine Aufstellung über die entstandenen Mehrkosten und über seine anderen Ansprüche spätestens binnen 12 Werktagen nach Abrechnung mit dem Dritten zuzusenden.
4. Der Auftraggeber kann den Auftrag entziehen, wenn der Auftragnehmer aus Anlass der Vergabe eine Abrede getroffen hatte, die eine unzulässige

Wettbewerbsbeschränkung darstellt. Die Kündigung ist innerhalb von 12 Werktagen nach Bekanntwerden des Kündigungsgrundes auszusprechen. Nummer 3 gilt entsprechend.

5. Die Kündigung ist schriftlich zu erklären.
6. Der Auftragnehmer kann Aufmaß und Abnahme der von ihm ausgeführten Leistungen alsbald nach der Kündigung verlangen; er hat unverzüglich eine prüfbare Rechnung über die ausgeführten Leistungen vorzulegen.
7. Eine wegen Verzugs verwirkte, nach Zeit bemessene Vertragsstrafe kann nur für die Zeit bis zum Tag der Kündigung des Vertrags gefordert werden.

# § 9 Kündigung durch den Auftragnehmer

1. Der Auftragnehmer kann den Vertrag kündigen:
   wenn der Auftraggeber eine ihm obliegende Handlung unterlässt und dadurch den Auftragnehmer außerstande setzt, die Leistung auszuführen (Annahmeverzug nach § 293 ff. BGB),
   wenn der Auftraggeber eine fällige Zahlung nicht leistet oder sonst in Schuldnerverzug gerät.
2. Die Kündigung ist schriftlich zu erklären. Sie ist erst zulässig, wenn der Auftragnehmer dem Auftraggeber ohne Erfolg eine angemessene Frist zur Vertragserfüllung gesetzt und erklärt hat, dass er nach fruchtlosem Ablauf der Frist den Vertrag kündigen werde.
3. Die bisherigen Leistungen sind nach den Vertragspreisen abzurechnen. Außerdem hat der Auftragnehmer Anspruch auf angemessene Entschädigung nach § 642 BGB; etwaige weitergehende Ansprüche des Auftragnehmers bleiben unberührt.

# § 10 Haftung der Vertragsparteien

1. Die Vertragsparteien haften einander für eigenes Verschulden sowie für das Verschulden ihrer gesetzlichen Vertreter und der Personen, deren sie sich zur Erfüllung ihrer Verbindlichkeiten bedienen (§§ 276, 278 BGB).
2. (1) Entsteht einem Dritten im Zusammenhang mit der Leistung ein Schaden, für den auf Grund gesetzlicher Haftpflichtbestimmungen beide Vertragsparteien haften, so gelten für den Ausgleich zwischen den Vertragsparteien die allgemeinen gesetzlichen Bestimmungen, soweit im Einzelfall nichts anderes vereinbart ist. Soweit der Schaden des Dritten nur die Folge einer Maßnahme ist, die der Auftraggeber in dieser Form angeordnet hat, trägt er den Schaden allein, wenn ihn der Auftragnehmer auf die mit der angeordneten Ausführung verbundene Gefahr nach § 4 Nr. 3 hingewiesen hat.
   (2) Der Auftragnehmer trägt den Schaden allein, soweit er ihn durch Versicherung seiner gesetzlichen Haftpflicht gedeckt hat oder durch eine solche zu tarifmäßigen, nicht auf außergewöhnliche Verhältnisse abgestellten Prämien und Prämienzuschlägen bei einem im Inland zum Geschäftsbetrieb zugelassenen Versicherer hätte decken können.

3. Ist der Auftragnehmer einem Dritten nach den § 823 ff. BGB zu Schadensersatz verpflichtet wegen unbefugten Betretens oder Beschädigung angrenzender Grundstücke, wegen Entnahme oder Auflagerung von Boden oder anderen Gegenständen außerhalb der vom Auftraggeber dazu angewiesenen Flächen oder wegen der Folgen eigenmächtiger Versperrung von Wegen oder Wasserläufen, so trägt er im Verhältnis zum Auftraggeber den Schaden allein.
4. Für die Verletzung gewerblicher Schutzrechte haftet im Verhältnis der Vertragsparteien zueinander der Auftragnehmer allein, wenn er selbst das geschützte Verfahren oder die Verwendung geschützter Gegenstände angeboten oder wenn der Auftraggeber die Verwendung vorgeschrieben und auf das Schutzrecht hingewiesen hat.
5. Ist eine Vertragspartei gegenüber der anderen nach den Nummern 2, 3 oder 4 von der Ausgleichspflicht befreit, so gilt diese Befreiung auch zugunsten ihrer gesetzlichen Vertreter und Erfüllungsgehilfen, wenn sie nicht vorsätzlich oder grob fahrlässig gehandelt haben.
6. Soweit eine Vertragspartei von dem Dritten für einen Schaden in Anspruch genommen wird, den nach den Nummern 2, 3 oder 4 die andere Vertragspartei zu tragen hat, kann sie verlangen, dass ihre Vertragspartei sie von der Verbindlichkeit gegenüber dem Dritten befreit. Sie darf den Anspruch des Dritten nicht anerkennen oder befriedigen, ohne der anderen Vertragspartei vorher Gelegenheit zur Äußerung gegeben zu haben.

# § 11 Vertragsstrafe

1. Wenn Vertragsstrafen vereinbart sind, gelten die § 339 bis 345 BGB.
2. Ist die Vertragsstrafe für den Fall vereinbart, dass der Auftragnehmer nicht in der vorgesehenen Frist erfüllt, so wird sie fällig, wenn der Auftragnehmer in Verzug gerät.
3. Ist die Vertragsstrafe nach Tagen bemessen, so zählen nur Werktage; ist sie nach Wochen bemessen, so wird jeder Werktag angefangener Wochen als 1/6 Woche gerechnet.
4. Hat der Auftraggeber die Leistung abgenommen, so kann er die Strafe nur verlangen, wenn er dies bei der Abnahme vorbehalten hat.

# § 12 Abnahme

1. Verlangt der Auftragnehmer nach der Fertigstellung – gegebenenfalls auch vor Ablauf der vereinbarten Ausführungsfrist – die Abnahme der Leistung, so hat sie der Auftraggeber binnen 12 Werktagen durchzuführen; eine andere Frist kann vereinbart werden.
2. Auf Verlangen sind in sich abgeschlossene Teile der Leistung besonders abzunehmen.
3. Wegen wesentlicher Mängel kann die Abnahme bis zur Beseitigung verweigert werden.

4. (1) Eine förmliche Abnahme hat stattzufinden, wenn eine Vertragspartei es verlangt. Jede Partei kann auf ihre Kosten einen Sachverständigen zuziehen. Der Befund ist in gemeinsamer Verhandlung schriftlich niederzulegen. In die Niederschrift sind etwaige Vorbehalte wegen bekannter Mängel und wegen Vertragsstrafen aufzunehmen, ebenso etwaige Einwendungen des Auftragnehmers. Jede Partei erhält eine Ausfertigung.
   (2) Die förmliche Abnahme kann in Abwesenheit des Auftragnehmers stattfinden, wenn der Termin vereinbart war oder der Auftraggeber mit genügender Frist dazu eingeladen hatte. Das Ergebnis der Abnahme ist dem Auftragnehmer alsbald mitzuteilen.
5. (1) Wird keine Abnahme verlangt, so gilt die Leistung als abgenommen mit Ablauf von 12 Werktagen nach schriftlicher Mitteilung über die Fertigstellung der Leistung.
   (2) Wird keine Abnahme verlangt und hat der Auftraggeber die Leistung oder einen Teil der Leistung in Benutzung genommen, so gilt die Abnahme nach Ablauf von 6 Werktagen nach Beginn der Benutzung als erfolgt, wenn nichts anderes vereinbart ist. Die Benutzung von Teilen einer baulichen Anlage zur Weiterführung der Arbeiten gilt nicht als Abnahme.
   (3) Vorbehalte wegen bekannter Mängel oder wegen Vertragsstrafen hat der Auftraggeber spätestens zu den in den Absätzen 1 und 2 bezeichneten Zeitpunkten geltend zu machen.
6. Mit der Abnahme geht die Gefahr auf den Auftraggeber über, soweit er sie nicht schon nach § 7 trägt.

## § 13 Mängelansprüche

1. Der Auftragnehmer hat dem Auftraggeber seine Leistung zum Zeitpunkt der Abnahme frei von Sachmängeln zu verschaffen. Die Leistung ist zur Zeit der Abnahme frei von Sachmängeln, wenn sie die vereinbarte Beschaffenheit hat und den anerkannten Regeln der Technik entspricht. Ist die Beschaffenheit nicht vereinbart, so ist die Leistung zur Zeit der Abnahme frei von Sachmängeln,
   wenn sie sich für die nach dem Vertrag vorausgesetzte, sonst
   für die gewöhnliche Verwendung eignet und eine Beschaffenheit aufweist, die bei Werken der gleichen Art üblich ist und die der Auftraggeber nach der Art der Leistung erwarten kann.
2. Bei Leistungen nach Probe gelten die Eigenschaften der Probe als vereinbarte Beschaffenheit, soweit nicht Abweichungen nach der Verkehrssitte als bedeutungslos anzusehen sind. Dies gilt auch für Proben, die erst nach Vertragsabschluss als solche anerkannt sind.
3. Ist ein Mangel zurückzuführen auf die Leistungsbeschreibung oder auf Anordnungen des Auftraggebers, auf die von diesem gelieferten oder vorgeschriebenen Stoffe oder Bauteile oder die Beschaffenheit der Vorleistung eines anderen Unternehmers, haftet der Auftragnehmer, es sei denn, er hat die ihm nach § 4 Nr. 3 obliegende Mitteilung gemacht.

4. (1) ist für Mängelansprüche keine Verjährungsfrist im Vertrag vereinbart, so beträgt sie für Bauwerke 4 Jahre, für andere Werke, deren Erfolg in der Herstellung, Wartung oder Veränderung einer Sache besteht und für die vom Feuer berührten Teile von Feuerungsanlagen 2 Jahre.
   (2) Ist für Teile von maschinellen und elektrotechnischen/elektronischen Anlagen, bei denen die Wartung Einfluss auf Sicherheit und Funktionsfähigkeit hat, nichts anderes vereinbart, beträgt für diese Anlagenteile die Verjährungsfrist für Mängelansprüche abweichend von Abs. 1 zwei Jahre, wenn der Auftraggeber sich dafür entschieden hat, dem Auftragnehmer die Wartung für die Dauer der Verjährungsfrist nicht zu übertragen; dies gilt auch, wenn für weitere Leistungen eine andere Verjährungsfrist vereinbart ist.
   (3) Die Frist beginnt mit der Abnahme der gesamten Leistung; nur für in sich abgeschlossene Teile der Leistung beginnt sie mit der Teilabnahme (§ 12 Nr. 2).
5. (1) Der Auftragnehmer ist verpflichtet, alle während der Verjährungsfrist hervortretenden Mängel, die auf vertragswidrige Leistung zurückzuführen sind, auf seine Kosten zu beseitigen, wenn es der Auftraggeber vor Ablauf der Frist schriftlich verlangt. Der Anspruch auf Beseitigung der gerügten Mängel verjährt in 2 Jahren, gerechnet vom Zugang des schriftlichen Verlangens an, jedoch nicht vor Ablauf der Regelfristen nach Nummer 4 oder der an ihrer Stelle vereinbarten Frist. Nach Abnahme der Mängelbeseitigungsleistung beginnt für diese Leistung eine Verjährungsfrist von 2 Jahren neu, die jedoch nicht vor Ablauf der Regelfristen nach Nummer 4 oder der an ihrer Stelle vereinbarten Frist endet.
   (2) Kommt der Auftragnehmer der Aufforderung zur Mängelbeseitigung in einer vom Auftraggeber gesetzten angemessenen Frist nicht nach, so kann der Auftraggeber die Mängel auf Kosten des Auftragnehmers beseitigen lassen.
6. Ist die Beseitigung des Mangels für den Auftraggeber unzumutbar oder ist sie unmöglich oder würde sie einen unverhältnismäßig hohen Aufwand erfordern und wird sie deshalb vom Auftragnehmer verweigert, so kann der Auftraggeber durch Erklärung gegenüber dem Auftragnehmer die Vergütung mindern (§ 638 BGB).
7. (1) Der Auftragnehmer haftet bei schuldhaft verursachten Mängeln für Schäden aus der Verletzung des Lebens, des Körpers oder der Gesundheit.
   (2) Bei vorsätzlich oder grob fahrlässig verursachten Mängeln haftet er für alle Schäden.
   (3) Im Übrigen ist dem Auftraggeber der Schaden an der baulichen Anlage zu ersetzen, zu deren Herstellung, Instandhaltung oder Änderung die Leistung dient, wenn ein wesentlicher Mangel vorliegt, der die Gebrauchsfähigkeit erheblich beeinträchtigt und auf ein Verschulden des Auftragnehmers zurückzuführen ist. Einen darüber hinausgehenden Schaden hat der Auftragnehmer nur dann zu ersetzen,
   wenn der Mangel auf einem Verstoß gegen die anerkannten Regeln der Technik beruht,

wenn der Mangel in dem Fehlen einer vertraglich vereinbarten Beschaffenheit besteht oder
soweit der Auftragnehmer den Schaden durch Versicherung seiner gesetzlichen Haftpflicht gedeckt hat oder durch eine solche zu tarifmäßigen, nicht auf außergewöhnliche Verhältnisse abgestellten Prämien und Prämienzuschlägen bei einem im Inland zum Geschäftsbetrieb zugelassenen Versicherer hätte abdecken können.

(4) Abweichend von Nummer 4 gelten die gesetzlichen Verjährungsfristen, soweit sich der Auftragnehmer nach Absatz 3 durch Versicherung geschützt hat oder hätte schützen können oder soweit ein besonderer Versicherungsschutz vereinbart ist.

(5) Eine Einschränkung oder Erweiterung der Haftung kann in begründeten Sonderfällen vereinbart werden.

## § 14 Abrechnung

1. Der Auftragnehmer hat seine Leistungen prüfbar abzurechnen. Er hat die Rechnungen übersichtlich aufzustellen und dabei die Reihenfolge der Posten einzuhalten und die in den Vertragsbestandteilen enthaltenen Bezeichnungen zu verwenden. Die zum Nachweis von Art und Umfang der Leistung erforderlichen Mengenberechnungen, Zeichnungen und andere Belege sind beizufügen. Änderungen und Ergänzungen des Vertrags sind in der Rechnung besonders kenntlich zu machen; sie sind auf Verlangen getrennt abzurechnen.
2. Die für die Abrechnung notwendigen Feststellungen sind dem Fortgang der Leistung entsprechend möglichst gemeinsam vorzunehmen. Die Abrechnungsbestimmungen in den Technischen Vertragsbedingungen und den anderen Vertragsunterlagen sind zu beachten. Für Leistungen, die bei Weiterführung der Arbeiten nur schwer feststellbar sind, hat der Auftragnehmer rechtzeitig gemeinsame Feststellungen zu beantragen.
3. Die Schlussrechnung muss bei Leistungen mit einer vertraglichen Ausführungsfrist von höchstens 3 Monaten spätestens 12 Werktage nach Fertigstellung eingereicht werden, wenn nichts anderes vereinbart ist; diese Frist wird um je 6 Werktage für je weitere 3 Monate Ausführungsfrist verlängert.
4. Reicht der Auftragnehmer eine prüfbare Rechnung nicht ein, obwohl ihm der Auftraggeber dafür eine angemessene Frist gesetzt hat, so kann sie der Auftraggeber selbst auf Kosten des Auftragnehmers aufstellen.

## § 15 Stundenlohnarbeiten

1. (1) Stundenlohnarbeiten werden nach den vertraglichen Vereinbarungen abgerechnet.

   (2) Soweit für die Vergütung keine Vereinbarungen getroffen worden sind, gilt die ortsübliche Vergütung. Ist diese nicht zu ermitteln, so werden die Aufwendungen des Auftragnehmers für Lohn- und Gehaltskosten der Baustelle, Lohn- und Gehaltsnebenkosten der Baustelle, Stoffkosten

der Baustelle, Kosten der Einrichtungen, Geräte, Maschinen und maschinellen Anlagen der Baustelle, Fracht-, Fuhr- und Ladekosten, Sozialkassenbeiträge und Sonderkosten, die bei wirtschaftlicher Betriebsführung entstehen, mit angemessenen Zuschlägen für Gemeinkosten und Gewinn (einschließlich allgemeinem Unternehmerwagnis) zuzüglich Umsatzsteuer vergütet.

2. Verlangt der Auftraggeber, dass die Stundenlohnarbeiten durch einen Polier oder eine andere Aufsichtsperson beaufsichtigt werden, oder ist die Aufsicht nach den einschlägigen Unfallverhütungsvorschriften notwendig, so gilt Nummer 1 entsprechend.
3. Dem Auftraggeber ist die Ausführung von Stundenlohnarbeiten vor Beginn anzuzeigen. Über die geleisteten Arbeitsstunden und den dabei erforderlichen, besonders zu vergütenden Aufwand für den Verbrauch von Stoffen, für Vorhaltung von Einrichtungen, Geräten, Maschinen und maschinellen Anlagen, für Frachten, Fuhr- und Ladeleistungen sowie etwaige Sonderkosten sind, wenn nichts anderes vereinbart ist, je nach der Verkehrssitte werktäglich oder wöchentlich Listen (Stundenlohnzettel) einzureichen.
   Der Auftraggeber hat die von ihm bescheinigten Stundenlohnzettel unverzüglich, spätestens jedoch innerhalb von 6 Werktagen nach Zugang, zurückzugeben. Dabei kann er Einwendungen auf den Stundenlohnzetteln oder gesondert schriftlich erheben. Nicht fristgemäß zurückgegebene Stundenlohnzettel gelten als anerkannt.
4. Stundenlohnrechnungen sind alsbald nach Abschluss der Stundenlohnarbeiten, längstens jedoch in Abständen von 4 Wochen, einzureichen. Für die Zahlung gilt § 16.
5. Wenn Stundenlohnarbeiten zwar vereinbart waren, über den Umfang der Stundenlohnleistungen aber mangels rechtzeitiger Vorlage der Stundenlohnzettel Zweifel bestehen, so kann der Auftraggeber verlangen, dass für die nachweisbar ausgeführten Leistungen eine Vergütung vereinbart wird, die nach Maßgabe von Nummer 1 Abs. 2 für einen wirtschaftlichen vertretbaren Aufwand an Arbeitszeit und Verbrauch von Stoffen, für Vorhaltung von Einrichtungen, Geräten, Maschinen und maschinellen Anlagen, für Frachten, Fuhr- und Ladeleistungen sowie etwaige Sonderkosten ermittelt wird.

# § 16 Zahlung

1. (1) Abschlagszahlungen sind auf Antrag in möglichst kurzen Zeitabständen oder zu den vereinbarten Zeitpunkten zu gewähren, und zwar in Höhe des Wertes der jeweils nachgewiesenen vertragsgemäßen Leistungen einschließlich des ausgewiesenen, darauf entfallenden Umsatzsteuerbetrages. Die Leistungen sind durch eine prüfbare Aufstellung nachzuweisen, die eine rasche und sichere Beurteilung der Leistungen ermöglichen muss. Als Leistungen gelten hierbei auch die für die geforderte Leistung eigens angefertigten und bereitgestellten Bauteile sowie die auf der Baustelle angelieferten Stoffe und Bauteile, wenn dem Auftraggeber nach seiner Wahl das Eigentum an ihnen übertragen ist oder

entsprechende Sicherheit gegeben wird.

(2) Gegenforderungen können einbehalten werden. Andere Einbehalte sind nur in den im Vertrag und in den gesetzlichen Bestimmungen vorgesehenen Fällen zulässig.

(3) Ansprüche auf Abschlagszahlungen werden binnen 18 Werktagen nach Zugang der Aufstellung fällig.

(4) Die Abschlagszahlungen sind ohne Einfluss auf die Haftung des Auftragnehmers; sie gelten nicht als Abnahme von Teilen der Leistung.

2. (1) Vorauszahlungen können auch nach Vertragsabschluss vereinbart werden; hierfür ist auf Verlangen des Auftraggebers ausreichende Sicherheit zu leisten. Diese Vorauszahlungen sind, sofern nichts anderes vereinbart wird, mit 3 v. H. über dem Basiszinssatz des § 247 BGB zu verzinsen.

(2) Vorauszahlungen sind auf die nächstfälligen Zahlungen anzurechnen, soweit damit Leistungen abzugelten sind, für welche die Vorauszahlungen gewährt worden sind.

3. (1) Der Anspruch auf die Schlusszahlung wird alsbald nach Prüfung und Feststellung der vom Auftragnehmer vorgelegten Schlussrechnung fällig, spätestens innerhalb von 2 Monaten nach Zugang. Werden Einwendungen gegen die Prüfbarkeit unter Angabe der Gründe hierfür nicht spätestens innerhalb von 2 Monaten nach Zugang der Schlussrechnung erhoben, so kann der Auftraggeber sich nicht mehr auf die fehlende Prüfbarkeit berufen. Die Prüfung der Schlussrechnung ist nach Möglichkeit zu beschleunigen. Verzögert sie sich, so ist das unbestrittene Guthaben als Abschlagszahlung sofort zu zahlen.

(2) Die vorbehaltlose Annahme der Schlusszahlung schließt Nachforderungen aus, wenn der Auftragnehmer über die Schlusszahlung schriftlich unterrichtet und auf die Ausschlusswirkung hingewiesen wurde.

(3) Einer Schlusszahlung steht es gleich, wenn der Auftraggeber unter Hinweis auf geleistete Zahlungen weitere Zahlungen endgültig und schriftlich ablehnt.

(4) Auch früher gestellte, aber unerledigte Forderungen werden ausgeschlossen, wenn sie nicht nochmals vorbehalten werden.

(5) Ein Vorbehalt ist innerhalb von 24 Werktagen nach Zugang der Mitteilung nach den Absätzen 2 und 3 über die Schlusszahlung zu erklären. Er wird hinfällig, wenn nicht innerhalb von weiteren 24 Werktagen – beginnend am Tag nach Ablauf der in Satz 1 genannten 24 Werktage – eine prüfbare Rechnung über die vorbehaltenen Forderungen eingereicht oder, wenn das nicht möglich ist, der Vorbehalt eingehend begründet wird.

(6) Die Ausschlussfristen gelten nicht für ein Verlangen nach Richtigstellung der Schlussrechnung und -zahlung wegen Aufmaß-, Rechen- und Übertragungsfehlern.

4. In sich abgeschlossene Teile der Leistung können nach Teilabnahme ohne Rücksicht auf die Vollendung der übrigen Leistungen endgültig festgestellt und bezahlt werden.

5. (1) Alle Zahlungen sind aufs äußerste zu beschleunigen.

(2) Nicht vereinbarte Skontoabzüge sind unzulässig.

(3) Zahlt der Auftraggeber bei Fälligkeit nicht, so kann ihm der Auftragnehmer eine angemessene Nachfrist setzen. Zahlt er auch innerhalb der Nachfrist nicht, so hat der Auftragnehmer vom Ende der Nachfrist an Anspruch auf Zinsen in Höhe der in § 288 BGB angegebenen Zinssätze, wenn er nicht einen höheren Verzugsschaden nachweist.

(4) Zahlt der Auftraggeber das fällige unbestrittene Guthaben nicht innerhalb von 2 Monaten nach Zugang der Schlussrechnung, so hat der Auftragnehmer für dieses Guthaben abweichend von Absatz 3 (ohne Nachfristsetzung) ab diesem Zeitpunkt Anspruch auf Zinsen in Höhe der in § 288 BGB angegebenen Zinssätze, wenn er nicht einen höheren Verzugsschaden nachweist.

(5) Der Auftragnehmer darf in den Fällen der Absätze 3 und 4 die Arbeiten bis zur Zahlung einstellen, sofern die dem Auftraggeber zuvor gesetzte angemessene Nachfrist erfolglos verstrichen ist.

6. Der Auftraggeber ist berechtigt, zur Erfüllung seiner Verpflichtungen aus den Nummern 1 bis 5 Zahlungen an Gläubiger des Auftragnehmers zu leisten, soweit sie an der Ausführung der vertraglichen Leistung des Auftragnehmers aufgrund eines mit diesem abgeschlossenen Dienst- oder Werkvertrags beteiligt sind, wegen Zahlungsverzugs des Auftragnehmers die Fortsetzung ihrer Leistung zu Recht verweigern und die Direktzahlung die Fortsetzung der Leistung sicherstellen soll. Der Auftragnehmer ist verpflichtet, sich auf Verlangen des Auftraggebers innerhalb einer von diesem gesetzten Frist darüber zu erklären, ob und inwieweit er die Forderungen seiner Gläubiger anerkennt; wird diese Erklärung nicht rechtzeitig abgegeben, so gelten die Voraussetzungen für die Direktzahlung als anerkannt.

# § 17 Sicherheitsleistung

1. (1) Wenn Sicherheitsleistung vereinbart ist, gelten die §§ 232 bis 240 BGB, soweit sich aus den nachstehenden Bestimmungen nichts anderes ergibt.

   (2) Die Sicherheit dient dazu, die vertragsgemäße Ausführung der Leistung und die Mängelansprüche sicherzustellen.

2. Wenn im Vertrag nichts anderes vereinbart ist, kann Sicherheit durch Einbehalt oder Hinterlegung von Geld oder durch Bürgschaft eines Kreditinstituts oder Kreditversicherers geleistet werden, sofern das Kreditinstitut oder der Kreditversicherer
   in der Europäischen Gemeinschaft oder
   in einem Staat der Vertragsparteien des Abkommens über den Europäischen Wirtschaftsraum oder
   in einem Staat der Vertragsparteien des WTO-Übereinkommens über das öffentliche Beschaffungswesen zugelassen ist.

3. Der Auftragnehmer hat die Wahl unter den verschiedenen Arten der Sicherheit; er kann eine Sicherheit durch eine andere ersetzen.

4. Bei Sicherheitsleistungen durch Bürgschaft ist Voraussetzung, dass der Auftraggeber den Bürgen als tauglich anerkannt hat. Die Bürgschaftserklärung ist schriftlich unter Verzicht auf die Einrede der Vorausklage abzugeben

(§ 771 BGB); sie darf nicht auf bestimmte Zeit begrenzt und muss nach Vorschrift des Auftraggebers ausgestellt sein. Der Auftraggeber kann als Sicherheit keine Bürgschaft fordern, die den Bürgen zur Zahlung auf erstes Anfordern verpflichtet.

5. Wird Sicherheit durch Hinterlegung von Geld geleistet, so hat der Auftragnehmer den Betrag bei einem zu vereinbarenden Geldinstitut auf ein Sperrkonto einzuzahlen, über das beide nur gemeinsam verfügen können („Und-Konto"). Etwaige Zinsen stehen dem Auftragnehmer zu.

6. (1) Soll der Auftraggeber vereinbarungsgemäß die Sicherheit in Teilbeträgen von seinen Zahlungen einbehalten, so darf er jeweils die Zahlung um höchstens 10 v. H. kürzen, bis die vereinbarte Sicherheitssumme erreicht ist. Sofern Rechnungen ohne Umsatzsteuer gemäß § 13 b UStG gestellt werden, bleibt die Umsatzsteuer bei der Berechnung des Sicherheitseinbehalts unberücksichtigt. Den jeweils einbehaltenen Betrag hat er dem Auftragnehmer mitzuteilen und binnen 18 Werktagen nach dieser Mitteilung auf ein Sperrkonto bei dem vereinbarten Geldinstitut einzuzahlen. Gleichzeitig muss er veranlassen, dass dieses Geldinstitut den Auftragnehmer von der Einzahlung des Sicherheitsbetrags benachrichtigt. Nummer 5 gilt entsprechend.

   (2) Bei kleineren oder kurzfristigen Aufträgen ist es zulässig, dass der Auftraggeber den einbehaltenen Sicherheitsbetrag erst bei der Schlusszahlung auf ein Sperrkonto einzahlt.

   (3) Zahlt der Auftraggeber den einbehaltenen Betrag nicht rechtzeitig ein, so kann ihm der Auftragnehmer hierfür eine angemessene Nachfrist setzen. Lässt der Auftraggeber auch diese verstreichen, so kann der Auftragnehmer die sofortige Auszahlung des einbehaltenen Betrags verlangen und braucht dann keine Sicherheit mehr zu leisten.

   (4) Öffentliche Auftraggeber sind berechtigt, den als Sicherheit einbehaltenen Betrag auf eigenes Verwahrgeldkonto zu nehmen; der Betrag wird nicht verzinst.

7. Der Auftragnehmer hat die Sicherheit binnen 18 Werktagen nach Vertragsabschluss zu leisten, wenn nichts anderes vereinbart ist. Soweit er diese Verpflichtung nicht erfüllt hat, ist der Auftraggeber berechtigt, vom Guthaben des Auftragnehmers einen Betrag in Höhe der vereinbarten Sicherheit einzubehalten. Im Übrigen gelten die Nummern 5 und 6 außer Abs. 1 Satz 1 entsprechend.

8. (1) Der Auftraggeber hat eine nicht verwertete Sicherheit für die Vertragserfüllung zum vereinbarten Zeitpunkt, spätestens nach Abnahme und Stellung der Sicherheit für Mängelansprüche zurückzugeben, es sei denn, dass Ansprüche des Auftraggebers, die nicht von der gestellten Sicherheit für Mängelansprüche umfasst sind, noch nicht erfüllt sind. Dann darf er für diese Vertragserfüllungsansprüche einen entsprechenden Teil der Sicherheit zurückhalten.

   (2) Der Auftraggeber hat eine nicht verwertete Sicherheit für Mängelansprüche nach Ablauf von 2 Jahren zurückzugeben, sofern kein anderer Rückgabezeitpunkt vereinbart worden ist. Soweit jedoch zu diesem Zeitpunkt seine geltend gemachten Ansprüche noch nicht erfüllt sind, darf er einen entsprechenden Teil der Sicherheit zurückhalten.

# § 18 Streitigkeiten

1. Liegen die Voraussetzungen für eine Gerichtsstandvereinbarung nach § 38 Zivilprozessordnung vor, richtet sich der Gerichtsstand für Streitigkeiten aus dem Vertrag nach dem Sitz der für die Prozessvertretung des Auftraggebers zuständigen Stelle, wenn nichts anderes vereinbart ist. Sie ist dem Auftragnehmer auf Verlangen mitzuteilen.
2. (1) Entstehen bei Verträgen mit Behörden Meinungsverschiedenheiten, so soll der Auftragnehmer zunächst die der auftraggebenden Stelle unmittelbar vorgesetzte Stelle anrufen. Diese soll dem Auftragnehmer Gelegenheit zur mündlichen Aussprache geben und ihn möglichst innerhalb von 2 Monaten nach der Anrufung schriftlich bescheiden und dabei auf die Rechtsfolgen des Satzes 3 hinweisen. Die Entscheidung gilt als anerkannt, wenn der Auftragnehmer nicht innerhalb von 3 Monaten nach Eingang des Bescheides schriftlich Einspruch beim Auftraggeber erhebt und dieser ihn auf die Ausschlussfrist hingewiesen hat.

   (2) Mit dem Eingang des schriftlichen Antrages auf Durchführung eines Verfahrens nach Absatz 1 wird die Verjährung des in diesem Antrag geltend gemachten Anspruchs gehemmt. Wollen Auftraggeber oder Auftragnehmer das Verfahren nicht weiter betreiben, teilen sie dies dem jeweils anderen Teil schriftlich mit. Die Hemmung endet 3 Monate nach Zugang des schriftlichen Bescheides oder der Mitteilung nach Satz 2.
3. Daneben kann ein Verfahren zur Streitbeilegung vereinbart werden. Die Vereinbarung sollte mit Vertragsabschluss erfolgen.
4. Bei Meinungsverschiedenheiten über die Eigenschaft von Stoffen und Bauteilen, für die allgemein gültige Prüfungsverfahren bestehen, und über die Zulässigkeit oder Zuverlässigkeit der bei der Prüfung verwendeten Maschinen oder angewendeten Prüfungsverfahren kann jede Vertragspartei nach vorheriger Benachrichtigung der anderen Vertragspartei die materialtechnische Untersuchung durch eine staatliche oder staatlich anerkannte Materialprüfungsstelle vornehmen lassen; deren Feststellungen sind verbindlich. Die Kosten trägt der unterliegende Teil.
5. Streitfälle berechtigen den Auftragnehmer nicht, die Arbeiten einzustellen.

# Aus der Honorarordnung für Architekten und Ingenieure (HOAI)

## § 3 Begriffsbestimmung

(...)

(4) Erweiterungsbauten sind Ergänzungen eines vorhandenen Objekts, zum Beispiel durch Aufstockung oder Anbau.

(5) Umbauten sind Umgestaltungen eines vorhandenen Objekts mit wesentlichen Eingriffen in Konstruktion oder Bestand.

(6) Modernisierungen sind bauliche Maßnahmen zur nachhaltigen Erhöhung des Gebrauchswertes eines Objekts, soweit sie nicht unter die Nummern 4, 5 oder 10 fallen, jedoch einschließlich der durch diese Maßnahmen verursachten Instandsetzungen.

(...)

(10) Instandsetzungen sind Maßnahmen zur Wiederherstellung des zum bestimmungsmäßigen Gebrauch geeigneten Zustandes (Soll-Zustandes) eines Objekts, soweit sie nicht unter Nummer 3 fallen oder durch Maßnahmen nach Nummer 6 verursacht sind.

(11) Instandhaltungen sind Maßnahmen zur Erhaltung des Soll-Zustandes eines Objekts.

## § 4 Vereinbarung des Honorars

(1) Das Honorar richtet sich nach der schriftlichen Vereinbarung, die die Vertragsparteien bei Auftragserteilung im Rahmen der durch diese Verordnung festgesetzten Mindest- und Höchstsätze treffen.

(2) Die in dieser Verordnung festgesetzten Mindestsätze können durch schriftliche Vereinbarung in Ausnahmefällen unterschritten werden.

(3) Die in dieser Verordnung festgesetzten Höchstsätze dürfen nur bei außergewöhnlichen oder ungewöhnlich lange dauernden Leistungen durch schriftliche Vereinbarung überschritten werden. Dabei haben Umstände, soweit sie bereits für die Einordnung in Honorarzonen oder Schwierigkeitsstufen, für die Vereinbarung von Besonderen Leistungen oder für die Einordnung in den Rahmen der Mindest- und Höchstsätze mitbestimmend gewesen sind, außer Betracht zu bleiben.

(4) Sofern nicht bei Auftragserteilung etwas anderes schriftlich vereinbart worden ist, gelten die jeweiligen Mindestsätze als vereinbart.

# § 4a Abweichende Honorarermittlung

Die Vertragsparteien können abweichend von den in der Verordnung vorgeschriebenen Honorarermittlungen schriftlich bei Auftragserteilung vereinbaren, dass das Honorar auf der Grundlage einer nachprüfbaren Ermittlung der voraussichtlichen Herstellungskosten nach Kostenberechnungen oder nach Kostenanschlag berechnet wird. Soweit auf Veranlassung des Auftraggebers Mehrleistungen des Auftragnehmers erforderlich werden, sind diese Mehrleistungen zusätzlich zu honorieren. Verlängert sich die Planungs- und Bauzeit wesentlich durch Umstände, die der Auftragnehmer nicht zu vertreten hat, kann für die dadurch verursachten Mehraufwendungen ein zusätzliches Honorar vereinbart werden.

# § 5 Berechnung des Honorars in besonderen Fällen

(1) Werden nicht alle Leistungsphasen eines Leistungsbildes übertragen, so dürfen nur die für die übertragenen Phasen vorgesehenen Teilhonorare berechnet werden.

(2) Werden nicht alle Grundleistungen einer Leistungsphase übertragen, so darf für die übertragenen Leistungen nur ein Honorar berechnet werden, das dem Anteil der übertragenen Leistungen an der gesamten Leistungsphase entspricht. Das gleiche gilt, wenn wesentliche Teile von Grundleistungen dem Auftragnehmer nicht übertragen werden. Ein zusätzlicher Koordinierungs- und Einarbeitungsaufwand ist zu berücksichtigen.

(3) Werden Grundleistungen im Einvernehmen mit dem Auftraggeber insgesamt oder teilweise von anderen an der Planung und Überwachung fachlich Beteiligten erbracht, so darf nur ein Honorar berechnet werden, das dem verminderten Leistungsumfang des Auftragnehmers entspricht. § 10 Abs. 4 bleibt unberührt.

(4) Für Besondere Leistungen, die zu den Grundleistungen hinzutreten, darf ein Honorar nur berechnet werden, wenn die Leistungen im Verhältnis zu den Grundleistungen einen nicht unwesentlichen Arbeits- und Zeitaufwand verursachen und das Honorar schriftlich vereinbart worden ist. Das Honorar ist in angemessenem Verhältnis zu dem Honorar für die Grundleistung zu berechnen, mit der die Besondere Leistung nach Art und Umfang vergleichbar ist. Ist die Besondere Leistung nicht mit einer Grundleistung vergleichbar, so ist das Honorar als Zeithonorar nach § 6 zu berechnen.

(4 a) Für Besondere Leistungen, die unter Ausschöpfung der technisch-wirtschaftlichen Lösungsmöglichkeiten zu einer wesentlichen Kostensenkung ohne Verminderung des Standards führen, kann ein Erfolgshonorar zuvor schriftlich vereinbart werden, das bis zu 20 vom Hundert der vom Auftragnehmer durch seine Leistungen eingesparten Kosten betragen kann.

(5) Soweit Besondere Leistungen ganz oder teilweise an die Stelle von Grundleistungen treten, ist für sie ein Honorar zu berechnen, das dem Honorar für die ersetzten Grundleistungen entspricht.

# § 5a Interpolation

Die zulässigen Mindest- und Höchstsätze für Zwischenstufen der in den Honorartafeln angegebenen anrechenbaren Kosten, Werte und Verrechnungseinheiten (VE) sind durch lineare Interpolation zu ermitteln.

# § 6 Zeithonorar

(1) Zeithonorare sind auf der Grundlage der Stundensätze nach Absatz 2 durch Vorausschätzung des Zeitbedarfs als Fest- oder Höchstbetrag zu berechnen. Ist eine Vorausschätzung des Zeitbedarfs nicht möglich, so ist das Honorar nach dem nachgewiesenen Zeitbedarf auf der Grundlage der Stundensätze nach Absatz 2 zu berechnen.

(2) Werden Leistungen des Auftragnehmers oder seiner Mitarbeiter nach Zeitaufwand berechnet, so kann für jede Stunde folgender Betrag berechnet werden:

| Stundenhonorar | |
|---|---|
| 1. für den Auftragnehmer | 38 bis 82 Euro |
| 2. für Mitarbeiter, die technische oder wirtschaftliche Aufgaben erfüllen, soweit sie nicht unter Nr. 3 fallen | 36 bis 59 Euro |
| 3. für Technische Zeichner oder sonstige Mitarbeiter mit vergleichbarer Qualifikation, die technische oder wirtschaftliche Aufgaben erfüllen | 31 bis 43 Euro |

# § 7 Nebenkosten

(1) Die bei der Ausführung des Auftrages entstehenden Auslagen (Nebenkosten) des Auftragnehmers können, soweit sie erforderlich sind, abzüglich der nach § 15 Abs. 1 des Umsatzsteuergesetzes abziehbaren Vorsteuern neben den Honoraren dieser Verordnung berechnet werden. Die Vertragsparteien können bei Auftragserteilung schriftlich vereinbaren, dass abweichend von Satz 1 eine Erstattung ganz oder teilweise ausgeschlossen ist.

(2) Zu den Nebenkosten gehören insbesondere:
Post- und Fernmeldegebühren,
Kosten für Vervielfältigungen von Zeichnungen und von schriftlichen Unterlagen sowie Anfertigung von Filmen und Fotos,
Kosten für ein Baustellenbüro einschließlich der Einrichtung, Beleuchtung und Beheizung,
Fahrkosten für Reisen, die über den Umkreis von mehr als 15 Kilometer vom Geschäftssitz des Auftragnehmers hinausgehen, in Höhe der steuerlich

zulässigen Pauschalsätze, sofern nicht höhere Aufwendungen nachgewiesen werden,
Trennungsentschädigungen und Kosten für Familienheimfahrten nach den steuerlich zulässigen Pauschalsätzen, sofern nicht höhere Aufwendungen an Mitarbeiter des Auftragnehmers auf Grund von tariflichen Vereinbarungen bezahlt werden,
Entschädigungen für den sonstigen Aufwand bei längeren Reisen nach Nummer 4, sofern die Entschädigungen vor der Geschäftsreise schriftlich vereinbart worden sind,
Entgelte für nicht dem Auftragnehmer obliegende Leistungen, die von ihm im Einvernehmen mit dem Auftraggeber Dritten übertragen worden sind, im Falle der Vereinbarung eines Zeithonorars nach § 6 die Kosten für Vermessungsfahrzeuge und andere Messfahrzeuge, die mit umfangreichen Messinstrumenten ausgestattet sind, sowie für hochwertige Geräte, die für Vermessungsleistungen und für andere messtechnische Leistungen verwandt werden.

(3) Nebenkosten können pauschal oder nach Einzelnachweis abgerechnet werden. Sie sind nach Einzelnachweis abzurechnen, sofern nicht bei Auftragserteilung eine pauschale Abrechnung schriftlich vereinbart worden ist.

# § 8 Zahlungen

(1) Das Honorar wird fällig, wenn die Leistungen vertragsgemäß erbracht und eine prüffähige Honorarschlussrechnung überreicht worden ist.
(2) Abschlagszahlungen können in angemessenen zeitlichen Abständen für nachgewiesene Leistungen gefordert werden.
(3) Nebenkosten sind auf Nachweis fällig, sofern nicht bei Auftragserteilung etwas anderes schriftlich vereinbart worden ist.
(4) Andere Zahlungsweisen können schriftlich vereinbart werden.

# § 9 Umsatzsteuer

(1) Der Auftragnehmer hat Anspruch auf Ersatz der Umsatzsteuer, die auf sein nach dieser Verordnung berechnetes Honorar und auf die nach § 7 berechneten Nebenkosten entfällt, sofern sie nicht nach § 19 Abs. 1 des Umsatzsteuergesetzes unerhoben bleibt; dies gilt auch für die Abschlagszahlungen gemäß § 8 Abs. 2. Die weiterberechneten Nebenkosten sind Teil des umsatzsteuerlichen Entgelts für eine einheitliche Leistung des Auftragnehmers.
(2) Die auf die Kosten von Objekten entfallende Umsatzsteuer ist nicht Bestandteil der anrechenbaren Kosten.

# § 15 Leistungsbild Objektplanung für Gebäude, Freianlagen und raumbildende Ausbauten

(1) Das Leistungsbild Objektplanung umfasst die Leistungen der Auftragnehmer für Neubauten, Neuanlagen, Wiederaufbauten, Erweiterungsbauten, Umbauten, Modernisierungen, raumbildende Ausbauten, Instandhaltungen und Instandsetzungen. Die Grundleistungen sind in den in Absatz 2 aufgeführten Leistungsphasen 1 bis 9 zusammengefasst. Sie sind in der folgenden Tabelle für Gebäude und raumbildende Ausbauten in Vomhundertsätzen der Honorare des § 16 und für Freianlagen in Vomhundertsätzen der Honorare des § 17 bewertet.

**Bewertung der Leistungsphasen 1 bis 9**

| Leistungsphasen | | | Bewertung der Grundleistungen in v.H. der Honorare | | |
|---|---|---|---|---|---|
| | | | Gebäude | Freianlagen | Raumbildende Ausbauten |
| 1 | **Grundlagenermittlung** | Ermitteln der Voraussetzungen zur Lösung der Bauaufgabe durch die Planung | 3 | 3 | 3 |
| 2 | **Vorplanung (Projekt- und Planungsvorbereitung)** | Erarbeiten der wesentlichen Teile einer Lösung der Planungsaufgabe | 7 | 10 | 7 |
| 3 | **Entwurfsplanung (Sytem- und Integrationsplanung)** | Erarbeiten der endgültigen Lösung der Planungsaufgabe | 11 | 15 | 14 |
| 4 | **Genehmigungsplanung** | Erarbeiten und Einreichen der Vorlagen für die erforderlichen Genehmigungen oder Zustimmungen | 6 | 6 | 2 |
| 5 | **Ausführungsplanung** | Erarbeiten und Darstellen der ausführungsreifen Planungslösung | 25 | 24 | 30 |
| 6 | **Vorbereitung der Vergabe** | Ermitteln der Mengen und Aufstellen von Leistungsverzeichnissen | 10 | 7 | 7 |
| 7 | **Mitwirkung bei der Vergabe** | Ermitteln der Kosten und Mitwirkung bei der Auftragsvergabe | 4 | 3 | 3 |
| 8 | **Objektüberwachung (Bauüberwachung)** | Überwachung der Ausführung des Objekts | 31 | 29 | 31 |
| 9 | **Objektbetreuung und Dokumentation** | Überwachung der Beseitigung von Mängeln und Dokumentation | 3 | 3 | 3 |

**Hinweis:** § 17 der HOAI wie auch die gesamte HOAI finden Sie im Internet bei einem Onlineservice des Bundesministeriums der Justiz unter www.bundesrecht.juris.de/bundesrecht/aihono/gesamt.pdf

# § 16 Honorartafel für Grundleistungen bei Gebäuden und raumbildenden Ausbauten

(1) Die Mindest- und Höchstsätze der Honorare für die in § 15 aufgeführten Grundleistungen bei Gebäuden und raumbildenden Ausbauten sind in der nachfolgenden Honorartafel festgesetzt.

(2) Das Honorar für Grundleistungen bei Gebäuden und raumbildenden Ausbauten, deren anrechenbare Kosten unter 25 565 Euro liegen, kann als Pauschalhonorar oder als Zeithonorar nach § 6 berechnet werden, höchstens jedoch bis zu den in der Honorartafel nach Absatz 1 für anrechenbare Kosten von 25 565 Euro festgesetzten Höchstsätzen. Als Mindestsätze gelten die Stun- densätze nach § 6 Abs. 2, höchstens jedoch die in der Honorartafel nach Absatz 1 für anrechenbare Kosten von 25 565 Euro festgesetzten Mindestsätze.

(3) Das Honorar für Gebäude und raumbildende Ausbauten, deren anrechenbare Kosten über 25 564 594 Euro liegen, kann frei vereinbart werden.

(...)

**Hinweis:** Die im Verordnungstext der HAOI benannten Honorartafeln wie auch die gesamte Verordnung finden Sie auch im Internet bei einem Onlineservice des Bundesministeriums der Justiz unter
www.bundesrecht.juris.de/bundesrecht/aihono/gesamt.pdf

# § 24 Umbauten und Modernisierungen von Gebäuden

(1) Honorare für Leistungen bei Umbauten und Modernisierungen im Sinne des § 3 Nr. 5 und 6 sind nach den anrechenbaren Kosten nach § 10, der Honorarzone, der dem Umbau oder die Modernisierung bei sinngemäßer Anwendung des § 11 zuzuordnen ist, den Leistungsphasen des § 15 und der Honorartafel des § 16 mit der Maßgabe zu ermitteln, dass eine Erhöhung der Honorare um einen Vomhundertsatz schriftlich zu vereinbaren ist. Bei der Vereinbarung der Höhe des Zuschlags ist insbesondere der Schwierigkeitsgrad der Leistungen zu berücksichtigen. Bei durchschnittlichem Schwierigkeitsgrad der Leistungen kann ein Zuschlag von 20 bis 33 vom Hundert vereinbart werden. Sofern nicht etwas anderes schriftlich vereinbart ist, gilt ab durchschnittlichem Schwierigkeitsgrad ein Zuschlag von 20 vom Hundert als vereinbart.

(2) Werden bei Umbauten und Modernisierungen im Sinne des § 3 Nr. 5 und 6 erhöhte Anforderungen in der Leistungsphase 1 bei der Klärung der Maßnahmen und Erkundung der Substanz, oder in der Leistungsphase 2 bei der Beurteilung der vorhandenen Substanz auf ihre Eignung zur Übernahme in die Planung oder in der Leistungsphase 8 gestellt, so können die Vertragsparteien anstelle der Vereinbarung eines Zuschlags nach Absatz 1 schriftlich vereinbaren, dass die Grundleistungen für diese Leistungsphasen höher bewertet werden, als in § 15 Abs. 1 vorgeschrieben ist.

# Adressen

## Gebäudeenergieberater / Architekten

Ein Verzeichnis qualifizierter **Gebäudeenergieberater** ist bei der Bundesanstalt für Wirtschaft und Ausfuhrkontrolle zu finden, unter www.bafa.de

Adressen von **Architekten** oder **Fachingenieuren** sind im jeweiligen Branchenfernsprechbuch des betreffenden Landkreises oder der betreffenden Kommune zu finden oder unter www.gelbeseiten.de

## Baurecht

Bei der **ARGE Baurecht** (Arbeitsgemeinschaft für Bau- und Immobilienrecht im Deutschen Anwaltverein) finden Sie Baufachanwälte in Ihrer Nähe: www.arge-baurecht.com

## Bautechnik / Bauqualität / Baukontrolle

Der **Bauherren-Schutzbund** bietet eine Baubegleitung für Bauherren an. Weitere Informationen unter www.bsb-ev.de

Der **Verband privater Bauherren** bietet ebenfalls einen Service rund um den Hausbau an: www.vpb.de

Die **Industrie- und Handelskammern** bieten ein Sachverständigenverzeichnis an: www.svv.ihk.de

Die **Stiftung Warentest** testet immer wieder Bauprodukte, wie zum Beispiel Heizungsbrenner und anderes: www. test.de

## Bauversicherungen / Bausicherheit

Die **Berufsgenossenschaft der Bauwirtschaft** ist die Pflichtversicherungseinrichtung für das Baugewerbe und alle Selbstbauer und Bauhelfer. Neben den gesetzlich vorgeschriebenen Versicherungen erhalten Sie hier auch zahlreiche Informationen rund um die Bausicherheit. Weitere Informationen unter: www.bgbau.de

Eine Auswahl von Versicherungen findet man auch beim **Bund der Versicherten** unter www.bundderversicherten.de

# Finanzierung

Günstige Kredite und Förderungen erhält man unter bestimmten Voraussetzungen bei den einzelnen Landeskreditbanken der Bundesländer und bei der KfW-Förderbank in Frankfurt sowie beim Bundesamt für Wirtschaft und Ausfuhrkontrolle in Eschborn. Informationen hierzu sind im Einzelnen abrufbar unter:

| | |
|---|---|
| **Baden-Württemberg** | L-Bank www.l-bank.de |
| **Bayern** | Bayerische Landesbodenkreditanstalt www.labo-bayern.de<br>Außerdem bei den Landratsämtern und kreisfreien Städten www.wohnen.bayern.de |
| **Berlin** | Investitionsbank Berlin www.investitionsbank.de |
| **Brandenburg** | Investitionsbank des Landes Brandenburg www.ilb.de |
| **Bremen** | Bremer Aufbau-Bank www.bab-bremen.de<br>Außerdem www.bauumwelt.bremen.de |
| **Hamburg** | Hamburgische Wohnungsbaukreditanstalt www.wk-hamburg.de |
| **Hessen** | Landestreuhandstelle Hessen www.lth-hessen.de bzw. www.lth.de |
| **Mecklenburg-Vorpommern** | Landesförderinstitut Mecklenburg-Vorpommern www.lfi-mv.de |
| **Niedersachsen** | Niedersächsische Landestreuhandstelle www.lts-nds.de |
| **Nordrhein-Westfalen** | NRW.Bank www.nrwbank.de<br>Außerdem www.mswks.nrw.de bzw. www.lb-nrw.de |
| **Rheinland-Pfalz** | Landestreuhandstelle Rheinland-Pfalz www.lth-rlp.de<br>Außerdem www.fm.rlp.de |
| **Saarland** | Landesbank Saar www.saarlb.de<br>Außerdem www.finanzen.saarland.de |
| **Sachsen** | Sächsische Aufbaubank www.sab-sachsen.de |
| **Sachsen-Anhalt** | Investitionsbank Sachsen-Anhalt www.lfi-lsa.de<br>Außerdem Landesförderinstitut Sachsen-Anhalt www.ib-sachsen-anhalt.de |
| **Schleswig-Holstein** | Investitionsbank Schleswig-Holstein www.ib-sh.de |
| **Thüringen** | Thüringer Aufbaubank www.tab-th-online.de<br>Außerdem www.aufbaubank.de |
| **Bundesgebiet zusätzlich** | KfW-Förderbank www.kfw-foerderbank.de<br>Bundesamt für Wirtschaft und Ausfuhrkontrolle www.bafa.de |

Bei **Finanztest**, dem Finanzmagazin der Stiftung Warentest, erhalten Sie unabhängige Testergebnisse der verschiedensten Baufinanzierungsanbieter, von Bausparkassen bis zu Baukrediten: www.finanztest.de

Die **Verbraucherzentralen** haben eine Internetseite rund um das Thema Baufinanzierung eingerichtet. Sie finden diese unter: www.baufoerderer.de

# Register

## H



## I



## J



## K



## L

# Impressum


**Herausgeber und Verlag**
Stiftung Warentest
Lützowplatz 11–13
10785 Berlin
Tel. 0 30/26 31-0
Fax 0 30/26 31-25 25
www.test.de

**Vorstand**
Dr. jur. Werner Brinkmann

**Weitere Mitglieder der Geschäftsleitung**
Hubertus Primus (Publikationen)
Dr.-Ing. Peter Sieber (Untersuchungen)

**Autor**
Peter Burk
www.institut-bauen-und-wohnen.de

**Lektoratsleitung**
Dr. med. vet. Ines George

**Lektorat**
Uwe Meilahn

**Fachliche Beratung**
Lothar Beckmann
Michael Koswig

**Layout**
Sylvia Heisler

**Produktion**
Sylvia Heisler, Vera Göring

**Titel**
Anne-Katrin Körbi

**Fotos**
Titelfoto: Artbox Amsterdam; Infratec GmbH; Architekturbüro team 3; Peter Burk;
Innenseiten: Peter Burk (S. 13, 14, 15, 16, 17, 19, 20, 21, 22, 23, 24, 25, 66, 67, 70, 71, 73, 74, 75, 80, 90, 108, 109, 113, 114, 153, 154, 155, 156, 157, 158, 159, 160, 161, 162);
Uwe Meilahn (S. 51, 181); Architekturbüro team 3 (S. 171);
gettyimages: Joern Rynio (S. 26); creative Studio Heinemann (S. 34); Peter Dazeley (S. 48, 86); Somos/ Veer (S. 54); Steven Puetzer (S. 64); amanaproduction inc (S. 118); AGE fotostock (S. 10, 140);
Bosch Thermotechnik GmbH (S. 14); gutex (S. 72, 81); Passivhaus Institut (S. 82); oekofen.de (S. 96); oekowärme.de (S. 97); BlowerDoor GmbH (S. 85)

**Illustrationen**
Kati Hammling

**Verlagsherstellung**
Rita Brosius

**Litho**
tiff.any GmbH, Berlin

**Druck**
Firmengruppe APPL, aprinta druck, Wemding

**Einzelbestellung**
Stiftung Warentest
Vertrieb, Postfach 81 06 60
70523 Stuttgart
Tel. 0 180 5/00 24 67, Fax 0 180 5/00 24 68
(je 14 Cent pro Minute aus dem Festnetz)
www.test.de

Redaktionsschluss: Juli 2008